编委会

总 主 编

黄锡生

副总主编

王本存

编委

（按姓氏拼音排序）

陈　晴　陈咏梅　黄锡生
苗文龙　史玉成　宋宗宇
王本存　徐信贵　杨春平
杨疏影　张　舫　赵　谦
曾文革

新时代高等院校法学专业系列教材

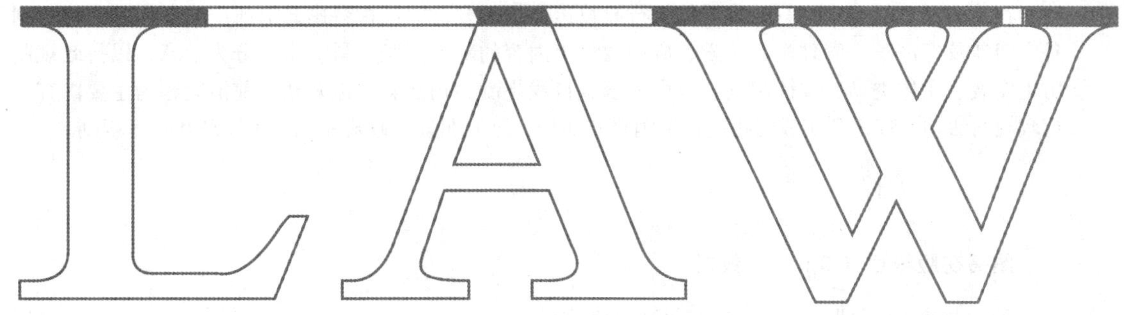

行政规制的原理与技术

◎主　编　徐信贵　赵　谦　◎副主编　冯子轩　陆　强　◎主　审　陈伯礼

重庆大学出版社

内容提要

在社会治理过程中，行政规制作为行政权运作的重要方式已被各国政府所广泛应用。行政规制学是一门涉及经济学、管理学、法学、应用数学等内容的新兴交叉学科。本书分为七章，以行政规制的历史发展、主体类型、实体规则、程序要求、自我规制、司法救济以及相关前沿问题为主要内容，对行政规制活动的理论和实践问题进行了阐释和回应，进而明确行政规制的基本原理和技术规则。

图书在版编目（CIP）数据

行政规制的原理与技术 / 徐信贵，赵谦主编. -- 重庆：重庆大学出版社，2021.8
新时代高等院校法学专业系列教材
ISBN 978-7-5689-2736-9

Ⅰ. ①行… Ⅱ. ①徐… ②赵… Ⅲ. ①行政管理—高等学校—教材 Ⅳ. ①D035

中国版本图书馆CIP数据核字(2021)第101511号

行政规制的原理与技术
XINGZHENG GUIZHI DE YUANLI YU JISHU
主　编：徐信贵　赵　谦
副主编：冯子轩　陆　强
主　审：陈伯礼
策划编辑：贾　曼　唐笑水
特约编辑：王廷兴
责任编辑：陈　力　　版式设计：贾　曼
责任校对：王　倩　　责任印制：张　策
*
重庆大学出版社出版发行
出版人：饶帮华
社址：重庆市沙坪坝区大学城西路21号
邮编：401331
电话：(023) 88617190　88617185（中小学）
传真：(023) 88617186　88617166
网址：http://www.cqup.com.cn
邮箱：fxk@cqup.com.cn（营销中心）
全国新华书店经销
重庆俊蒲印务有限公司印刷
*
开本：787mm×1092mm　1/16　印张：12　字数：275千
2021年8月第1版　2021年8月第1次印刷
印数：1—2 000
ISBN 978-7-5689-2736-9　定价：35.00元

总　序

在中华民族复兴关键时刻，中国特色社会主义进入新时代之时，在宪法不断完善、民法典颁布，全面依法治国向纵深发展之时，法学教育日新月异，要更好满足人民群众需求之时，重庆大学启动了“新时代高等院校法学专业系列教材”建设，严格遵循《普通高等学校教材管理办法》，紧跟新时代需求，紧跟党和国家重大战略、学生成长发展的关键需求，侧重一个“新”字，策划出版该系列教材。

内容新。充分反映时代新发展，积极响应党和国家新要求，紧跟法律体系新进展，紧盯经济社会、科学技术的变迁，与时俱进更新教材内容。守正创新，在新视角和新要求下重述和深化对经典法学知识的理解和表述，及时更新法学知识体系；语言活泼，凝练，短小精悍；久久为功，推陈出新，不断发展。

形式新。形式多样，既包括讲义、辅导用书，也包括案例用书、习题作业等各类教学用书；既支持跨学校、跨专业团队的编写，也支持教师个人富有个性的独立写作；教辅的编写与慕课、翻转课堂等新型教学形式深度结合；拓展材料、案例、法条“互联网化”，探索运用“互联网+”等技术手段，构建更新内容的新机制和新方法。

目标新。在详细调研“互联网新生代”新学情的基础上，将关键知识传授与学生学习的客观需求、主观动机紧密结合，尊重新生代学生的认知学习规律，抓住学生学习的“痛点”“关键点”，“以学生为中心”，精准发力，使这套系列教材成为学生们喜爱的图书。

希望这套教材能够成为符合国家要求、教师教学的好帮手，学生学习的倍增器，为中国法学教育注入一股清新有活力的“新动能”。

新时代高等院校法学专业系列教材编委会

2019 年 10 月

前 言

随着风险社会的到来，作为个体的人凭借自身的力量已无法克服多元化、高危性和具有快速扩散性的现代性风险。面对“不可抗性”的风险，生存照护应由个体性保护转变为组织性保护，从而形成一种应对风险的“可抗性”力量。行政规制作为风险预防与应对的综合性行政措施，受到理论界和实务部门的普遍关注。目前关于行政规制的理论研究成果日益丰硕，但关于行政规制的通识性教材相对较少。基于此，笔者尝试在梳理行政规制基本理论知识的基础上，引入行政规制经典案例，围绕着行政规制的历史发展、主体类型、实体规则、程序要求、自我规制、司法救济、前沿等内容探析研究案例背后隐藏的行政规制的基本原理和技术规范。希望学生们通过对本书的阅读和学习，形成对行政规制原理与技术的浓厚学习兴趣，系统了解行政规制的基本原则、原理和理论体系，掌握行政规制的本质、内容、形式、地位、作用以及法律关系等专业知识，提高运用行政规制知识进行有效思考、消解风险、解决问题的能力，从而成为行政规制领域的专业性人才。

本书由徐信贵负责全书的统稿工作。各章撰稿分工如下（按撰写章节顺序排列）：

第一章　行政规制的历史发展（重庆大学徐信贵、庞鹏、张琳）

第二章　行政规制的主体类型（湖南师范大学陆强）

第三章　行政规制的实体规则（西南大学赵谦、董亚辉）

第四章　行政规制的程序要求（西南大学赵谦、董亚辉）

第五章　行政规制中的自我规制（西南政法大学冯子轩）

第六章　行政规制的司法救济（重庆大学王本存）

第七章　行政规制的前沿问题（重庆大学徐信贵）

本书在编写过程中，得到重庆大学出版社、法学院领导和老师的大力支持和帮助，特别是重庆大学出版社的陈力编辑认真审阅了书稿，并提供了许多很有价值的意见。感谢你们为本书出版所做的诸多努力！另外，硕士生张琳、吴维、周亚军、严珊参与了本书的校对工作！在此一并表示感谢！

本书是行政规制理论“教科书化”的一种尝试，书中还存在诸多不当之处，敬请专家和读者批评指正！

前言

目　录
CONTENTS

◆第六章　行政规制的司法救济◆

◆第七章　行政规制的前沿问题◆

◆参考文献◆

◆后　记◆

第一章

行政规制的历史发展

【教学难点】

1. 厘清行政规制历史发展脉络。
2. 把握我国行政规制实践状况。
3. 了解行政规制的前瞻性问题。

【内容概要】

本章主要从行政规制的历史溯源入手，对美国、德国和日本的行政规制制度进行阐述，全面梳理我国行政规制的已有研究成果，系统分析和回应中国特色行政规制体系形成过程中存在的问题，并结合行政规制的时代命题，对行政规制的法治要求和监督等问题进行了探讨。

第一节　国外行政规制的制度概述

随着社会经济的发展和风险社会的到来，政府在社会经济活动中所扮演的角色越来越重要。人们不仅要求政府适当干预经济社会发展，而且对政府干预的力度、范围、时机和效果有了更高的期待，行政规制概念应运而生。西方国家的政府规制实践经历了规制—放松规制—再规制与放松规制并存的演进过程，而社会性规制则呈现了持续加强的态势。政府规制主题经历了市场失灵与政府的矫正措施、检验规制政策的效果、寻求规制政策的政治原因、规制中的激励问题四次转换，政府规制理论经历了公共利益规制理论、利益集团规制理论、激励性规制理论、规制框架下的竞争理论四大变迁。[1]20世纪70年代末期以后，在发达的西方国家，多种问题凸显。伴随着全球化和信息化的逐步深入，公共管理改革与规制缓和等规制改革措施成为世界性的潮流。[2]总体而言，西方发达国家的规制改革取得了令人瞩目的成就，其行政规制制度体系建构经验值得关注。

一、美国的行政规制制度概述

在美国，行政规制主体主要是行政机关。中央行政机关和地方行政机关在行政规制中发挥着重要作用。美国的中央行政机关主要包括总统、总统的执行机构（白宫办公厅、预算局、国家资源计划委员会、人事联络处、政府报告处）、内阁、部等；地方行政机关包括州政府（主要是指州行政机关）和地方政府（主要是指郡、镇、市）。

事实上，美国的行政规制主体，除了行政机关外还包括独立的控制委员会，它们大多数是为了控制某一方面的经济活动和社会活动而设立的，同时为了执行政策，要免除政治的影响，所以法律赋予他们独立的地位。包括部内的独立机构（如社会保障上诉委员会），隶属于总统的独立机构（环境保护局、国家航空和宇宙局）和独立控制委员会（如州际商业委员会、证券交易委员会、联邦储蓄委员会、国家劳动委员会等）。

在行政规制对象方面。总统规制的对象包括立法机关、司法机关以及行政方面的高级官员、向政府机关和官员发布的行政命令，部有权管理内部文书、财产和程序；裁决个人与本机关、私人之间争端。地方行政机关（州政府和地方政府）行政长官，有权选择和免除高级官员、编制预算、否决立法机构通过的法律。郡、镇、市规制对象包括经济和社会领域。控制委员会的行政规制对象在经济领域和社会领域广泛存在，例如州际商业委员会规制各州的商业贸易活动，防止大企业价格垄断；如职业安全和卫生审查委

[1]　张红凤．西方政府规制理论变迁的内在逻辑及其启示 [J]. 教学与研究，2006（5）：70-77.
[2]　杨建顺．中国行政规制的合理化 [J]. 国家检察官学院学报，2017（3）：82-104.

员会，受理职业安全方面的控诉；消费者安全委员会防止产品对消费者不合理的危险；国际运输安全委员会调查运输事故安全问题等。

在行政规制手段方面，总统主要通过任命权和免职权、书面意见权、保障法律忠实执行权、预算权、立法权（立法计划和法律草案、否决权、行政命令）实现行政规制目标；部长通过制定补充性法规、提出立法建议、受理上诉以实现行政规制目的。州长有任命权、免职权、行政监督权和执行法律权、行政命令权、预算权、否决权、立法建议权、赦免权，郡通过征收财产税、举行选举、维修道路、管理市场、维护道路秩序以及其他行政职能开展规制活动；市在公共安全、公共卫生和环境保护、公共交通、公共教育、福利事业等方面会采用相应的规制手段。美国独立控制委员会的规制目的主要是通过制定行政法规、标准、提出立法建议、定期提交报告或履行说明义务、执照批准、禁止反垄断调查、征收排污费等手段予以实现。

作为美国行政规制的重要主体，独立控制委员会逐步摆脱政治影响，具有准司法权、能够保持政策的一致性等优势。但是，近年来也有批评者认为，其缺乏政策制定能力、协调能力以及容易被有实力的企业俘虏等。所以，美国对于独立控制委员会的改革也主要集中于以下几个方面：一是充分发挥市场的作用，强调规制效益，减少企业和私人的负担，例如为了提高规制效益，美国在行政规制中通过《独立办公室拨款法案》《统一预算协调法案》及其他单行法律设立“使用者付费”制度；二是取消不必要的政府规制，赋予市场更多的活力，减少高压手段，采取灵活措施，例如治理污染中的限额收费制度；三是增加公众的参与程序，减少规制主体营私舞弊的可能性。例如，在美国，规制影响分析是对拟定的或者已经发布的规制政策和方案产生的影响进行分析和评估的政府决策工具，适用于规制政策制定与方案拟定、规制方案形成和规制实施及之后的全过程[1]。

二、德国的行政规制制度概述

德国传统行政法发端于19世纪的警察法，其主要任务为控制以警察权为代表的行政权，以法治国为目标，试图将行政权纳入受法律约束的框架之内。1875年，普鲁士高等行政法院设立之后，通过法院的判决发展，泛化的警察权逐渐被限缩至危险防止的狭窄领域，这一时期的行政规制是全面规制的，正如奥托·迈耶所说：“警察是良好秩序和普遍性福利的全部保障，警察权是邦国主权最新和最有前途的部分。”[2]

19世纪中期以后，德国进入自由法治国家阶段，自由主义思想取代了先前的全面干预思想；经历过世界经济危机之后，人们开始认识到对于行政权力进行约束和限制的重要性，这一时期颁布和施行的《魏玛宪法》为公民基本权利起着最根本的保障性作用，

[1] 高秦伟．美国规制影响分析与行政法的发展 [J]. 环球法律评论，2012（6）：97-115.
[2] 奥托·迈耶．德国行政法 [M]. 刘飞，译，北京：商务印书馆，2002：32.

法律保留也被作为一项基本原则在行政法学中确立。“由于人口增长，造成都市化的生活形态，使得人们赖以生存之空间以及生活之资已非个人所能完全掌握，因此时代已由个人照顾自己，亦即由所谓的自己的‘自力负责’，转变到由社会之力来解决个人‘团体负责’，而到今日的由党及国家之政治力量所提供之个人生存之保障，即‘政治负责’……人民已经信赖国家，并要求国家强力介入个人生活。过于期望国家干涉愈少愈好之时代已一去不复返。”[1]

20 世纪中期之后的社会法治国家，公民权利的保障进一步加强，特别权力关系理论被废除；与此同时，司法审查也加大了对于规制行政合法性、合理性的监督和制约。20 世纪中期以后，德国加强了对经济和社会的规制，并出台了一些与行政规制相关的法律，例如，德国《反限制竞争法》第二十条的标题为：“具有相对交易优势地位或者相对市场优势地位的企业禁止从事的行为。” 第三款规定，“相对于中小企业具有相对市场优势的企业，不得利用其市场优势，直接或者间接地不当地妨碍这些中小竞争者。”德国在 1960 年制定并颁布了统一的、全国性的行政规划法《联邦建设法》，后又通过《建设用地分类规范》和《计划图例规范》对行政规划规定进行细化。1976 年，德国制定了《联邦德国行政程序法》，对行政活动的程序事项予以规范；1986 年 12 月，将《联邦建设法》和《城市建设促进法》合并后制定了统一的《建设法典》。德国亦针对不同的规制领域颁布了相应法律，例如《循环经济和垃圾法》《联邦自然保护法》《航空法》《联邦住房管理法》《联邦道路法》《联邦高速公路建设法》《联邦公害防治法》等。20 世纪 70 年代末到 90 年代初的德国行政改革具有非连续性渐进主义特征，改革的基本内容包括削减公共服务人员数量、压缩公共人事开支、调整公共事业、转变公共组织结构等；到 20 世纪 90 年代，地方政府行政规制改革推行类似于“新公共管理”模式的“地方治理模式”，其特征主要表现为以顾客为导向、产出与结果控制、实施预算与绩效指标管理等。

在行政规制主体方面，包括联邦和各州。中央层面，联邦政府、联邦总理和联邦各部（如联邦卫生局、联邦机动车辆管理局、联邦环境保护局、德国专利局等）、联邦审计署、联邦银行（独立公法设施）、联邦铁路和联邦邮政，已经私有化欧共体（根据共同体条约违法补贴决定的撤销）州政府为高级规制主体（包括州最高行政机关：州长、内务部长、文化部长、经济部长等；州高级行政机关，承担专门行政任务的为直属部：统计厅、卫生厅、教育促进厅等）；大区是中级规制主体（大区政府主席隶属于内务部长和其他部长）；县是基层规制主体（执行本区的国家行政事务）。

危险防止是秩序行政法的核心，行政规制在实现危险防止目的的同时，亦要避免行政规制权的滥用。德国在对行政规制权的控制方面独具特色，主要体现在以下四个方面：

一是十分注重对行政规制的程序设置。1976 年制定的《联邦德国行政程序法》对行

[1] 陈新民 . 公法学札记 [M]. 北京：中国政法大学出版社，2001：79-80.

政主体实施行政行为时所应遵循的一般方式、步骤、时限和顺序作出了明确规定，并专辟一节对行政规划的具体程序作出了明确细致的规定，包括行政规划确定程序、异议程序、变更程序、废止程序、救济程序等，内容不仅全面，而且十分细致明确，这为行政规划活动的开展提供了明确的程序法依据。

二是注重对行政规制利害关系人权益的保障。德国通过《联邦德国行政程序法》等法律赋予了利害关系人诸多程序性权利，如获得通知的权利、卷宗阅览权、异议权、听证权、要求决定者为决定说明理由的权利、抵抗权等。

三是加强权力制约的程序机制建设。德国不仅通过实体法的途径建立行政规制权力配置模式，也通过程序的途径建立了相分离的规制程序机制，通过出示公告、公开信息、提出异议、召开听证会等系列程序性制度，对行政权力进行程序控制。

四是行政规制趋于缓和。例如德国 1997 年出台的《信息和通信服务法》规定：如果所提供的内容是他人的，那么只有在服务提供者了解这些内容并且在技术上有可能阻止，而且进行阻止并不超过其承受能力的情况下才负有责任。李洪雷认为："多数国家将互联网内容规制职能交由广播电视规制机构来行使，采用更加节制的方法，有些国家的法律初看起来非常严格，在执行上要缓和得多。多数国家原则上不要求互联网服务提供商对网上的非法材料负责，以符合互联网的开放性和即时性等特征，并防止对互联网的发展产生阻碍作用。"[1]

三、日本的行政规制制度概述

明治维新后，日本借鉴大陆法系行政法，开始构建自己的行政法治体系，制定了《行政裁判法》，建立了行政法院。第二次世界大战后，日本深受美国行政法影响，改由普通法院审理行政案件；为了经济复兴，实施"政府统制型规制模式"，即政府通过行政手段集中有限资金对重点产业进行重建，并出台相应的扶植和保护政策，使经济向工业化经济转型。日本通过市场准入限制、价格管制、数量限制等方式扶植保护国内产业，促进了日本经济的飞速发展。

到了 20 世纪 70 年代末，随着日本经济进入萧条期，统制型规制模式弊端越来越明显，政府部门膨胀和规制成本的不断增加，导致政府开支过大、公债增多、财政赤字严重。为了应付公共财政危机，日本实施了行政规制缓和改革，通过行政改革，减少行政规制，降低规制的成本和政府的支出，优化政府的职能。

70 年代末 80 年代初，日本行政规制改革从经济规制开始，"从 1977 年到 1994 年，日本政府共进行了大小不等的 8 次许可制度改革，希望进一步减少政府对微观经济的干预，发挥市场的调节作用。"[2]1977 年，《许可、批准等整顿的合理化建议》对 1 240 项审批事项进行取消、转移、简化等。1985 年废除《公众电信法》，放宽了对电气通信

[1] 李洪雷 . 论互联网的规制体制——在政府规制与自我规制之间 [J]. 网络信息法学研究，2017（1）：118-133.
[2] 曾祥瑞，佟连发 . 日本行政法中的规制与规制的缓和 [J]. 辽宁大学学报：哲学社会科学版，2004（6）：140-144.

领域准入的限制。1985年6月废除《日本航空株式会社法》，通过航空民营化以提高效率的航空管理模式。1986年11月出台《国铁改革法案》，成立六家客运铁路公司和一家货运公司。

80年代末期，日本从经济规制逐步拓展到教育、劳工、农业、环保等领域的社会规制。在能源领域，1995年煤气和发电自由化、1999年电力自由化和都市煤气的小额配送快速发展。“在金融方面，外汇业务自由化、证券、信托银行分公司的业务领域规制的撤销、股份买卖手续费的自由化、损害保险费率的自由化等也被推进。”[1]

在规制主体方面，日本的最高国家行政机关是内阁，承担着重要的政策策划和事务调整的职能，包括规制政令的制定和宪法赋予的其他职权；在中央由一府十二省厅组成（包括内阁府、总务省、法务省、外务省、财务省、文部科学省、厚生劳动省、农林水产省、经济产业省、国土交通省、环境省、防卫省以及国家安全委员会）；省府可以设置委员会实行专门的规制职能，例如内阁的公正交易委员会、总务省的公害等调整委员会等；除此以外有的行政机关还设置了附属机关及地方分支，如国税厅的税务署等。日本在地方成立了地方自治组织和地方公共团体的机关，设置议事机关的议会（如都道府县议会、市町村议会），作为议会执行机关设置的首长（如都道府县知事、市町村长等）。日本的《宪法》《国家行政组织法》《内阁设置法》《地方自治法》《国家公务员法》《地方公务员法》《河川法》《道路法》等法律为行政规制主体开展规制活动提供了依据。

公共营造物是行政法上特有的组织形态，与行政规制密切相关。日本公法学者南博方指出，营造物是由行政主体提高于特定的公共目的的人力、物力等手段的综合，如学校、图书馆、病院、公民馆等。营造物以前是由国家和地方公共团体自己实施，后来行政规制逐步缓和，一部分营造物被改组为公司法人，如日本国有铁道、日本专卖公社、电信电话公社等。

在日本，与行政规制活动密切相关的法律主要有《行政程序法》《行政代执行法》《土地收用法》《食品卫生法》《都市计划法》《建筑基准法》《有关风俗营业等规制及业务适当化的法律》《废弃物处理法》等。行政许可、例行检查、行政指导与整改命令是较为常见的行政规制手段。日本在《废弃物处理法》修改中强化信息公开和公众参与。《废弃物处理法》第十五条第三项规定，经营者在申请建设废弃物处理设施时，须对周边生活环境的影响进行调查评估，在申请许可时将以上调查内容写入申请书，提交给地方政府审批部门；第十五条第四项和第六项规定，地方政府须将记载有调查内容的申请书供居民查阅，听取居民的意见。

总之，从日本现代行政规制发展来看，呈现出从形式规制向实质规制转变的趋势。在“形式意义上的法治主义”下，依法行政原理指行政行为只要符合合法性要求即可，

[1] 顾爱平 . 中国行政许可制度改革探究 [D]. 苏州：苏州大学，2005.

而不论其所依据的法律是否符合自然公正，是否有利于实现公共利益。随着时代发展，形式法治越来越难以满足时代发展要求，日本行政规制也进入了实质法治主义时代，即行政行为必须符合法律法规规定，若法律没有具体规定，行政规制活动也应受到宪法原则的约束。

第二节　我国行政规制的历史发展

在我国，行政规制仍然是一个学术用语，并未进入立法领域。检视我国现行法律规定，并无“行政规制”立法表述。近年来，行政规制已成为行政法学的重要内容。许多学者对行政规制问题进行了卓有成效的研究。与此同时，行政规制的实践亦不断向前发展，在回应我国政府规制面临特有问题的过程中，中国特色的行政规制体系日渐成型。

一、我国行政规制研究的发展

（一）我国行政规制研究的概况

以“行政规制”为主题，通过中国知网（CNKI）进行检索发现：我国学术界关于行政规制的研究始于20世纪60年代，之后经历了特定的历史中断。1984年至今，关于行政规制的研究一直持续。在2006年以后进入稳步发展时期，每年发表的学术论文都在20篇以上，2011年（达到50篇）以后进入繁荣发展时期，每年发表学术论文均超过35篇，其中2018年发表的论文有74篇（图1.1）。近年来，关于行政规制的学术论文无论在数量上还是质量上都有了明显提升，研究范围日益扩大，研究内容日益深化。

行政规制的研究内容日益回应社会关切，关于房地产市场、格式合同、网络购物等方面的行政规制研究开始增多。随着社会转型和社会治理理念的变化，学界开始对行政规制的主体、制度、力度、范围等内容进行反思，对政务微博、地方政府规制实践、国外行政规制经验等方面的研究增多。以“哲学、社会学、政治、法律”的“核心期刊”进行精确检索一共找到654条结果，研究主题内容包含了“行政规制”“标准条款”“格式合同”“法律规制”“消费者”等（图1.2）。

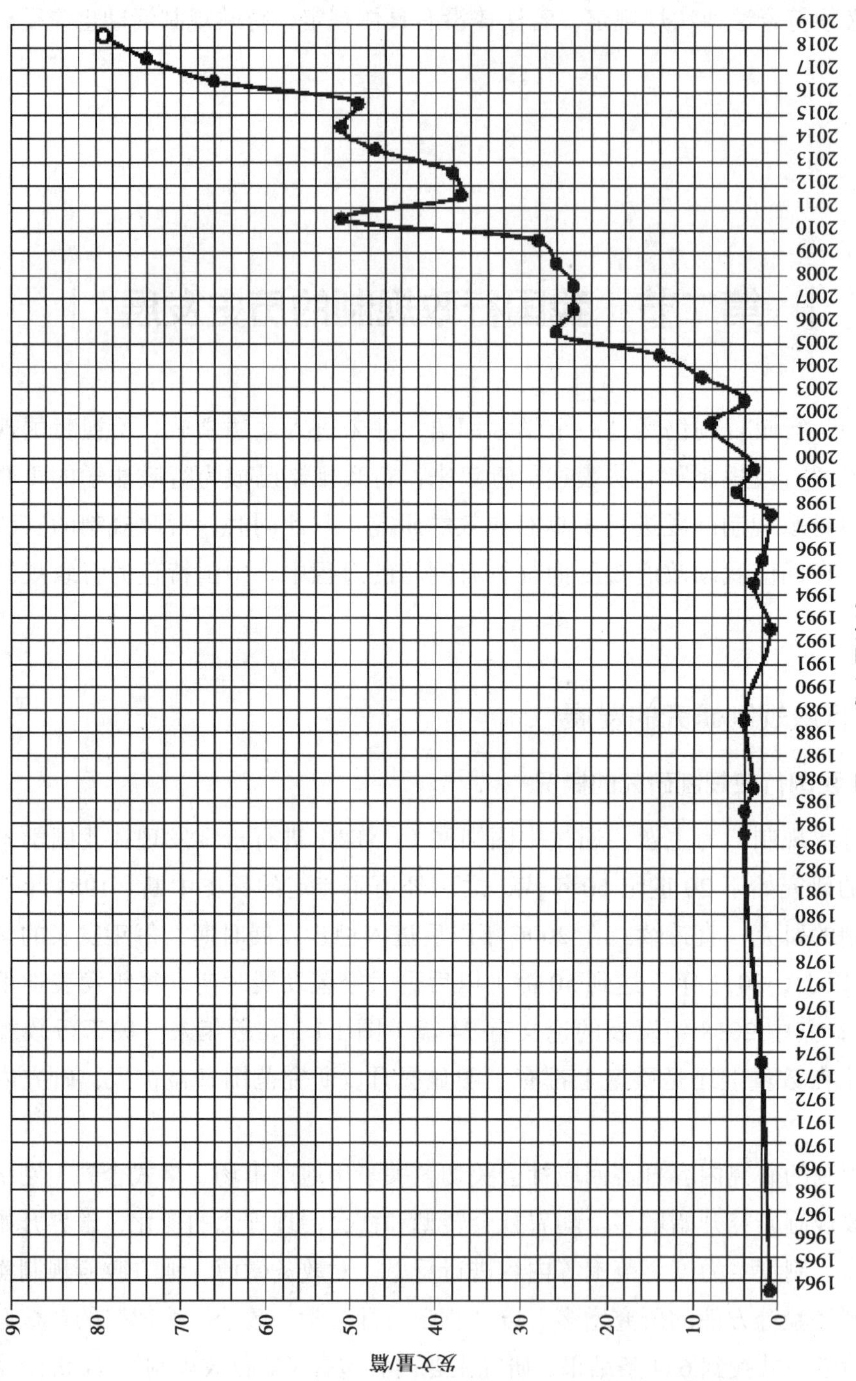

图1.1　发文量统计

行动规则
标准条款
格式合同
格式条款
行政机关
法律规制
当事人
规制研究
行政法
消费者
司法规制
中华人民共和国
定式合同
政府规制
政府管制
网约车
规制模式
行政许可
契约自由
立法规制
《合同法》
行政法规制
食品安全
免责条款
风险规制
服务部门
1/2
349（35.25%）
59（5.96%）
55（5.55%）
53（5.35%）
44（4.44%）
43（4.34%）
31（3.13%）
27（2.72%）
25（2.52%）
22（2.32%）
21（2.12%）
21（2.12%）
20（2.02%）
19（1.92%）
18（1.82%）
17（1.72%）
17（1.72%）
15（1.52%）
15（1.52%）
12（1.21%）
12（1.21%）
11（1.11%）
11（1.11%）
11（1.11%）
11（1.11%）
10（1.01%）
10（1.01%）
10（1.01%）
10（1.01%）
10（1.01%）

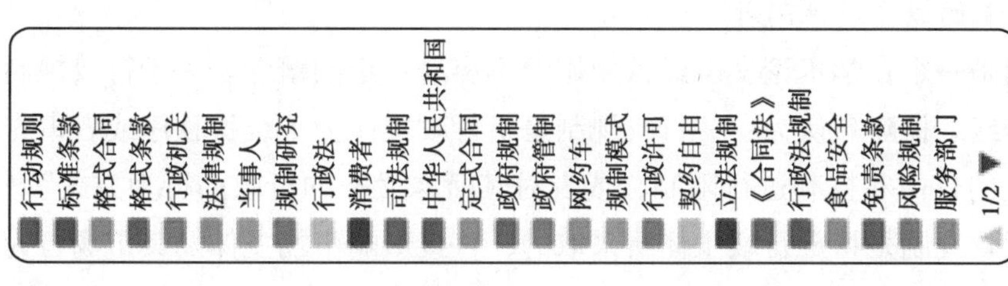

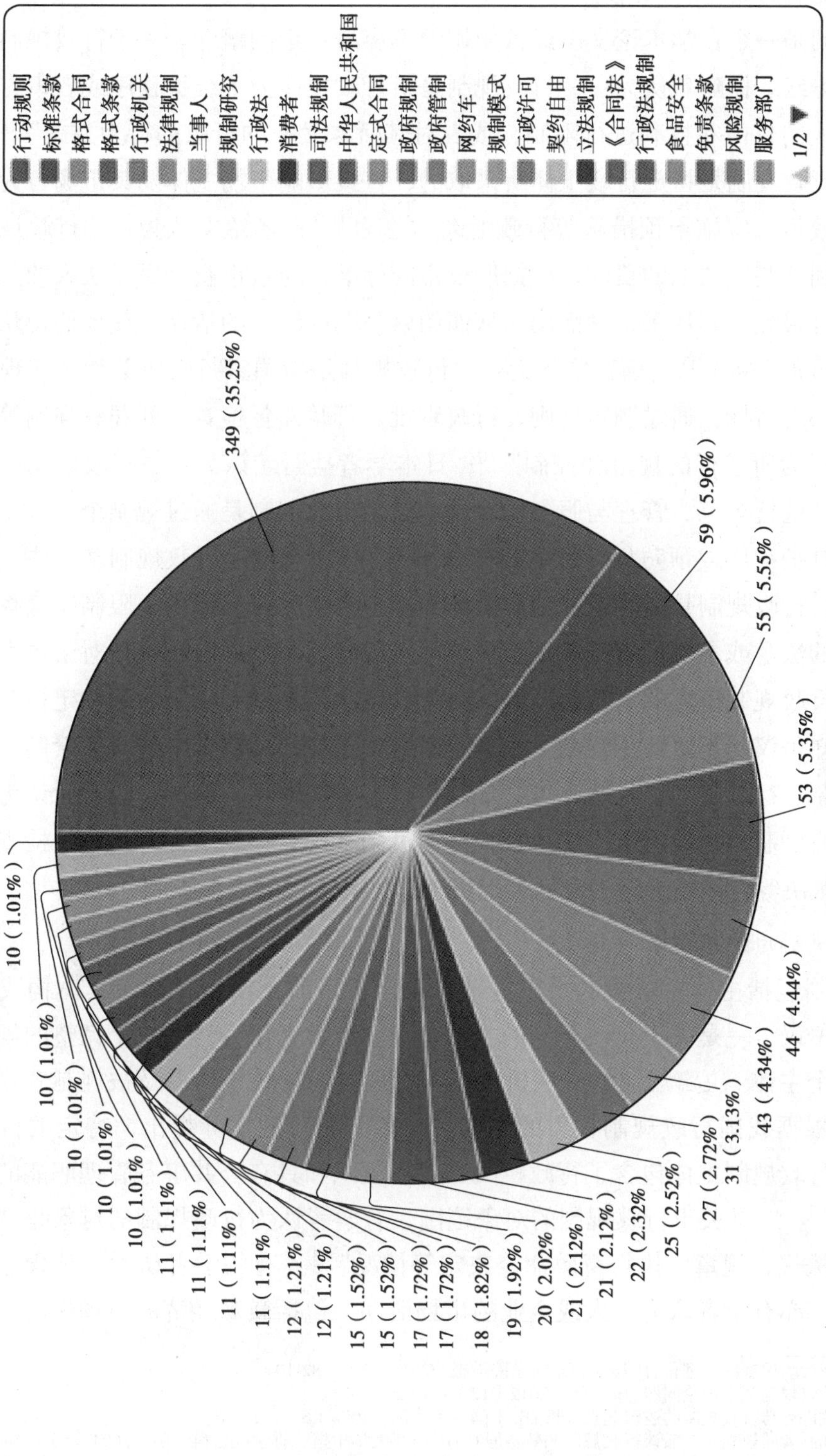

图1.2　研究内容统计

（二）我国行政规制研究的理论问题

1. 行政规制的概念属性问题

行政规制是一个在学术论文中经常使用但不容易界定的概念。关于行政规制的具体内涵，众说纷纭。杨建顺认为："行政规制是指行政主体为了维护秩序或者事先防止危险，而对私人的自由和权利进行限制，或者对其赋课义务的行政的行为方式"[1]；江必新认为："行政规制是特定行政主体所采取的，直接影响市场主体及其市场行为的设定规则、制定政策、实施干预措施等行政活动的总称"[2]；杨绍文认为："行政规制是指政府为了达到某些所预期的目的，根据所设定的标准，通过审查公民或法人的条件具备情况，决定是否允许其从事某种活动，从而约束公民或法人的活动，使他们遵从于政府活动偏好的价值序列"[3]；杨建华认为："行政规制是指国家行政机关为了实现国家法律、政策的一定目标，通过制定规则、行政审批、行政监督检查、处罚、强制等方式对市场主体的行为所进行的规范和控制"[4]；日本学者盐野宏认为："行政规制是政府对社会公共事务进行规范、管理与服务的一种手段。行政规制是通过规制个人及企业的活动，以发挥维护秩序或预防危险发生的行政作用。"[5] 韩国《行政规制基本法》第一条第一款规定，行政规制是指国家或地方团体为实现特定的行政目的，限制国家权力或增加国民义务的法令或条例、规则所规定之事项。行政规制的内容还包括对于国家权力的限制。由于行政规制概念的"意会"倾向使得其概念内涵具有一定"不确定性"，引发法律属性认知争议和术语使用混乱。在理论研究中，行政规制常常与政府管制、政府规制、行政管制、行政管理、行政许可、规制行政等替代使用。例如，有学者认为，行政规制就是政府管制，是政府依据法律授权，通过制定规章、设定许可、监督检查、行政处罚和行政裁决等行政处理行为对社会经济个体行为实施的直接控制[6]。

2. 行政规制的构成要素问题

行政规制包括主体、对象、手段等基本要素。目前，在行政规制具体构成要素上仍存在一定争议。一是关于行政规制的主体范围。有学者认为："一个完整的规制过程应当包含三个主体：决定规制的立法机关、实行规制的行政主体以及被规制者。"江必新、邵长茂根据我国行政规制权力的结构、配置与运行的实际提出"特定的行政主体说"，认为行政规制主体包含了行政机关、授权组织和具有公共事务管理职能的其他组织等的主体[7]。二是关于行政规制的对象范围，有学者认为行政规制的对象是"相对方遵守法律、法规、规章，执行行政命令决定等情况"[8]；有的学者认为，包含经济活动和社会活动；亦有学者认为个人或企业的市场活动，包括微观经济的市场失灵、企业和

[1] 杨建顺 . 中国行政规制的合理化 [J]. 国家检察官学院学报，2017（3）：82-104.
[2] 江必新 . 论行政规制基本理论问题 [J]. 法学，2012（12）：17-29.
[3] 杨绍文 . 行政许可与行政规制的逻辑起点分析 [J]. 中国卫生法制，2004（5）：15-16.
[4] 杨建华 . 对规制者的规制——兼谈行政规制的效益原则 [J]. 山西大学学报：哲学社会科学版，2004（5）：63-67.
[5] 盐野宏 . 行政法总论 [M]. 杨建顺，译 . 北京：北京大学出版社，2008:6.
[6] 谭绍木 . 宪政视野中的行政规制缓和 [J]. 南昌航空工业学院学报：社会科学版，2005（4）：40-42.
[7] 江必新，邵长茂 . 社会治理新模式与行政法的第三形态 [J]. 法学研究，2010（6）：20-28.
[8] 张骐 . 论完善法治化的法律监督体系 [J]. 中外法学，1998（6）：70-75.

消费者的市场行为等。高秦伟认为："在分享经济下人们认识到分享经济中的科技进步和创新不能够被过时、迟延、过度的规制所抑制；另一方面，要及时、充分保障消费者在接受分享经济提供服务时的安全性[1]。三是关于行政规制的主要手段。有的学者认为行政规制的方式依赖于合作治理[2]。有的学者认为，现代行政规制需要充分运用信息工具[3]。还有的学者认为行政规制要充分发挥第三方平台的作用[4]。随着信息社会和风险社会的到来，行政主体规制的"武器"也越来越丰富，不仅包含了许可审批等传统的规制方式；而且包含了信息发布、数据收集等现代规制手段。

二、我国行政规制的现状

（一）行政规制机构变革及其影响

我国的行政规制实践起步较晚，发展速度与西方国家仍有一定差距。我国的经济体制经历了从计划经济向市场经济的过渡，并长期受到计划经济思维、制度的影响。正如有的学者所言："从我国政府规制体系和政策执行过程的实质看，与其说是我国政府规制的形成同样源于克服自然垄断和信息不对称所致严重弊端的需要，还不如说是计划经济使然。"[5] 在计划经济体制下，作为规制主体的行政机关是单一的主体，规制的范围是全面的，包括宏观和微观层面，规制的力度是深入的、无微不至的。在此情形下，作为市场主体的企业和公民，缺乏创造活力，行政机关也容易陷入"过度规制"的困境。

随着经济和社会的发展，1992 年党的十四大决定建立社会主义市场经济体制目标，市场开始在资源配置中发挥越来越重要的作用。行政权的收缩和市场功能的扩张成为一种时代选择和历史趋势，并在我国政府机构改革进程中得以呈现。

改革开放以来，我国先后进行了八次较大的机构改革，1982 年围绕精简机构、人员结构的改革，国务院工作部门由 100 个减为 61 个，地方改革恢复了乡政府建制；1988 年的转变政府职能改革，改革政府职能配置结构和机构设置框架，国务院工作部门由 81 个减为 68 个，人员编制裁减了近 8 000 人[6]；1993 年精简政府机构和人员核对改革，国务院工作部门由 86 个减为 59 个，"定员总数减少 20% 左右"，"省、自治区党政机构平均减少 13 个左右"，"人员编制总数精简 20%"，"直辖市党政机构平均减少 24 个左右"，"人员编制总数精简 15%"[7]；1998 年的机构改革旨在建立办事高效、运转协调、行为规范的政府行政管理体系，改革后，国务院共设工作部门 43 个，部委减少了 11 个，部门内司局级机构减少了 200 多个，人员编制由 3.2 万人左右减为了 1.6 万人左右[8]。

[1] 高秦伟．分享经济的创新与政府规制的应对 [J]. 法学家，2017（4）：17-29.
[2] 宋华琳．论政府规制中的合作治理 [J]. 政治与法律，2016（8）：14-23.
[3] 徐信贵，庞鹏．食品安全风险行政规制的信息工具选择 [J]. 重庆邮电大学学报：社科版，2017（3）：51-57.
[4] 覃俊清．网络社交平台行政规制初探 [J]. 四川行政学院学报，2018（5）：37-41.
[5] 乔榛．中国地方政府规制改革研究 [M]. 北京：经济科学出版社，2006：37.
[6] 夏海．政府的自我革命——中国政府机构改革研究 [M]. 北京：中国法制出版社，2004：38.
[7] 宋德福．中国政府管理与改革 [M]. 北京：中国法制出版社，2002：367-370.
[8] 国家行政学院．中华人民共和国政府机构五十年 [M]. 北京：党建读物出版社、国家行政学院出版社，2000：484-485.

2003年的政府职能改革，重点在转变国有资产管理体制。改革后，国务院共设工作部门52个；2008年的政府机构改革，明确以发改委、财政部、人民银行等组成国家宏观调控部门，发挥统筹规划、政策导向作用，如组建人力资源和社会保障部、工业和信息产业部等；2013年行政管理体制改革，实行铁路政企分开，加大行政审批制度改革的力度，缩小了审批、核准、备案的范围，取消和下放了部分审批事项；2018年的党政体制改革统筹设置党政机构，继续推进以“放管服”为主要内容的行政审批制度改革。

政府机构改革带来行政规制机构的变化主要体现在以下几个方面：一是经济规制机构的完善。政府机构改革有利于加强宏观经济干预，维护市场秩序正常运行，例如证监会的建立是为了加强证券和金融的秩序的规制，章志远和李明超认为“在中央与省建设部门内设立独立的规制机构，在省以下各城市人民政府设立独立的公用事业规制机构”[1]。二是社会规制机构的完善，促进公共资源的公平配置和市场交易的合法性、有效性，例如民政部门通过最低生活保障、社会优抚等方式给予特殊人群的帮助；章志远认为：“民众个性的张扬、婚姻家庭关系的裂变、姓名平行现象的激增、国家语言文字政策的变迁及信息社会标准化的现实需求，共同构成了当下姓名规制所面对的社会环境。”[2]三是反垄断规制发力。2007年通过的《中华人民共和国反垄断法》为行政主体依法进行反垄断提供了法律依据，如国务院反垄断委员会具有组织调查、评估市场总体竞争状况的职权等。宋华琳认为：“在药品安全领域，国务院、国务院办公厅、国务院议事协调机构都有可能对行政规制施加影响。国务院可以通过制定行政法规、颁布行政规定和行政规划、召开会议等相对制度化的方式，国务院领导也可以通过批示、讲话和调研等相对非制度化的方式，来影响行政规制。国务院会以考虑公众健康、政治稳定及国际形象的缘由，介入药品规制事务。国务院实施一体化控制与行政规制机构的相对独立性可谓并行不悖。”[3]四是合作规制模式的创新。随着政府机构改革的推进，行政规制的合作模式开始盛行，“平权型合作规制模式”和“市场与行政的合作规制模式”是较具代表性。“平权型合作规制模式”以“责任共担、信息共享、平等协商、理性沟通、相互信任”等为特征，强调社会主体的参与、协商式参与、技术性制度，突出“从单纯市场秩序问题到民生问题、公共安全问题的变化”。“市场与行政的合作规制模式”以市场自由选择与行政规制的博弈为基本逻辑，强调“打破公共服务的垄断，还权于市场主体”“政府规制与市场自治的协调”“媒体、资本市场与政府的共同监督、协同治理”。

（二）我国行政规制的现存问题

1. 规制机制协同性不足

当前，我国政府规制组织内的体制存在政出多门、权责和专业分工不明确等问题，

[1] 章志远，李明超．公用事业特许经营立法问题研究——以若干地方性法规为分析样本[J]. 江苏行政学院学报，2009（6）：114-119.
[2] 章志远．姓名、公序良俗与政府规制——兼论行政法案例分析方法[J]. 华东政法大学学报，2010（5）：13-23.
[3] 宋华琳．国务院在行政规制中的作用——以药品安全领域为例[J]. 华东政法大学学报，2014（1）：25-37.

多元化行政规制主体难以有效地对政府规制客体进行规制[1]；虽然国家机构改革要经过全国人大批准，但是法律法规的稳定性难以适应机构改革和职能调整的频繁性，使得各机关经过改革后也列出了自己的权力清单，但是责任却不清晰。例如，目前市场监督管理局整合食品、药品、质检部门等监管职权，但是部分地方却出现了“人多事少”“人多责少”的情形。正如李洪雷所说：“行政组织法律制度尚不完善，行政职能、机构、权限等未能实现法定化，中央与地方关系尚不协调，各级政府事权划分不合理、事权和财权不匹配，政府与企业、市场、社会的基本关系尚未理顺，履行政府职能不够全面，职能越位、错位、缺位的情况同时存在，政府对具体经济社会事务的干预仍然过多。”

2. 规制机构独立性不够

规制作为具体的制度安排，是政府对社会行为和经济行为的管理或制约。从规制制度的预设目的和预期效果而言，行政规制主体的独立性和权威性至关重要，否则行政规制活动将无法有序开展。实践中，部分行政规制主体与规制对象关系密切，缺乏相对独立性和权威性，例如在体育领域，国家体育总局与中国足协、中国足协与足球俱乐部的关系长期以来一直不够清晰，造成规制思路不清晰、规制效果差。

3. 规制活动的连续性受限

一方面，政府规制机构的组织结构多变，无论经济规制组织、社会规制组织，还是行政规制组织，都随着多次行政体制改革而频繁变动，政府规制组织的定位和职能也不断变化，行政规制机构作用难以充分发挥。[2] 正如有的学者所说：“如此频繁、反复的机构变动，客观上打断了规制部门工作的连续性、稳定性，会加剧规制部门的机会主义行为。”另一方面，运动式规制是一种源于权威体制下的权力实践，不仅会影响规制活动的连续性，而且会影响权威的续造。有学者指出：“随着中国官僚系统向精确性和规模化发展，运动式治理被重塑为更为精密的目标责任制和绩效考核等表现形式，以‘任务驱动’作为新的动员模式而得到精细化的发展，表现为运动式治理的常规化。‘常规化’的运动式治理不能也无意使治理效果达到帕累托最优，运动式治理最终将会逐步走向‘内卷化’，而非走向制度化的‘常规治理’。”[3]

4. 规制能力有待增强

“2013 年肇始的全面深化改革致力于推进我国治理能力和治理体系现代化。对垄断行业的改革是重中之重。我国的垄断行业涵盖电力、电信、公路、铁路、公共汽车、港口、机场、自来水、石油、天然气、供暖、邮政等，是国民经济的支柱产业。我国垄断行业的经济运营情况以及政府对这些垄断企业的治理绩效直接关系到社会公平和人民福祉的提高。尽管在对垄断行业进行的政府规制改革取得了阶段性的成就，但是规制无力、无效状态依然相当严重。”[4] 章志远认为，“对我国公用事业特许经营制度的 16 起典型成功个案的观察的有益经验包括：规划科学合理、操作规范有序；政府部门树立诚

[1] [2] 王健，陈剑 . 构建中国特色的政府规制理论 [N]. 光明日报，2008-10-22（9）.

[3] 倪星，原超 . 地方政府的运动式治理是如何走向“常规化”的？——基于 S 市市监局“清无”专项行动的分析 [J]. 公共行政评论，2014（2）：70-96.

[4] 张蕴萍 . 规制能力提升是深化中国垄断行业政府规制体制改革的有效途径 [J]. 理论学刊，2015（8）：43-48.

信品牌；有效的政府监管；利益衡量全面合理；配套规范体系健全。22 起典型失败个案包括：特许改革定位失当、政府诚信意识缺乏、政府监管能力低下（市场准入与市场退出监管、价格监管、质量与安全监管等能力低下）和政府利益衡量不当等。”[1] 实践中，还存在不少规制不足现象。有一些需要行政规制介入的领域，行政规制主体没有履行其职责，导致市场失灵无法及时弥补，例如，2018 年的长春长生疫苗事件，不仅体现了食药监局对于疫苗规制的不足，也暴露了外界对规制主体监督的滞后性和乏力性。

5. 规制立法相对滞后

在行政规制领域，我国颁布实施了一系列法律法规，并形成了中国特色的规制法律体系。如在环境保护领域，通过《中华人民共和国环境保护法》《中华人民共和国大气污染防治法》《中华人民共和国水污染防治法》《中华人民共和国环境影响评价法》《中华人民共和国固体废物污染环境防治法》等法律赋予相关行政主体对于环境保护的规制权能；在食品安全领域，《中华人民共和国食品安全法》赋予县级以上人民政府、食品药品监督管理部门和其他有关部门对于食品生产经营者进行监督、检查、指导的权力；在劳动方面，《中华人民共和国劳动合同法》赋予劳动行政部门对于劳动合同制度实施予以监督管理；《中华人民共和国矿山安全法》赋予劳动行政主管部门对于矿山企业在安全培训、器材设备使用、矿山安全状况、事故等内容的调查处理权；《中华人民共和国反不正当竞争法》赋予监督检查部门对涉嫌不正当竞争行为进行调查、处罚；《中华人民共和国商标法》赋予商标行政管理部门审查和核准、变更、转让和使用许可的权能。在经济性规制方面，主要法律有《中华人民共和国邮政法》《中华人民共和国商业银行法》《中华人民共和国民用航空法》《中华人民共和国证券法》等。除此以外，我们还制定了行政规制的基本法律，如《中华人民共和国行政处罚法》《中华人民共和国行政许可法》《中华人民共和国行政强制法》《中华人民共和国公务员法》《中华人民共和国行政复议法》等基本法律。这些法律规定有利于规范行政规制工作，保障规制相对人的合法权益。但值得注意的是，我国关于行政规制方面的立法还相对滞后，覆盖面还相对较窄，部分立法规定与实践相脱节。现行的行政规制主要集中在能源、交通、金融等重点领域；而其他的领域如社会保障、电信等行业立法较为滞后，同时在有的领域立法时间较早、较滞后，可操作性差。规制法律往往只对部分事务进行了规定，而缺乏对于问题的全面性规制，例如国务院提出“降费提速”以来，部分电信企业表面执行，却出现了附带业务增加、基础设施建设滞后、资费标准偏高等问题。有学者指出：“我国在国际电信联盟信息通信技术使用和普及水平综合指数上的排名，基本处于全球第 80 名左右。特别是上网速率、上网资费与国际先进水平以及用户期望差距较大。”[2] 章志远和黄娟认为：“我国公用事业特许经营市场准入中存在竞争机制运用失当、准入条件取向单一、准入方式乱象丛生等问题。”[3] 许多规制立法内容主要集中于

[1] 章志远，朱志杰 . 我国公用事业特许经营制度运作之评估与展望 [J]. 行政法学研究，2011（2）：58-64.
[2] 张辛欣，何宗渝 . 降费提速关键要打破垄断格局 [N]. 中国信息报，2015-5-22（2）.
[3] 章志远，黄娟 . 公用事业特许经营市场准入法律制度研究 [J]. 法治研究，2011（3）：53-60.

行政主体的规制权力规定，而缺乏社会参与规制的规定，不利于规制权力的监督。如我国的《中华人民共和国电信条例》对电信市场行为予以规制，该条例制定时间是2000年，且多为原则性规定，对于新出现的骚扰电话、电信诈骗等违法行为缺乏规定，对公民和社会组织参与电信治理也缺乏规定。李洪雷认为："我国关于互联网政府规制的法治化存在问题包括：依据的规章和其他规范性文件层级较低，习惯于采取'运动式治理'模式，缺乏有效的专家咨询和公共参与的渠道，互联网规制过度政治化，很多规制措施缺乏有效的司法救济和渠道。"[1]

（三）我国行政规制的制度完善

1. 行政规制的立法完善

行政规制作为政府社会治理的重要方式，应在法治的框架下进行，当前应进一步推进行政规制的体系性立法工作，厘清行政规制的立法权限、实施权限、程序制度和责任机制。杨建顺指出："中国的行政规制改革，应当立足于《行政许可法》《中共中央关于全面推进依法治国若干重大问题的决定》和国务院《全面推进依法行政实施纲要》所确立的基本制度框架和基本原则，切实地依法推进。"[2]尤其是随着"互联网 +"时代的到来，行政规制开始迈向多部门的联合规制，政府成为"互联网 +"时代重要的规制政策输出源，需要厘清其不同层级的立法权限。[3]在未来，应当克服简政放权和行政审批改革与《行政许可法》的实施相脱节的问题，以保证《行政许可法》的先进理念和制度得到有效落实为抓手，从机构设置、规则细化和体制完善等方面，采取有力措施贯彻《行政许可法》，以法治思维和方式推进简政放权。[4]在公用事业特许经营绩效评估中，应在中央特许经营立法层面明确评估结果的法律效力，明确不同评估结果的法律后果。[5]

2. 行政规制的程序构造

当前我国行政规制的程序控制比较薄弱，立法粗疏，缺少"协商型"行政程序，行政程序效力不足，无法对政府权力形成有效约束。从法治发达国家的基本经验、我国司法审查制度的缺失以及市场经济的法治化建设看，通过正当程序控制行政规制是我国的可行选择。为此，应当建立和完善"审判型""立法型"和"协商型"行政程序；区分正式听证与非正式听证，建构以"成本效益分析"为核心的规制影响分析制度。[6]高秦伟认为："规制影响分析，有利于政府在备选方案中作出最佳选择；为决策者与公众提供可能产生影响的信息，提高透明度与公众参与度；改善行政立法与政策形成过程。"[7]崔卓兰认为："在程序性制度完善的过程中应当包括行政监管权的启动程序、调查取证程序、听证程序、决定程序、救济程序等方面。"[8]章志远认为，为了有效防止行政违

[1] 李洪雷 . 论互联网的规制体制——在政府规制与自我规制之间 [J]. 网络信息法学研究，2017（1）：31-53.
[2] 杨建顺 . 中国行政规制的合理化 [J]. 国家检察官学院学报，2017（3）：82-104.
[3] 白云锋 ."互联网 +"时代的行政规制图景——基于 237 份网约车规范的分析 [J]. 湖北社会科学，2019（6）：120-128.
[4] 李洪雷 .《行政许可法》的实施：困境与出路 [J]. 法学杂志，2014（5）：64-70.
[5] 章志远，李明超 . 公用事业特许经营立法问题研究 [J]. 江苏行政学院学报，2009（6）：114-119.
[6] 王柱国 . 论行政规制的正当程序控制 [J]. 法商研究，2014（3）：23-31.
[7] 高秦伟 . 美国规制影响分析与行政法的发展 [J]. 环球法律评论，2012（6）：97-115.
[8] 崔卓兰，卢护锋 . 试论我国行政监管制度的重构 [J]. 学术研究，2009（6）：47-53.

法事实的不当公布对行政相对人的合法权益造成侵害，应当从法律依据、适用范围及程序设置等三个方面实现对这种新型声誉罚的法律控制。[1] 戚建刚认为，“从知识社会学的角度看，风险规制是公众和专家运用各自所掌握的关于风险的事实和价值知识进行交涉、反思和选择的过程。公众的风险知识通过民主参与实现规制过程之合法化，专家的风险知识通过技术理性实现规制过程之合法化。在风险规制的价值目标确定方面，公众的风险知识具有优越性；而在风险规制的手段确定方面，专家的风险知识具有比较优势。就我国风险规制现状而言，由于公众的风险知识存在参与不足与过度参与的弊端，而专家的风险知识则存在理性不足与独立性不强的缺陷，因而出现了严重的合法性危机。为实现这两种风险知识的融合与统一，重塑风险规制过程的合法性，就需要通过改进参与程序与改革风险规制机构来达致。”[2]

3. 进一步完善行政审批制度

2001 年 9 月，国务院专门下发文件成立国务院行政审批领导小组，积极稳妥推进审批制度改革；2001 年 10 月，国务院下发《国务院批转关于行政审批制度改革工作实施意见的通知》；2004 年 8 月 2 日，《国务院办公厅关于保留部分非行政许可审批项目的通知》保留 211 项“非行政许可事项”，此后国务院先后进行了八轮行政审批制度改革。2017 年 12 月 15 日，国务院新闻办公室发表的《中国人权法治化保障的新进展》白皮书：“党的十八大以来，国务院部门累计取消行政审批事项 618 项，中央指定地方实施行政许可事项目录清单取消 269 项，国务院行政审批中介服务清单取消 320 项，国务院部门设置的职业资格许可和认定事项削减比例达 70% 以上，3 次修订政府核准的投资项目目录，中央层面核准的投资项目数量累计减少 90%。”通过上述改革措施，我国的行政审批事项大量减少，保留的行政审批主要针对重要行业和关键领域；行政审批大量下放，央地互动局面正在形成；政府职能配置逐步趋于科学，对于行政审批的监督不断加强。值得注意的是，虽然我国行政审批制度改革卓有成效，但仍然存在一些问题，这突出表现在两个方面：一是调整和保留的行政审批事项标准模糊，虽然国务院已经取消、下放和调整涉及市场准入类、危险控制类和资源配置类事项的审批，但对于调整和保留的标准没有明确，造成“虽然大力减少审批事项，但作为规制工具的审批因为目的不明，标准模糊，使得目前国务院部门行政许可和中央指定地方实施行政许可还有 1 300 多项，很多是不必要的。”[3] 二是变相审批现象存在。王克稳教授认为，行政许可行为的定义无论在内涵还是外延上都不是十分清晰，依据这一定义无法将行政许可与其他非许可的审批行为严格区分开，概念不清使得既无法界清行政许可的权力事项边界，也无法辨明与非行政许可审批的区别[4]。实践中，非行政许可审批以批准、证明、登记、核准、备案等方式运用，其实质区别难以厘清。我国权力清单形式上粗糙简略，内容上多鱼目混珠，没有完全起到有效约束审批权的目的。如何清理和有效规范非行政

[1] 章志远，鲍燕娇 . 作为声誉罚的行政违法事实公布 [J]. 行政法学研究，2014（1）：48-53.
[2] 戚建刚 . 风险规制过程合法性之证成——以公众和专家的风险知识运用为视角 [J]. 法商研究，2009（5）：49-59.
[3] 李克强在全国深化“放管服”改革转变政府职能电视电话会议上的讲话［EB / OL］中国新闻网：2018-07-13.
[4] 王克稳．我国行政审批制度的改革及其法律规制 [J]. 法学研究，2014（2）：3-19.

许可审批以确保清单之外不再有变相审批权力的存在、如何对审批事项的合法性进行有效审查以阻止不合法的审查事项进入权力清单、如何激活行政审批的评价机制以顺应经济社会的发展和改革的需要而对清单中的审批事项进行及时修改与调整等，都是行政审批权力清单建构中需要着力解决的问题。[1] 杨建顺认为："推进行政规制的改革，应从两个方面着手：一方面是深化行政规制的法制建设；另一方面是注重行政规制的关联性制度建设。"江彩云认为："我国行政审批制度改革的基本特征是行政体制改革带动审批制度改革；基本国情是行政审批制度改革的前置条件；系统推进是行政审批制度改革成败的前提。"[2]

第三节　行政规制的时代命题

一、行政规制的时代挑战

（一）风险社会背景的挑战

工业革命之后，人类在逐渐走向工业化的同时也随之迈入了风险社会，现代社会风险无处不在。著名风险社会研究学者乌尔里希·贝克（Ulrich Beck）曾经作出这样的描述："十九世纪的水手跌入泰晤士河时，不是想当然地溺毙，反而是被伦敦阴沟里那股过分浓稠挥发的臭气以及有毒的蒸气所呛死的。同样的，当人们穿过一个中古世纪城市中的羊肠窄巷时，如鼻子就注定像是要通过枪林弹雨的重重关卡……然而，注意！当时的这种危险和今天的不同，它还是局限于刺鼻或不堪入目。换言之，那还是可以透过感官来加以接触的，然而对于今日文明的风险来说，典型的是，对它的感受能力已经被剥夺掉了，而且更加深植到物理化学的公式世界之中（例如食物中的有毒成分，核子的威胁）。"[3] 刘超认为："针对当前的环境行政缺乏整体视野与思路，在规制理念、规制制度、规制机构和规制过程四个方面存在断裂，应有确定环境行政规制中的价值排序与优先顺位、充分的环境风险信息交流以及规制中市场手段的适用等。"[4] 高秦伟认为，食品科技规制的现状，美国认为并无责任将消费者的关切整合进相关的规制和指南之中；而欧盟则积极回应消费者的关切，并就新型食品专门立法；中国立法仅将新型食品的定义限于原料层面，可能导致规制空白，不利于保障食品安全和公众的健康诉求。中国采用的是以产品为基础的强制标识措施，但是会使得那些在加工生产过程使用转基因

[1] 王克稳 . 行政审批（许可）权力清单建构中的法律问题 [J]. 中国法学，2017（1）：89-108.
[2] 江彩云 . 我国行政审批制度改革的发展及特征 [J]. 学术交流，2019（1）：120-125.
[3] 乌尔里希·贝克 . 风险社会——通往另一个现代的路上 [M]. 汪浩，译，台北：巨流图书公司，2004：6-7.
[4] 刘超 . 环境风险行政规制的断裂与统合 [J]. 法学评论，2013（3）：75-82.

原料但最终产品检测不出转基因成分的食品并不适用强制标识。食品科技规制的法理基础为：保障消费者的食品知情权、基于公众健康与安全的风险预防原则、食品加工过程的信息披露[1]。在全球化的背景下，各国面临诸多相似的问题，“全球风险社会”的概念，更凸显了金融、生态、健康、互联网等领域的风险问题，已经在很大程度上超越了国界，而成为各国共同的问题，这要求各国政府互相学习，通力合作，通过组成国际组织、建设国际合作网络、签订国际条约和协定等途径，寻求这类问题的最佳解决方案[2]。

（二）全球化背景的挑战

世界经济论坛发布《2018 年全球风险报告》明确指出，“全球来看，人们正享受着人类历史上最高的生活水准；但各个领域人类活动的加速和相互关联正把公共机构，社区和个体的吸收能力推向极限，将人类的未来发展置于风险中。”新型冠状病毒的全球化流行，将全球化的副作用展现得淋漓尽致。宋华琳认为，全球问题带来了“全球悖论”，在金融危机、食品药品安全、气候变化等领域带来了全球规制和治理的困境。其中，全球规制的组织形态包括：正式的政府间组织、跨政府组织网络、国内规制机构实施的行政规制、政府与私人部门组成的混合行政、国际非政府组织的治理[3]。杨建顺认为，在全球化时代背景下，互联网监管应当坚持利益均衡原则。政府部门应当与电商平台、各相关企业形成良性互动，打造良好的市场环境，将实现国家利益、社会公共利益及企业和个人利益的均衡作为互联网监管与政企协治的价值追求，切实维护消费者合法权益，促进网络经济健康有序发展[4]。祝捷和谢源澔认为：“针对跨境网络奶粉代购，认为规制关键为博弈达到纳什均衡：统一规范乳制品代购准入及监督机制；实施严厉的电商平台处罚措施以及采取更加人性化的规制措施。”[5]

（三）科技发展带来的挑战

现代科学技术的进步成为人类社会发展的最强大的驱动力量。技术发展在营造生活便利的同时，也可能带来一些未知的风险和挑战。如何确保现代科学技术的高安全性、可控制性和伦理性是行政规制理论与实践无法回避的现实问题。高秦伟认为：“由于受科学技术发展水平和检测水平的限制，许多引入食品中的科技在最开始之时危害性往往难以发觉，致使科技引入食品中的危害潜伏期延长。中国采用的是以产品为基础的强制标识措施， 但是会使得那些在加工生产过程中使用转基因原料但最终产品检测不出转基因成分的食品并不适用强制标识。未来应当拓宽定义范围，并对之展开新的规制设计，尤其要关注消费者的知情权保护问题，包括：上市前的审查、标签中明示新科技应用情况、完善食品安全信息披露制度。”徐凤认为，在人工智能时代，算法的不公开是原则，公开才是例外；算法透明的具体方法除了公开披露之外，还可以有诸如算法备案、

[1] 高秦伟 . 消费者知情权保护与食品科技的规制 [J]. 学术研究，2018（7）：48-57.
[2] 李洪雷 . 我国法治政府建设面临的课题与挑战 [C].“公法的基础理论和范式”学术研讨会论文集，2013.
[3] 宋华琳 . 全球规制与我国政府规制制度的改革 [J]. 中国行政管理，2017（4）：6-10.
[4] 杨建顺 . 构建政府企业协治的互联网监管新格局 [N]. 检察日报，2015-02-25（7）.
[5] 祝捷，谢源澔 . 奶粉网络跨境代购行政规制博弈分析及规制建议 [J]. 宏观质量研究，2014（3）：11-19.

算法解释权等替代工具，还应有算法审查、评估与测试、算法治理、第三方监管等保障算法公平的其他措施 [1]。张玉洁认为，无人驾驶汽车的社会化应用，不仅强烈地冲击了我国的现行交通法律秩序，而且引发了诸多科技风险、社会风险、伦理风险；我国应当在借鉴和吸收国外规制措施的基础上，率先确立无人驾驶汽车“道路行驶资格”，并结合我国当前无人驾驶技术的发展需要，建立公私协作的无人驾驶汽车治理模式、市场评价与长效监管机制以及“特许经营合同”规制机制 [2]。基因编辑近年取得重大突破，带来克服基因缺陷和治疗疑难疾病的福音，但其引发的各种社会风险也不容小觑。它不仅面临着伦理风险和异化风险，还引发了极化风险、法律风险、责任风险等。我国应在借鉴域外风险规制模式的基础上，立足国内基因编辑的发展趋势，通过区别性规制确定今后发展的重点方向，构建“政府 +X”的合作规制主体，组建统一的基因编辑管理机构，并优化对基因编辑的技术规制，以确保基因编辑的社会风险得到有效规制。[3]

二、行政规制的法治要求

（一）合法规制

合法规制要求行政规制主体在法定职权范围，按照法定程序开展规制活动，规制主体及其工作人员如果违反法律规定，对公民、法人或其他组织造成损害，应当承担相应的法律责任。莫于川认为：“在行政民主观和现代依法行政理念指导下，由过去的集权行政、粗放行政、人治行政、管理行政，逐步向民主行政、法治行政、服务行政，稳健推进法治建设。”[4] 杨霞和杨小军认为：“针对行政审批事项范围调整目的模糊、搭车审批、审批效率不高等问题，应创新行政审批制度改革的方式，以多元价值和治理的视角探寻行政审批制度法治化改革之对策。”[5] 宋华琳认为：“在药品安全领域，未来应进一步建构我国的行政组织法规范，将国务院的活动，将国务院与行政规制机构的互动，纳入法治的框架之中。”[6] 章志远认为，地方立法理念需要实现从“重审批、轻规划与监管”到“规划、审批与监管并重”、从“重管理轻服务”到“管理与服务并重”的转变；确立“一般法与特别法配套”“政府主导与社会协同结合”的基本理念。[7] 高秦伟认为：“最佳威慑理论中的两个核心概念，即特定威慑和概括威慑，通过对罚款基数、违法次数考量、支付能力进行了详细的规定，使得罚款金额与违法行为、补救措施等予以了高度关联，进而产生了极强的威慑效果。要想实现最佳威慑，可以发挥市场的作用、司法的力量和政府的规制作用（包括执行力量的分配和罚款的设定）。”[8] 杨建顺认为，对于黑名单制度的规制应当坚持信赖保护原则，确保信息的全面、准确、真实。行政机关公布的信息应当全面、准确、真实。征信工作要做到资料全面、内容明

[1] 徐凤 . 人工智能算法黑箱的法律规制——以智能投顾为例展开 [J]. 东方法学，2019（6）：78-86.
[2] 张玉洁 . 人工智能技术的法律规制——以“无人驾驶汽车”为例 [J]. 网络法律评论，2016（2）：28-38.
[3] 杨杰 . 基因编辑的社会风险规制 [J]. 科技与法律，2019（3）：84-94.
[4] 莫于川 . 中国行政规制改革的若干地方经验及其背景分析 [J]. 人大法律评论，2011（1）：3-26.
[5] 杨霞，杨小军 . 行政审批制度法治化改革的困境与路径 [J]. 行政与法，2019（10）：50-58.
[6] 宋华琳 . 国务院在行政规制中的作用——以药品安全领域为例 [J]. 华东政法大学学报，2014（1）：25-37.
[7] 章志远 . 地名变更的法律规制 [J]. 法商研究，2016（4）：4-14.
[8] 高秦伟 . 论食品安全规制和最佳威慑的实现 [J]. 行政法学研究，2016（6）：3-14.

晰，征信机构应当采取适当的方法核实原始资料的真实性，以保证所采集的信用信息是真实的，能正确反映被征信人的信用状况，保证对被征信人的公平，保障征信利用者的合法权益[1]。

（二）合理规制

合理规制实质上是关于行政规制自由裁量权的限度问题。合理规制首先意味着行政规制与立法的目的和宗旨相吻合，即规制主体在行使规制自由裁量权时，应依据立法目的来适用法律，而不能简单机械地执行法律规定；其次，规制主体开展规制活动时，应以目的正当性为前提，排除不相关因素的干扰；再次，行政规制活动不能强人所难，应符合客观规律，合乎常识、常理、常情，实现权利与义务、个人所受损害与社会所获利益、个人利益与国家集体利益之间的平衡。为了确保行政规制的合理性，应加强行政规制裁量基准制度的建设。杨建顺指出，在给付行政领域，需要根据每个受给者的具体情形展开具有针对性的、各种各样的灵活应对，这种特点决定了该领域的裁量需要更广阔的空间，同时也需要完善相应的程序和准则，确立基层工作人员状况判断的优位等独具特色的权力运用规则，重视和强调规制手段的活用[2]。梅黎明认为："利用管制影响分析对于'依法行政'所依之法的科学性与民主性的审视，对于政府制定、协调、执行管制法律法规的能力的检讨，大大有助于当前中国在多种失灵中转换政府角色……增强政府管制的正当性和妥适性。"[3]戴激涛认为，对行政裁量的规制一直是学术界的一个理论难题。理性裁量作为行政裁量规制的核心目标，内在地要求公众与政府之间的合作治理，在行政裁量领域，宪法商谈建制化既需要培养具有商谈能力的公民，又要求完善公民权利保障制度和建构灵活高效的商谈程序制度[4]。姜明安认为，行政裁量自我规制是行政主体及其工作人员基于自律、自行规范行政裁量行为、避免行政裁量权滥用、保障授权法目的实现的机制，行政裁量自我规制的适用必须适当和适度。应该正确处理防止裁量权滥用与促进裁量权有效行使的关系，加强、完善自我规制与主动、积极接受外部规制的关系，健全硬法规制与推进软法规制的关系[5]。英国卫生部在就医疗规制制度设计提出建议时，遵循了"更好规制" 特别工作组所提出的"良好规制"五项原则，比例性是采取的干预措施必须与风险和成本相适应，并力求将成本降低到最小。[6]高利红和李胤认为："明确生态环境质量监督管理责任，以动态的环境质量实效考察促使地方环境行政规制将维护环境公共利益作为规制目的正当性的唯一考量；其次从增进环境公共利益出发'多元因应'规制手段，将规制机关与被规制者在信息交流中达成的合意理性作为确定最小侵害手段的重要基础；最后实现地方环境行政规制的利益均衡，不仅强调社会整体利益与环境公共利益的均衡，更应通过公众参与的程序正当确保公平分配环境

[1] 杨建顺 ."黑名单"如何规制 [N]. 检察日报，2018-10-24（7）.
[2] 杨建顺 . 论给付行政裁量的规制完善 [J]. 哈尔滨工业大学学报：社会科学版，2014（5）：1-21.
[3] 梅黎明 . 西方国家的规制影响评价及其对我国的启示 [J]. 行政论坛，2009（3）：83-87.
[4] 戴激涛 . 通过宪法的商谈：行政裁量的软法规制 [J]. 厦门大学法律评论，2014（2）：116-127.
[5] 姜明安 . 论行政裁量的自我规制 [J]. 行政法学研究，2012（1）：5-12.
[6] 李洪雷 . 英国的保健服务及其规制体制 [C]. 中国法学会行政法学研究会 2008 年年会，2008：776.

负担。”[1] 章志远认为：“私人参与警察任务执行程度界限的确立，需要根据具体参与方式在严格法律保留和行政自主裁量之间灵活行走。”[2]

（三）有效规制

有效规制是指规制主体在行政规制职能时，应以尽可能少的时间消耗、人力投入和经济耗费，取得尽可能多的社会效益和经济效益。杨建华认为：“行政规制应当遵守效益原则，市场竞争机制能够有效自行调节的领域，行政机关不应当介入；行政规制的成本应当小于市场失灵的成本；行政规制可以弥补市场失灵的缺陷时，行政机关应当在多种可供选择的规制措施中选择符合效益最大化原则的一种。”[3] 周苏湘认为：“以效益价值为规制价值依归，均衡各监管阶段的规制力度，加强事中监管力度，实行‘等距离执法’方式，在事后监管阶段尽快落实全国层面的网约车司机信用系统，并构建包含第三方组织的监督结构，实现有效规制。”[4] 高秦伟认为：“美国的行政命令要求行政机关要将规制影响分析报表提交给管理与预算办公室（the Office of Management and Budget，OMB）下设的信息与规制事务办公室（The Office of Information and Regulatory Affairs，OIRA）审查，使用的主要方式以成本收益分析（Cost Benefit Analysis，CBA）为主，如果收益大于成本，那么行政机关拟议中的规则制定或者年度规制计划方可顺利颁行。由于主要使用成本收益分析的方式，因此规制影响分析一度被称为成本收益分析。”[5] 孙启平认为：“服务行政理念下的行政规制改革要求行政规制从以行政主体为中心转移到以市场主体为中心，行政规制的职能更加侧重服务。”[6] 宋华琳认为，推进药品监管应通过事前监管与事后监管、“命令—控制型监管”与激励性监管相结合，健全与完善行政许可、标签和说明书、药品标准、违法事实公布、行业禁入等制度，引导和改变药品领域行为主体的行为方式。[7] 章志远认为：“在公用事业特许经营绩效评估中，要通过确立公用事业行业主管部门评估主体地位，并确定由专业评估机构辅助实施评估活动；确立公众的评估主体地位，并确定由公用事业公众监督委员会辅助实施评估活动。”[8] 应松年认为：“改革社会组织管理制度，激发社会组织活力，使其成为政府职能的可靠承接者。可考虑将目前的官办行业协会改造为公法社团，而将民间行业协会改造为私法社团。”[9]

（四）公开规制

公开规制是指行政规制活动除依法应当予以保密的以外，一律公开进行；与行政规制活动相关的法律、法规、规章、规范性文件以及规制主体作出的影响规制相对人权

[1] 高利红，李胤．比例原则视角下地方环境行政规制合理化研究——以农作物秸秆禁烧为切入点 [J]. 中国人口•资源与环境，2017（12）：79-87.
[2] 章志远．中国私人参与警察任务执行的法律限度 [J]. 学习与探索，2013（11）：56-63.
[3] 杨建华．对规制者的规制——兼谈行政规制的效益原则 [J]. 山西大学学报：哲学社会科学版，2004（5）：63-67.
[4] 周苏湘．当前网约车行政规制的局限与转型 [J]. 重庆交通大学学报：社会科学版，2019（2）：56-62.
[5] 高秦伟．美国规制影响分析与行政法的发展 [J]. 环球法律评论，2012（6）：97-115.
[6] 孙启平．论服务行政理念下的行政规制改革 [J]. 长春理工大学学报：社会科学版，2014（9）：22-25.
[7] 宋华琳．推进药品监管法律责任的制度创新 [N]. 中国医药报，2018-10-29（1）.
[8] 章志远，黄娟．公用事业特许经营绩效评估法律制度研究 [J]. 甘肃行政学院学报，2011（1）：41-47.
[9] 应松年．当代中国行政法：上 [M]. 北京：中国方正出版社，2005：374.

益的规制标准、条件和程序应依法公开；广义的行政参与是指公民、法人或其他组织根据宪法和法律规定，依照一定的法律程序，通过直接或间接方式参与规制活动以表达自己的意愿，监督规制主体依法行使职权，维护自己的合法权益。杨建顺认为，互联网监管应当坚持公开原则，纷争解决过程亦应当坚持公开原则。发布监管数据，这本身就是保护消费者知情权的重要路径和方式；与企业“握手言和”，这是最好的结局，亦应坚持公开的原则，即使其过程不宜公开，其所达成的协议也应当全面、准确、及时予以公开[1]。高秦伟认为：“中国行业协会在标准制定时应该重点考量公开、平衡、合意、协调的正当程序的四项因素。”[2]李洪雷认为：“简政放权改革要‘开门搞改革’，通过调查公众意见、咨询专家意见、座谈会、论证会、听证会等机制，将专家、企业、公众等引入改革决策的作出和执行过程中。”[3]章志远认为：“实行征收交通拥堵费的管制手段需要解决三个核心问题，即收费路段的划分、收费时段的确立和收费标准的设定，其解决需要借助听证会的形式，通过各方力量的理性博弈寻求最佳的实施方案。”[4]任民认为：“行政规制公众参与模式主要有利益代表模式、合作治理模式和社会监督模式。行政规制公众参与利益代表模式主要强调分散利益的具体保护和部分公众的正义救济，行政规制公众参与合作治理模式主要强调行政规制主体与被规制主体的合作协商关系，行政规制公众参与社会监督模式主要强调社会公众对于行政规制机关的公民监督权利和政府信息公开的要求。”[5]秦前红和翟明煜认为：“高速公路免费政策的出台，存在着行政决策程序上的重大瑕疵，同时也违反了行政许可法等上位法的相关规定，损害了高速公路经营管理者、部分行业和消费者的利益。在对市场经济中的垄断行业进行行政规制时，应该更多地依靠法治化的手段，通过建立公开透明的利益诉求机制，实现各方利益的协调均衡。”[6]

三、行政规制的监督问题

（一）行政规制的自我监督

高秦伟认为：“所谓自我规制是国家利用社会私人主体的自律性行为间接达成规制目的的手段，用以协助国家完成公共任务。同时，国家在规制过程中既要履行协助、诱导私人主体自我规制任务之外，还要对规制结果负最终的保障责任。”[7]“食品安全标准制定合作规制的模式之下，既要强调国家的作用，也要发挥行业协会等私人主体的作用”[8]，李洪雷认为，中国互联网领域自我规制，应增加互联网自我规制组织的数量、代表性、民主性，充分发挥互联网自我规制组织功能[9]。同时，自我规制也有一定的弊

[1] 杨建顺．构建政府企业协治的互联网监管新格局 [N]. 检察日报，2015-02-25（7）.
[2] 高秦伟．私人主体与食品安全标准制定基于合作规制的法理 [J]. 中外法学 .2012（4）：721-741.
[3] 李洪雷．深入推进简政放权须处理好四组关系 [J]. 中国发展观察，2015（5）：14-16.
[4] 章志远．私车牌照的拍卖、管制与行政法的革新 [J]. 法学，2008（6）：58-66.
[5] 任民．行政规制公众参与模式研究 [J]. 长江大学学报：社科版，2014（3）：47-49.
[6] 秦前红，翟明煜．高速公路免费通行政策的回望与反思——兼论市场经济下的依法行政规制 [J]. 政治与法律，2013（4）：2-10.
[7] 高秦伟．社会自我规制与行政法的任务 [N]. 法制日报，2016-02-24（12）.
[8] 高秦伟．私人主体与食品安全标准制定基于合作规制的法理 [J]. 中外法学 .2012（4）：721-741.
[9] 李洪雷．论互联网的规制体制——在政府规制与自我规制之间 [J]. 环球法律评论，2014（1）：118-133.

端："规制者被待规制利益所俘获的风险"，因为自我规制机构往往不愿意惩罚业内人员的行为，其也可能服务于行业或职业的利益而非公共利益，例如对市场准入采取限制措施。其次，自我规制往往具有溢出效应或外部性，也即对其行业自我规制成员之外的人产生影响，此时其正当性就会产生疑问。第三，在自我规制中结合了规则制定、解释、执行和裁决等多种职能，与分权的理念不符。第四，自我规制缺乏政府规制应遵守的程序公开（透明度）和问责机制。第五，自我规制机构作为私人机构，缺乏公共规制机构所掌握的某些有效的强制执行手段。其六，当产业规模越是庞大、所涉及企业越是众多，集体行为的难题就越凸显，进行有效的自我规制越是困难。英国金融规制中的自我规制的弊端首先体现在"规制者被待规制利益所俘获的风险"，因为自我规制机构往往不愿意惩罚业内人员的行为，其也可能服务于行业或职业的利益而非公共利益，例如对市场准入采取限制措施[1]。高校制定相应的行为规范和各项管理制度，是高校自我规制的体现，高校的自我规制亦应当是在法治之下的自治，坚持法律保留和法律优先的原则，遵守宪法、法律、法规、规章和政策的规定，坚持正当程序理念，推进决策的民主化、法治化和科学化[2]。

（二）行政规制的内部监督

行政规制的内部监督是指规制主体系统内部进行的监督，一般而言，上级行政规制机关对下级行政规制机关具有监督权。国务院有权改变或撤销各部、各委员会发布的不适当的命令、指示和规章，有权改变或者撤销地方各级国家行政机关的不适当的决定、命令和规章，有权考核和奖惩行政人员等。县级以上的地方各级人民政府领导所属各工作部门和下级人民政府的工作，有权改变或撤销所属各工作部门的不适当的命令、指示和下级人民政府的不适当的决定、命令。根据监督的启动方式不同，行政规制的内部监督可以分为主动型的行政规制内部监督和被动型的行政规制内部监督。主动型的行政规制内部监督是通过上级行政规制主体自行发现问题，并依法定权限和程序进行监督活动的总称；被动型的行政规制内部监督是指上级行政规制主体根据他人复议、申诉和举报对下一级规制主体的规制行为进行监督的活动的总称。杨建顺认为，建立健全信用修复、异议申诉等信用主体权益保护机制，畅通权利救济途径，将规制的负面效应降到最低，具有极其重要的意义[3]。章志远认为："公私合作行政规制，在救济体系的内部构造上，应当充分发挥行政复议的主渠道功能、行政调解的分流作用和协商谈判的补充作用。"[4] 对于"地名变更的法律规制机制可以将地名变更行为列为行政复议前置的特殊情形"[5]。

（三）行政规制的司法监督

宋华琳认为，法院在行政审判中，在更多的情况下尊重行政机关依据技术标准做出

[1] 李洪雷．走向衰落的自我规制 [J]. 行政法学研究，2016（3）：41–54.
[2] 杨建顺．从男女生牵手被处分看高校自我规制 [N]. 检察日报，2015-12-23（7）.
[3] 杨建顺．"黑名单"如何规制 [N]. 检察日报，2018-10-24（7）.
[4] 章志远．迈向公私合作型行政法 [J]. 法学研究，2019（2）：137-153.
[5] 章志远．地名变更的法律规制 [J]. 法商研究，2016（4）：4-14.

的事实认定；会审查具体行政行为是否适用了无效或错误的技术标准，还可依据技术标准来填充法律漏洞[1]。方俊以认为：“应当提升网约车立法的品质、运管部门需积极创新规制措施、对涉网约车诉讼作出及时、公正的裁判，以形成平衡客运规制目标与网约车创新发展的诉讼政策。”[2] 杨临萍认为：“审理土地行政案件需要注意相邻关系与地役权关系、土地权人的诉权、一般债权人对土地颁发使用证的原告主体地位、开发区管委会作为土地出让方的合同效力问题、不服征地补偿安置争议裁决的诉请程序等。”[3] “对于公私合作的司法救济，应当坚持行政纠纷实质性化解和预防行政纠纷发生的新理念”[4]，章志远提出，地名变更的法律规制可以通过行政诉讼法受案范围的明确，并对原告范围、审查标准和裁判类型予以明确[5]，“无论私人是作为被授权者、被委托者还是作为行政助手，只要涉及警察公共权力的行使，就应当由国家承担最终的赔偿责任，相应的纠纷自然需要通过行政诉讼的途径寻求救济”。[6]

知识链接：

江必新：论行政规制基本理论问题

行政规制行为作为一种综合性的行政活动，可以归入传统的广义行政行为体系。行政法视角的行政规制研究，要借鉴其他学科的成果，更要注重体现行政法学的自身特点，重点研究行政规制权、规制主体法律地位、规制行为的合法性、对规制主体的规制、被规制主体和利害关系人法律地位及权利救济等问题。我国行政规制的发展，不是简单的强化或者放松的路径抉择，而是要立足中国的现实，运用历史分析以及成本效益分析等方法，区分不同领域，因地制宜，有进有退、快慢结合，并且重视规制手段的选择与不同领域内不同目标的相适应性等问题，科学构建和不断完善符合市场经济的现代行政规制制度体系和实现机制。[7]

自测题：

2013 年 2 月 22 日，贵州省物价局、四川省发展和改革委员会认定茅台和五粮液公司实施价格垄断行为，并根据《反垄断法》第十四条规定，分别对贵州省茅台酒销售有限公司处以 2.47 亿元的罚款，对宜宾五粮液酒类销售有限责任公司处以 2.02 亿元的罚款。这成为《反垄断法》颁布 5 年来，我国首次对行业龙头企业实施重罚。请结合行政规制理论谈谈你对该处罚行为的认识。

---

[1] 宋华琳．制度能力与司法节制——论对技术标准的司法审查 [J]. 当代法学，2008（1）：46-54.
[2] 方俊以．网约车的规制困境与法律应对 [J]. 苏州大学学报（法学版），2017（2）：78-91.
[3] 杨临萍．土地权益的司法保护——土地的行政规制与权利保障 [J]. 法律适用，2010（6）：23-28.
[4] 章志远．迈向公私合作型行政法 [J]. 法学研究，2019（2）：137-153.
[5] 章志远．地名变更的法律规制 [J]. 法商研究，2016（4）：4-14.
[6] 章志远．私人参与执行警察任务的行政法规制 [J]. 法商研究，2013（1）：12-20.
[7] 江必新：论行政规制基本理论问题 [J]. 法学，2012（12）：17-29.

第二章

行政规制的主体类型

【教学难点】

1. 厘清行政规制主体的概念，明晰行政规制主体的范围。
2. 行政机关的构成及特点。
3. 法律法规授权组织行使行政规制权力的特点。

【内容概要】

本章在分析行政规制主体概念的基础上，对行政规制主体的范围作了基本判定。行政机关是依照宪法、行政组织法规定设立的、行使国家行政职权的国家机关，是行政规制主体的主要组成部分。基层群众性自治组织、社会团体、事业与企业组织、行政机关内设机构和派出机构等组织，在法律法规授权等情况下可以作为行政规制主体的重要补充。

第一节 行政规制主体概述

一、理论界关于行政规制主体的不同认识

关于行政规制主体的认识，理论界主要有四种观点。

首先，从规制活动过程和手段的角度看，行政规制主体包括立法机关、行政机关和司法机关。从政治学上来看，政府一般是指“中央和地方国家机构中的国家行政机关或者国家管理机关。习惯上泛指国家政权机关总体或国家机构”[1]。立法机关主要承担规制设定和规制规则制定，行政机关负责规制的具体实施，司法机关通过审判权的行使对规制对象进行直接规制，并在规制立法方面发挥特殊作用。[2] 与行政机关规制的直接性、主动性相比较而言，立法机关规制具有间接性，司法机关规制具有被动性的特点。

其次，行政规制主体为法定独立管制机关。一般认为，独立机关治理模式源于19世纪80年代的美国。美国联邦宪法并没有对行政部门作直接规定，联邦行政机关主要通过国会法律或者总统命令建立。直到1883年文官委员会（Civil Service Commission）成立，国会开始设立一些不受内阁统治的“独立”机关。1887年，具有典型管制特征的州际商务委员会（Interstate Commerce Commission）成立，负责管制各州之间铁路的营运。[3] 此后，美国联邦政府成立了大量的独立管制机关。这些机关由特定法律设立，机关隶属于行政系统，由总统提名、议会同意，具有高度的独立性和权威性，享有行政规制所必要的行政权、准立法权和准司法权。

再次，行政规制主体不仅包括公权力机关，还包括私人主体。私人主体规制包括自我规制和参与规制两种情形。有学者认为，伴随着公共任务的增多，政府需要通过社会自我规制促使私人主体帮助政府实现公共利益。这里的私人主体包括个人、企业或者其他组织。[4] 还有学者认为，私人可以以被授权者、被委托者、行政助手以及私法主体的身份参与执行警察任务。[5]

最后，行政规制主体为“特定行政主体”。有学者认为，我国行政规制主体采用“特定行政主体”的表述较为适宜。这样表述有两个方面的优点：①与政治学、管理学、宪法学等学科使用的“政府”“国家”“行政机关”等相区分，能够体现行政法学学科特点。②行政主体是具有行政法人格的法律实体，其范围不仅包括行政机关，还包

[1] 《法学》编辑委员会 . 中国大百科全书 · 法学 [M]. 北京 : 中国大百科全书出版社， 1984: 749.
[2] 袁圣明 . 政府规制的主体问题研究 [J]. 江西财经大学学报， 2007（5）：58-62.
[3] 陆强 . 选举委员会研究 [M]. 武汉 : 武汉大学出版社， 2019：23-27.
[4] 高秦伟 . 社会自我规制与行政法的任务 [N]. 法制日报， 2016-02-24（12）.
[5] 章志远 . 私人参与警察任务执行的法理基础 [J]. 法学研究， 2011（6）：96-111.

括法律、法规授权组织和具有公共事务管理职能的其他组织，可以涵盖综合性的政府部门、独立的规制机关和授权的非政府组织等不同的行使规制权的主体，这符合我国行政规制权力的结构、配置与运行的实际。[1]

纵观四种观点，我们认为“特定行政主体”是较为适宜的。立法机关、司法机关超出了行政法学的研究范畴，不属于行政规制主体；除行政机关外，法律、法规授权组织以及其他社会公共权力组织可以纳入行政规制主体范畴。我国没有西方典型意义的独立管制机关，但也有依照法律规定设立、独立性较强的行政机关，统属行政机关范畴。私人主体自我规制具有行政规制的法律效果，私人主体参与规制需要依附于行政规制主体，均不具有独立行政规制主体资格。

二、行政规制主体的含义与类型

一般来说，行政规制主体是指参加行政法律关系的、能以自己名义行使法定行政职权且独立对其职权行为产生的法律后果承担相应责任的国家机关或者组织。对此，我们可以从以下五方面对此予以理解：

首先，行政规制主体必须是一定的组织而不能是个人。尽管西方一些国家存在着一人机关，但我国行政规制主体只能以特定的组织形式存在，无论是公务员还是其他履行公务的人员都不可能成为行政规制主体。

其次，行政规制主体必须享有法定行政规制职权。拥有法定行政规制职权是任何组织成为行政规制主体的基本前提。拥有法定行政职权是行政机关成立的必备要件，但并不是所有的行政机关均享有行政规制职权，行政规制权是具有特定内涵的行政行为，必须有法律、法规、规章或者其他规范性文件的授权。

第三，行政规制主体必须能够以自己的名义行使行政规制职权。以自己的名义行使行政规制职权，是指有关组织能在法律规定的范围内，依照自己的判断作出行政行为，并保障行政行为的执行。不能以自己的名义行使行政规制职权的组织，则不可能具有行政规制主体资格。

第四，行政规制主体必须能够独立对其行政规制行为产生的法律后果承担相应责任。有关组织能否独立承担法律责任，是判断其是否具备行政规制主体资格的又一关键性要件。如果相关组织不能独立承担法律责任，则不可能成为行政规制主体。

第五，行政规制主体必须参加到具体的行政法律关系中去。行政规制主体是一种资格，享有行政规制主体资格的行政机关或者其他组织如果不参加到特定的行政规制法律关系中去，那它就只能是行政机关或者其他组织本身，而不具有行政规制主体之法律地位。

就我国行政法学理论与实践总体而言，可依据行政规制主体职权的性质与法律来源

[1] 江必新 . 论行政规制基本理论问题 [J]. 法学， 2012（12）：17-29.

不同，将我国行政规制主体划分为职权行政规制主体和授权行政规制主体两大类。职权行政规制主体是指依据宪法、行政组织法的规定，在其成立时即天然享有行政规制主体资格的组织，主要包括中央和地方各级人民政府、人民政府工作部门及其派出机关等。授权行政规制主体是指依据行政组织法以外的法律、法规授权而获得行政职权、取得行政规制主体资格的组织，主要包括法律、法规授权的行政机关内设机构、派出机构、议事协调机构（或者称临时机构）以及法律、法规授权的基层群众性自治组织、社会团体、企事业单位等其他社会公共组织。

2018年党和国家机构改革后，我国行政权力结构发生较大变化，新闻出版、电影、宗教事务、侨务、公务员等原来由行政机关履行的职责划入中国共产党党委直属机构，这给行政规制主体范围的确定带来新的思考。我们认为，中国共产党的机关已经超出行政机关的范围，划入党委直属机构履行的职责一般不再属于行政法学研究的范畴，但在法律、法规授权的情况下，中国共产党的机关可以成为行政规制主体。中国共产党的机关对外以国家行政机关名义作出的规制行为，属于行政规制研究范畴，此时的行政规制主体不是中国共产党的机关，而是对外仍加挂或者保留牌子的行政机关。

第二节　行政机关

一、行政机关的内涵

一般说来，行政机关是依照宪法、行政组织法规定设立的、行使国家行政职权的国家机关。

首先，从组织性质上来看，行政机关是国家机关。行政机关是由人民代表大会产生的国家机构的重要组成部分，它不同于国家机构体系之外的政党、人民团体或者其他社会组织。行政机关享有广泛的公共管理职权，政党、人民团体或者其他社会组织的公共管理职权往往限于特定领域或者特定社会成员。行政机关公共职权的行使受到宪法、法律严格限制，政党、人民团体或者其他社会组织公共权力行为的法律约束性较弱，主要受其组织内部章程、规定约束。

其次，行政机关是行使国家行政职权的国家机关。权力机关、行政机关、监察机关、审判机关和检察机关根据不同分工，行使不同国家职权。行使国家行政职权，管理国家行政事务，是行政机关区别于其他国家机关的实质特征。伴随着社会分工的细化，社会关系日益复杂，行政机关对经济活动的调控需要借助法律手段，加上以会议为主要活动形式的权力机关自身的缺陷，行政机关承担越来越多的立法职权。[1]

再次，行政机关是依照宪法、行政组织法规定设立。相较于其他行政规制主体而言，行政机关具有相对优越的法律地位。行政机关是依据《宪法》《国务院组织法》《地方各级人民代表大会和地方各级人民政府组织法》设立的具有相对稳定地位的基本行政规制主体。政党、人民团体或者其他社会组织只有获得法律、法规授权时，才具有行政规制主体的法律地位。

第四，行政机关在组织上从属于上级机关，在决策体制上实行行政首长负责制。行政管理职权对速度与效率有着特殊的要求，因此行政机关在组织体系上从属于上级行政机关，对上级行政机关负责并报告工作，地方各级人民政府都在国务院统一领导下，服从国务院。行政机关在决策体制上，一般实行首长负责制。

需要说明的是，行政机关并不天然地享有行政规制管理职权。行政规制是行政规制主体基于公共利益需要，对公民、法人或者其他组织的经济活动和社会活动实施的约束性、限制性行为。行政机关只有在特定领域享有采取约束性、限制性措施的职权时，才具备行政规制主体资格。

二、行政机关的分类

（一）一般行政机关与部门行政机关

根据职权事项范围的不同，行政机关可以分为一般行政机关与部门行政机关。一般行政机关是指中央人民政府和地方各级人民政府，其职权涉及行政管理的各方面。部门行政机关是指人民政府的工作部门，其职权涉及政府工作的某一个方面或者特定行政事项。部门行政机关的范围是比较宽泛的，在中央人民政府除国务院组成部门外，还包括国务院直属机构、办事机构、组成部门管理的国家行政机构（亦称“部委管理的国家局”）等；在地方人民政府一般是指厅、委员会、局、办公室等。部门行政机关是一般行政机关的组成部分，受一般行政机关的领导，一般行政机关有权向部门行政机关发布命令、作出指示，部门行政机关必须执行一般行政机关的命令、指示。但部门行政机关又具有相对的独立性，能以自己的名义对外行使职权，独立承担因行使职权而产生的相应法律责任。

（二）常设性行政机关与非常设性行政机关

根据设置依据及其存续时间，行政机关可以分为常设性行政机关与非常设性行政机关。常设性行政机关通常根据宪法、行政组织法由国家权力机关设置，如中央人民政府和地方各级人民政府，中央人民政府组成部门，县级以上地方人民政府工作部门等，或者由人民政府根据《国务院组织法》《地方各级人民代表大会和地方各级人民政府组织法》的规定自行设置，如国务院直属机构、办事机构、组成部门管理的国家行政机构

[1] 朱力宇，叶传星 . 立法学 [M]. 北京：中国人民大学出版社，2015：109-110.

等。非常设性行政机关通常由人民政府或者其工作部门为处理一定时期内某项特定工作设立的临时机构，相应任务或者工作完成后该机构即予撤销。如国务院为加强对国家脱贫攻坚普查工作的组织领导和统筹协调，2019 年 10 月成立国家脱贫攻坚普查领导小组，负责国家脱贫攻坚普查工作的组织和实施，协调解决普查中的重大问题。领导小组任务完成后自动撤销。[1]

（三）首长制行政机关与委员会制行政机关

根据决策和负责体制的不同，行政机关可分为首长制行政机关和委员会制行政机关。首长制行政机关最终决策权归行政首长，行政首长对整个行政机关的行为负责。委员会制行政机关决策权归于机关内部由若干委员组成的委员会，委员会对本机关一切重大问题进行集体讨论，根据少数服从多数原则作出决策，并集体对委员会作出的决策负责。行政机关大多实行行政首长负责制，但具有相对独立地位的行政管制机关一般实行委员会制。

三、我国现行行政机关体系

根据我国《宪法》《国务院组织法》《地方各级人民代表大会和地方各级人民政府组织法》的规定，我国行政机关体系主要分为中央行政机关和地方行政机关。

（一）中央行政机关

我国中央行政机关由国务院及其办公厅、组成部门、直属机构、办事机构、组成部门管理的国家行政机构等组成。国务院，即中央人民政府，是我国最高国家权力机关的执行机关和最高国家行政机关。国务院对全国人民代表大会及其常务委员会负责并报告工作，受全国人民代表大会常务委员会的监督。根据我国《宪法》及有关法律的规定，国务院由总理、副总理若干人、国务委员若干人、各部部长、各委员会主任、中国人民银行行长、审计长和秘书长组成。从宪法的规定来看，此处的“国务院”类似于西方国家“内阁”的概念。全国人民代表大会根据国家主席的提名，决定国务院总理的人选；根据国务院总理的提名，决定国务院副总理、国务委员、各部部长、各委员会主任、中国人民银行行长、审计长、秘书长的人选，并对上述国务院组成人员享有最终罢免的权力。在全国人大闭会期间，全国人大常委会可以根据国务院总理的提名，决定部长、委员会主任、中国人民银行行长、审计长、秘书长的人选。国家主席根据全国人大或其常委会的决定，任免国务院总理、副总理、国务委员、各部部长、各委员会主任、中国人民银行行长、审计长、秘书长。1998 年以后，国务院副总理名额固定为 4 人，国务委员名额固定为 5 人。国务院秘书长、国防部长、公安部长一般由国务委员兼任。特殊情况

[1] 参见《国务院办公厅关于成立国家脱贫攻坚普查领导小组的通知》[EB/OL]（国办函〔2019〕103 号）。

下，国务院副总理偶有兼任部长的情形[1]。

国务院实行总理负责制。总理领导国务院的工作，副总理、国务委员协助总理工作。副总理、国务委员按分工负责处理分管工作；受总理委托，负责其他方面的工作或者专项任务，并可代表国务院进行外事活动。总理出国访问期间，受总理委托，由负责常务工作的副总理代行总理职务。同时需要注意的是，我国《宪法》规定，我国国家机构实行民主集中制的原则。国务院作为我国国家机构的重要组成部分，应在实行总理负责制的基础上，坚持民主集中制。对于国务院工作中的重大事项，必须经国务院全体会议或者常务会议讨论决定。[2] 国务院全体会议由总理、副总理、国务委员、各部部长、各委员会主任、中国人民银行行长、审计长和秘书长组成；国务院常务会议由总理、副总理、国务委员和秘书长组成。总理负责召集和主持国务院全体会议和常务会议。

中华人民国共和国成立以来，为建立结构合理、人员精干、灵活高效的行政机关，国务院先后进行了 12 次较大规模的政府机构改革。[3] 根据《宪法》《国务院组织法》《国务院行政机构设置和编制管理条例》等规定，国务院组成部门的设立、撤销或者合并由国务院机构编制管理机关提出方案，经国务院常务会议讨论通过后，由国务院总理提请全国人民代表大会决定；在全国人民代表大会闭会期间，提请全国人民代表大会常务委员会决定。国务院直属机构、办事机构、组成部门管理的国家行政机构、议事协调机构的设立、撤销或者合并由国务院机构编制管理机关提出方案，报国务院决定。[4]

2018 年 3 月，十三届全国人大一次会议通过了新的国务院机构改革方案。这次改革以加强党的全面领导为统领，以国家治理体系和治理能力现代化为导向，以推进党和国家机构职能优化协同高效为着力点，改革机构设置，优化职能配置，深化转职能、转方式、转作风，提高效率效能。[5] 改革后，国务院正部级机构减少 8 个，副部级机构减少 7 个。随后召开的国务院第一次常务会议审议通过了国务院直属特设机构、直属机构、办事机构、直属事业单位、组成部门管理的国家行政机构的设置方案。改革后的国务院机构由国务院办公厅、组成部门、直属特设机构、直属机构、办事机构、直属事业单位、组成部门管理的国家行政机构和议事协调机构组成（详见图 2.1 国务院机构设置结构图）。

[1] 2003 年“非典”期间，国务院副总理吴仪兼任卫生部长，至 2005 年 4 月。1988 年以前，我国外交部长多由国务院总理、副总理或者国务委员兼任。1988 年以后，外交部长在其第二个任期内，一般会同时升任国务委员或者国务院副总理。另外，2013 年后开始出现全国政协副主席兼任国务院组成部门行政首长的情形，涉及中国人民银行、国家民委、国家发改委等。

[2] 国务院全体会议一般于每年初召集一次例会，讨论即将提请全国人大审议的政府工作报告，决定将《政府工作报告（征求意见稿）》发往各省（区、市）和中央有关单位征求意见。除此之外，国务院还会因“事”召集三次会议，即新一届政府首次碰头会、任命澳门特别行政区行政长官会议、任命香港特别行政区行政长官会议。国务院常务会议一般每周召开一次，实际上承担了国务院的主要工作。

[3] 这 12 次政府机构改革分别发生在 1951—1953 年、1954—1956 年、1956—1959 年、1960—1965 年、1982 年、1988 年、1993 年、1998 年、2003 年、2008 年、2013 年、2018 年。

[4] 参见《国务院行政机构设置和编制管理条例》第七条至第八条、第十一条。

[5] 参见《国务院机构改革方案》，[EB/OL]. 来源：中国中央人民政府网，2020 年 2 月 14 日访问。

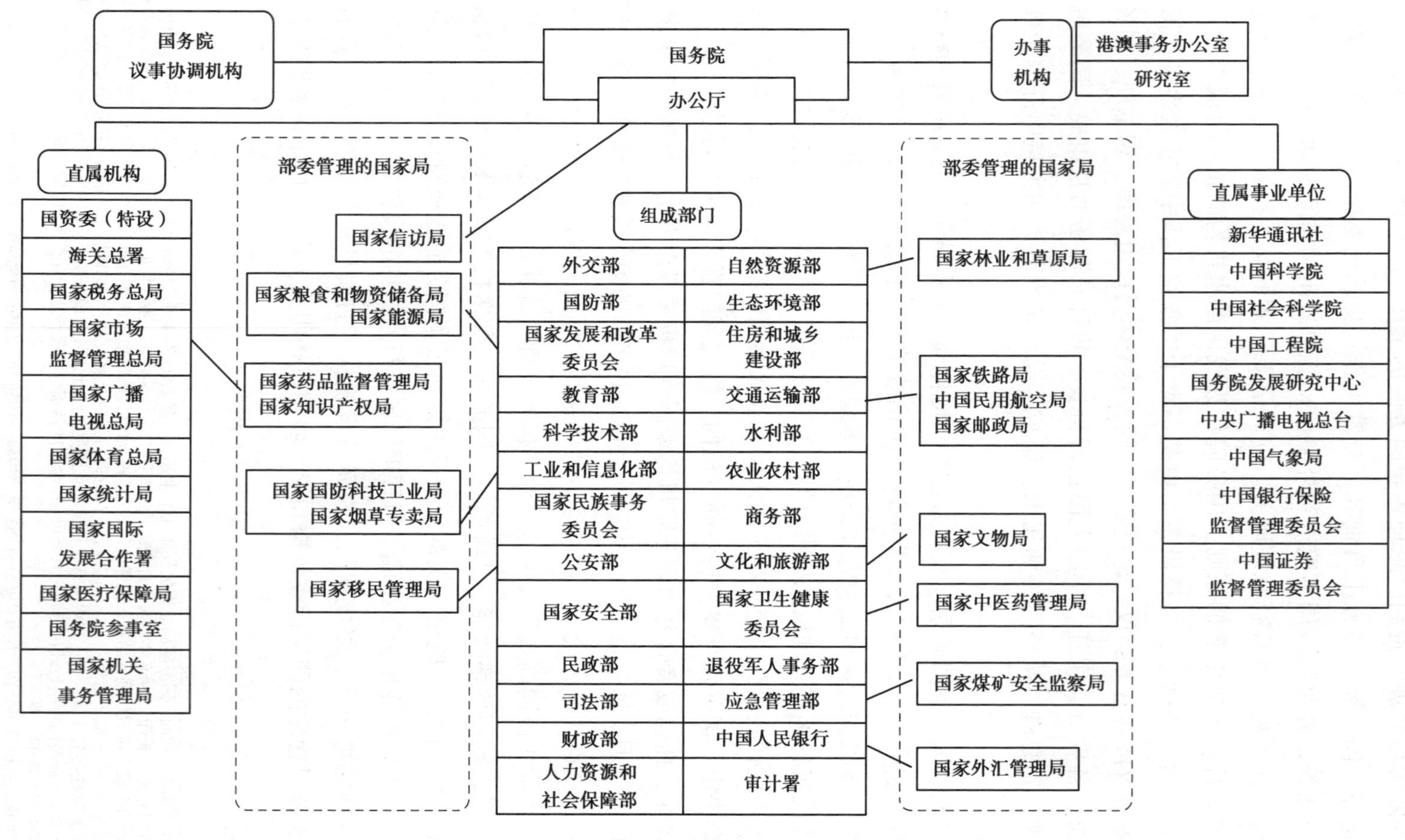

图2.1 国务院机构设置结构图（2018版）

1. 国务院办公厅

依照《中华人民共和国国务院组织法》的规定，国务院设立办公厅。国务院办公厅由秘书长领导，国务院秘书长在总理领导下，负责处理国务院的日常工作。国务院设副秘书长若干人，协助秘书长工作。根据国务院办公厅 2008 年 7 月印发的《国务院办公厅主要职责内设机构和人员编制规定》，国务院办公厅的职责主要有：①负责国务院会议的准备工作，协助国务院领导同志组织实施会议决定事项；②协助国务院领导同志组织起草或者审核以国务院、国务院办公厅名义发布的公文；③研究国务院各部门和各省、自治区、直辖市人民政府请示国务院的事项，提出审核意见，报国务院领导同志审批；④督促检查国务院各部门和地方人民政府对国务院决定事项及国务院领导同志指示的贯彻落实情况，及时向国务院领导同志报告；⑤负责国务院值班工作，及时报告重要情况，传达和督促落实国务院领导同志指示；⑥协助国务院领导同志做好需由国务院组织处理的突发事件的应急处置工作；⑦指导、监督全国政府信息公开工作；⑧办理国务院和国务院领导同志交办的其他事项。

2. 国务院组成部门

国务院组成部门[1]是指国务院各部、各委员会、中国人民银行和审计署，它们依法分别履行国务院的基本行政管理职能。各部设部长 1 人，副部长 2 至 4 人。各委员会设主任 1 人，副主任 2 至 4 人，委员 5 至 10 人。中国人民银行设行长 1 人，副行长若干人。国务院各组成部门实行部长、主任、行长、审计长负责制。部长、主任、行长、审计长领导本部门的工作，召集和主持部务会议或者委员会会议、委务会议等，签署上报国务院的重要请示、报告和下达的命令、指示。副部长、副主任、副行长、副审计长由国务院任命，协助部长、主任、行长、审计长工作。各部、各委员会、中国人民银行和审计署在工作中的方针、政策、计划和重大行政措施，应向国务院请示报告，由国务院决定。各部、各委员会、中国人民银行和审计署根据法律、行政法规和国务院的决定、命令，在本部门的职权范围内，制定规章，发布命令。[2]

2018 年国务院机构改革后，国务院组成部门由原来的 25 个增加至 26 个，新组建或者重新组建的国务院组成部门主要有：①原国土资源部、原国家海洋局、原国家测绘地理信息局等部门整合，组建自然资源部；自然资源部对外保留国家海洋局牌子；②原环境保护部等部门整合，组建生态环境部；生态环境部对外保留国家核安全局牌子。③原农业部等部门整合，组建农业农村部。④原文化部、原国家旅游局部门整合，组建文化和旅游部。⑤原国家卫生和计划生育委员会、原国务院深化医药卫生体制改革领导小组办公室等部门整合，组建国家卫生健康委员会。⑥民政部、人力资源和社会保障部、中央军委政治工作部、后勤保障部中有关退役军人优抚、安置等职责整合，组建退役军人

[1] “国务院组成部门”并不是我国《宪法》《国务院组织法》上的概念，它一般出现在全国人大《关于国务院机构改革方案的决定》以及《国务院行政机构设置和编制管理条例》《国务院关于机构设置的通知》等文件中，作为国务院各部、各委员会、中国人民银行、审计署的统称。我国《宪法》《国务院组织法》通过“国务院组成人员”（即“国务院由下列人员组成”）确定国务院组成部门的范围。

[2] 参见《国务院组织法》第九条至第十条，《国务院工作规则》（2018 年）第十条。

事务部。⑦原国家安全生产监督管理总局等部门整合，组建应急管理部。⑧原科学技术部、原国家外国专家局部门整合，重新组建科学技术部；科学技术部对外保留国家外国专家局牌子。⑨原司法部、原国务院法制办公室部门整合，重新组建司法部。国家民族事务委员会虽然仍列为国务院组成部门，但改由中共中央统战部统一领导。2018 年国家成立监察委员会，原监察部并入新组建的国家监察委员会。另外，教育部对外仍然保留国家语言文字工作委员会的牌子。工业和信息化部对外仍然保留国家航天局、国家原子能机构的牌子。

在国务院组成部门中，中国人民银行和审计署的地位较为特殊。中国人民银行组建于 1948 年，但其职责、功能、隶属关系几经变迁。中华人民共和国成立初期，中国人民银行下设于政务院，与政务院各部、会地位相当。[1] 此后，中国人民银行历经国务院直属机构、国务院部委以及与财政部合署办公三个历史阶段。[2]1978 年五届全国人大一次会议上，中国人民银行行长成为国务院组成人员[3]，但那个时候中国人民银行还承担普通银行业务，不是纯粹意义上的国家中央银行。1982 年宪法修改时，亦未将中国人民银行行长纳入国务院组成人员序列。1983 年国务院决定将中国人民银行从普通银行业务中剥离，专门行使国家中央银行职能。1995 年八届全国人大三次会议通过《中国人民银行法》，以基本法律的形式正式确定中国人民银行国家中央银行地位。1997 年《国务院行政机构设置和编制管理条例》以行政法规的形式确定中国人民银行国务院组成部门的法律地位。[4] 然而，1982 年通过的《宪法》在此期间的历次修改，均未确定中国人民银行国务院组成部门的法律地位，也没有任何法律对此予以确认。

与中国人民银行不同，审计署的设立及职权有明确的宪法保障。根据宪法第九十一条规定，国务院设立审计机关，对国务院各部门和地方各级政府的财政收支，对国家的财政金融机构和企业事业组织的财务收支，进行审计监督。国务院应当每年向全国人大常委会提出审计机关对预算执行和其他财政收支的审计工作报告。与其他行政机关相比较而言，审计署具有相对独立的宪法和法律地位。审计署在国务院总理直接领导下，依照法律规定独立行使审计监督权，不受其他行政机关、社会团体和个人的干涉。审计机关负责人没有违法失职或者其他不符合任职条件的情况的，不得随意撤换。在与地方审计机关的关系上，审计署具有业务上的主要领导权。地方各级审计机关正职和副职负责人的任免，应当事先征求上一级审计机关的意见。虽然《国务院工作规则》（2018 年）明确审计署实行审计长负责制，但有学者认为审计署具有不同于国务院其他组成部门的特殊宪法地位。[5] 从宪法规范来看，1982 年《宪法》修改时已经明确设立审计机关，但宪法有关国务院组成部门领导体制的条款并未包括审计机关。1994 年通过的《审计法》对国家审计机关的领导体制亦未予以明确。至少在宪法和法律层面，审计署的领导体制

[1] 参见《中华人民共和国中央人民政府组织法》第十八条。
[2] 参见陈云良．中国人民银行入宪路径分析 [J]. 政法论坛，2016（4）：35-45.
[3] 参见第五届全国人民代表大会第一次会议主席团．全国人民代表大会公告（第五号）[N]. 人民日报，1978-03-06（2）.
[4] 参见《国务院行政机构设置和编制管理条例》第六条第三款。
[5] 参见李样举．我国宪法上的审计机关研究——以宪法第 91 条为中心 [J]. 国家行政学院学报，2011（5）：72-76.

还需要进一步明确。[1]

3. 国务院直属特设机构

根据2003年十届全国人大一次会议批准的国务院机构改革方案，国务院国有资产监督管理委员会目前是国务院唯一直属正部级特设机构。“国资委不是面向全社会的公共管理机构，只对国有企业管理，所以不是行政单位。但是国资委又不是一般的事业单位，严格说来有些管理职能，比如监督、派驻董事会等，是行政命令式的。不是行政部门，又不是事业单位，所以称为特设机构。”[2] 国务院国有资产监督管理委员会主要履行以下职责：①根据国务院授权，依照《公司法》等法律、行政法规规定履行出资人职责，督促检查所监管企业贯彻落实国家安全生产方针政策及有关法律法规、标准等工作，监管中央所属企业（不含金融类企业）的国有资产；②监督所监管企业国有资产保值增值；③指导推进国有企业改革和重组，推进国有企业现代企业制度建设，完善公司治理结构；④对所监管企业负责人依法进行任免、考核、奖惩，建立选人、用人机制，完善经营者激励、约束制度；⑤组织所监管企业上交国有资本收益，参与制定国有资本经营预算有关管理制度和办法，负责国有资本经营预决算编制和执行等工作；⑥负责企业国有资产基础管理，起草国有资产管理的法律法规草案，制定有关规章、制度，对地方国有资产管理工作进行指导和监督；⑦国务院交办的其他事项。[3]

4. 国务院直属机构

国务院直属机构是国务院根据工作需要和机构精简原则的要求，设立的主管国务院某项专门业务的行政机构。国务院直属机构负责领导和管理全国某一方面的行政事务，其业务具有独立性和专门性的特点，可以在其权限内规定行政措施，发布全国遵循的规范性文件。根据《立法法》的规定，具有行政管理职能的直属机构享有规章制定权。国务院直属机构由各总局、总署、各局、署、参事室等组成。虽然国务院直属机构的法律地位低于国务院组成部门，但部分直属机构在行政级别上为正部级。[4]2018年国务院机构改革后，国务院直属机构由原来的16个减至10个。其中，由直属机构升格为组成部门的2个，由直属机构降格为组成部门管理的行政机构的2个，由直属机构划出国务院的2个。

新组建的国务院直属机构主要有：①原国家工商行政管理总局、原国家质量监督检验检疫总局、原国家食品药品监督管理总局等部门整合，组建国家市场监督管理总局；国家市场监督管理总局对外保留国家认证认可监督管理委员会、国家标准化管理委员会牌子。②在原国家新闻出版广播电影电视总局广播电视管理职责基础上，组建国家广播电视总局。③商务部、外交部等职责整合，组建国家国际发展合作署；对外援助工作的具体执行仍由有关部门按分工承担。④人力资源和社会保障部、原国家卫生和计划生育

[1] 参见陆强，杨惠铭．八二宪法“国家机构”条款的完善[J]. 时代法学，2018（3）：16-22.

[2] 王佳航．速读机构改革方案[N]. 中华工商时报，2003-03-07，转引自人民网，2020-02-14.

[3] 参见《国务院国有资产监督管理委员会主要职责》，[EB/OL]. 来源：国务院国有资产监督管理委员会官方网站，2020年2月14日访问。

[4] 国务院直属机构中的“总局”“总署”一般为正部级单位，“局”“署”等一般为副部级单位。

委员会、国家发展和改革委员会、民政部等职责整合，组建国家医疗保障局。另外，国务院就国家税收征管体制进行了改革，将省级以下国税地税机构合并，实行国家税务总局为主与省（区、市）政府双重领导管理体制。

原国务院直属机构或者职责划出国务院的主要有：①原国家预防腐败局并入国家监察委员会。②原国家新闻出版广播电影电视总局的新闻出版管理职责划入中共中央宣传部，中共中央宣传部对外加挂国家新闻出版署（国家版权局）牌子。③原国家新闻出版广播电影电视总局的电影管理职责划入中共中央宣传部，中共中央宣传部对外加挂国家电影局牌子。④原国家宗教事务局并入中共中央统战部，中共中央统战部对外保留国家宗教事务局牌子。对于机构或者职责划出国务院的部门，《国务院关于机构设置的通知》（国发〔2018〕6号）中在"国务院直属机构"部分重申了国家新闻出版署（国家版权局）、国家宗教事务局"加挂牌子"的问题，但对中共中央宣传部加挂国家电影局牌子未予提及。这种区别对待的法律意义，还需要作进一步的观察和分析。

5. 国务院办事机构

国务院办事机构是国务院根据工作需要和机构精简原则的要求，自行设立的协助国务院总理办理专门事项的行政机构，一般不具有独立的行政管理职能。2018年国务院机构改革后，国务院办事机构由4个减为2个，保留国务院港澳事务办公室和国务院研究室。原国务院法制办公室与原司法部合并，重新组建司法部。原国务院侨务办公室并入中共中央统战部，中共中央统战部对外保留国务院侨务办公室牌子。《国务院关于机构设置的通知》（国发〔2018〕6号）在"国务院办事机构"部分对此亦予以重申。同时，国务院台湾事务办公室与中共中央台湾工作办公室、国家互联网信息办公室与中央网络安全和信息化委员会办公室，一个机构两块牌子，列入中共中央直属机构序列。国务院新闻办公室在中央宣传部加挂牌子。

6. 国务院直属事业单位

2018年国务院机构改革后，国务院直属事业单位由13个减至9个。原中国银行业监督管理委员会、原中国保险监督管理委员会部门整合，组建中国银行保险监督管理委员会。原中央电视台（中国国际电视台）、原中央人民广播电台、原中国国际广播电台机构整合，组建中央广播电视总台；中央广播电视总台虽然为国务院直属事业单位，但归口中共中央宣传部领导。另外，还有3个事业单位由国务院直属降格由国务院组成部门管理，如原中国地震局划由应急管理部管理；原全国社会保障基金理事会调整为财政部管理，作为基金投资运营机构，不再明确行政级别；原国家自然科学基金委员会改由科学技术部管理。国家行政学院与中共中央党校，一个机构两块牌子，作为中共中央直属事业单位，不再列入国务院直属事业单位序列。

从社会功能上来看，我国事业单位主要分为承担行政职能、从事生产经营和从事公益服务三类。国务院直属事业单位主要承担行政职能和从事公益服务。新华通讯社是中国国家通讯社和世界性通讯社，是从事采集、加工和提供新闻信息，为其他新闻媒体和各类用户服务的新闻机构。在特定情形下，受国务院委托，可以承担部分行政职能。中国科学院、中国社会科学院、中国工程院，分别是中国自然科学、哲学社会科学、工程科学的最高学术机构和综合研究中心，为国家决策提供战略咨询和支撑服务。国务院发展研究中心是从事综合性政策研究和决策咨询的国务院直属事业单位。中央广播电视总台是从事广播电视服务的媒体。中国气象局、中国银行保险监督管理委员会、中国证券监督管理委员会为承担行政管理职能的事业单位。

7. 国务院组成部门管理的国家行政机构

国务院组成部门管理的国家行政机构（亦称“部委管理的国家局”）是指由国务院设立、国务院组成部门管理、能够独立行使行政管理权的主管特定业务的行政机关。组成部门管理的国家行政机构大都由国务院机构改革前的组成部门或者国务院直属机构演变而来。机构虽然定位为“组成部门管理的国家行政机构”，但并不是所有的行政机构都由国务院组成部门管理，如国家信访局由国务院办公厅管理，国家药品监督管理局、国家知识产权局则由国家市场监督管理总局管理。

2018 年国务院机构改革后，国务院组成部门管理的国家行政机构维持在 16 个。新组建或者重新组建的国务院组成部门管理的国家行政机构主要有：①原国家粮食局等部门整合，组建国家粮食和物资储备局。②公安部出入境管理、边防检查职责整合，组建国家移民管理局；国家移民管理局加挂中华人民共和国出入境管理局牌子。③原国家林业局由国务院直属机构降格，与有关部门职责整合，组建国家林业和草原局；国家林业和草原局加挂国家公园管理局牌子。④考虑到药品监管的特殊性，原国家食品药品监督管理总局与有关部门整合组建国家市场监督管理总局后，同时单独组建国家药品监督管理局。市场监管实行分级管理，药品监管机构只设到省一级，药品经营销售等行为的监管，由市县市场监管部门统一承担。⑤原国家知识产权局由国务院直属机构降格，与有关部门职责整合，重新组建国家知识产权局。

原国家外国专家局、原国家海洋局、原国家测绘地理信息局与有关部门整合，升格为国务院组成部门。不再保留单设的国家公务员局，原国家公务员局相关职责由中共中央组织部承担，中共中央组织部加挂国家公务员局牌子。国家档案局与中央档案馆、国家保密局与中央保密委员会办公室、国家密码管理局与中央密码工作领导小组办公室，一个机构两块牌子，列入中共中央直属机关的下属机构序列。

8. 国务院议事协调机构

国务院议事协调机构是承担跨国务院行政机构的重要业务工作的组织协调机构。议事协调机构议定的事项，经国务院同意，由有关的行政机构按照各自的职责负责办理。在特殊或者紧急的情况下，经国务院同意，国务院议事协调机构可以规定临时性的行政管理措施。设立国务院议事协调机构，应当明确规定承担办事职能的具体工作部门。为处理一定时期内某项特定工作设立的议事协调机构，还应当明确规定其撤销的条件或者撤销的期限。可以交由现有机构承担职能的或者由现有机构进行协调可以解决问题的，不另设立议事协调机构。国务院议事协调机构一般不单独确定编制（不单设办事机构），所需要的编制由承担具体工作的国务院行政机构解决。[1] 目前，仅有国务院扶贫开发领导小组单设办事机构。国务院食品安全委员会曾单设办事机构，2013 年国务院机构改革时与相关部门整合组建了国家食品药品监督管理总局。原国务院三峡工程建设委员会、原国务院南水北调工程建设委员会亦曾单设办事机构，2018 年国务院机构改革时相关机构并入水利部。

国务院议事协调机构最初称为“非常设机构”，1993 年国务院机构改革之后改称为“议事协调机构和临时机构”。[2] 根据 1997 年、2007 年国务院先后通过的《国务院行政机构设置和编制管理条例》与《地方各级人民政府机构设置和编制管理条例》的规定，不再有“临时机构”的设置，处理“临时性工作”成为设立议事协调机构的重要原因。2008 年之后的国务院机构改革也开始不再提及“临时机构”。根据《国务院关于议事协调机构设置的通知》（国发〔2008〕13 号），国务院当时共设置 29 个议事协调机构。2018 年国务院机构改革时，鉴于三峡主体工程建设任务已经完成，南水北调东线和中线工程已经竣工，国务院不再保留国务院三峡工程建设委员会、国务院南水北调工程建设委员会。在国发〔2008〕13 号文件发布后，国务院还设置了国务院反垄断委员会、国务院食品安全委员会、国务院推进政府职能转变和“放管服”改革协调小组、国务院就业工作领导小组、国务院根治拖欠农民工工资工作领导小组等议事协调机构（表 2.1）。[3]

表 2.1　国务院部分议事协调机构设置

序号	机构名称	具体工作承担部门
1	国家国防动员委员会	国家发改委，中央军委联合参谋部、政治工作部、后勤保障部
2	国务院中央军委专门委员会	工业和信息化部
3	国家边海防委员会	中央军委联合参谋部
4	国务院中央军委空中交通管制委员会	中央军委联合参谋部
5	全国爱国卫生运动委员会	国家卫生健康委
6	全国绿化委员会	国家林业和草原局
7	国务院学位委员会	教育部
8	国家防汛抗旱总指挥部	应急管理部
9	国务院妇女儿童工作委员会	中华全国妇女联合会
10	全国拥军优属拥政爱民工作领导小组	退役军人事务部
11	国务院残疾人工作委员会	中国残疾人联合会
12	国务院扶贫开发领导小组	单设办事机构
13	国务院关税税则委员会	财政部

[1] 参见《国务院行政机构设置和编制管理条例》第六条第七款、第十条、第十二条。
[2] 参见《国务院办公厅关于部分已撤销的国务院非常设机构其原工作移交有关部门承担问题的通知》（国办发〔1993〕42 号）。
[3] 2008 年后国务院成立了一些冠以“领导小组”“委员会”名称的机构，但部分机构性质不够明确。2018 年后国务院成立相关机构时，部分机构成立文件会有是否为“议事协调机构”的规定。

续表

序号	机构名称	具体工作承担部门
14	国家减灾委员会	应急管理部
15	国家科技领导小组（国办发〔2018〕73 号）	科技部
16	国务院军队转业干部安置工作小组	退役军人事务部
17	国家禁毒委员会	公安部
18	全国老龄工作委员会	国家卫生健康委
19	国务院西部地区开发领导小组	国家发改委
20	国务院振兴东北地区等老工业基地领导小组	国家发改委
21	国务院抗震救灾指挥部	应急管理部
22	国家信息化领导小组	工业和信息化部
23	国家应对气候变化及节能减排工作领导小组（对外视工作需要可称国家应对气候变化领导小组或国务院节能减排工作领导小组）	生态环境部、国家发改委
24	国家能源委员会	国家能源局
25	国务院安全生产委员会	应急管理部
26	国务院防治艾滋病工作委员会	国家卫生健康委
27	国家森林草原防灭火指挥部（国办发〔2018〕92 号）	应急管理部
28	国务院反垄断委员会	国家市场监管总局
29	国务院食品安全委员会（国发〔2010〕6 号）（国办发〔2018〕50 号）	国家市场监管总局
30	国务院推进政府职能转变和“放管服”改革协调小组（国办函〔2018〕65 号）	国务院办公厅
31	国务院就业工作领导小组（国办函〔2019〕38 号）	人力资源和社会保障部
32	国务院根治拖欠农民工工资工作领导小组（国办函〔2019〕79 号）	人力资源和社会保障部

注：根据《国务院关于议事协调机构设置的通知》（国发〔2008〕13 号）及相关文件整理。

另外，国家海关总署、国家税务总局等中央行政机关在地方设立的分支机构同样属于中央行政机关的范畴。随着我国行政管理体制的不断完善，中央在地方设置分支机构的范围将会逐步扩大。

（二）地方行政机关

根据我国《宪法》《地方各级人民代表大会和地方各级人民政府组织法》《民族区域自治法》《香港特别行政区基本法》《澳门特别行政区基本法》的规定，我国地方行政机关主要由一般地方行政机关、民族自治地方行政机关和特别行政区行政机关组成。

1. 一般地方行政机关

地方各级人民政府是地方各级人民代表大会的执行机关，也是地方各级行政机关，负责组织和管理本行政区域内的一切行政事务。一般地方行政机关通常分为省、直辖市人民政府，设区的市人民政府，县、县级市、区人民政府，乡、民族乡、镇人民政府四级[1]。地方各级人民政府实行行政首长负责制，省长、市长、县长、区长、乡长、镇长分别主持省、市、县、区、乡、镇人民政府的工作。地方各级人民政府由正副职政府首长及其工作部门（或者称“职能部门”）负责人组成，省级、设区的市级人民政府还包括秘书长。县级以上的地方各级人民政府会议分为全体会议和常务会议，分别由省长、市长、县长、区长召集和主持。

地方各级人民政府实行双重从属制，他们既需要对本级人民代表大会负责并报告工作，同时又要对上一级国家行政机关责和报告工作，并服从国务院的统一领导。地方各级人民政府工作部门的设立由本级人民政府决定，报上一级人民政府批准，并报本级人大常委会备案。乡、民族乡、镇人民政府只设乡长、副乡长、镇长、副镇长，不设专门的工作部门。地方各级人民政府的工作部门通常既受本级人民政府的统一领导，同时受上级人民政府主管部门的领导或者业务指导。

另外，我国部分地方人民政府在必要的时候还可以设立若干派出机关，在特定区域内代表政府行使职权。目前，我国地方人民政府的派出机关主要有行政公署（省、自治区人民政府的派出机关）、区公所（县、自治县的人民政府的派出机关）和街道办事处（市辖区、不设区的市人民政府的派出机关）。地方人民政府的派出机关并不是一级政府，但在一定区域行使行政管理职权，能够以自己的名义对外作出行政行为。

2. 民族自治地方行政机关

民族自治地方行政机关主要分为自治区、自治州、自治县的人民政府，民族自治地方政府可以根据工作需要设立工作部门。民族自治地方人民政府既是民族自治地方的自治机关，同时也是民族自治地方国家权力机关的执行机关和国家在民族区域自治地方设立的一级地方行政机关。民族自治地方人民政府既要对本级人民代表大会和本级人大常委会负责并报告工作，同时也要对上一级国家行政机关负责和报告工作，并服从和接受国务院的统一领导。自治区、自治州、自治县的人民政府除行使一般地方人民政府的职权外，同时依照宪法、民族区域自治法和其他法律规定的权限行使自治权，根据本地方实际情况贯彻执行国家的法律、政策。

民族自治地方人民政府的组织方式、活动原则与一般地方行政机关大体相同。民族自治地方的人民政府实行自治区主席、自治州州长、自治县县长负责制。自治区主席、自治州州长、自治县县长，分别主持本级人民政府工作。在行政机关工作人员构成上，对民族身份有一定要求。民族自治地方的行政首长必须由实行区域自治民族的公民担任，自治区、自治州、自治县人民政府的其他组成人员及其所属工作部门的干部，应当合理配备实行区域自治的民族和其他少数民族的人员。

3. 特别行政区行政机关

特别行政区的行政机关是根据我国《宪法》《中华人民共和国香港特别行政区基本

[1] 直辖市一般分为直辖市人民政府，县、市、区人民政府和乡、民族乡、镇人民政府三级。

法》和《中国人民共和国澳门特别行政区基本法》设立的。我国《宪法》第三十一条规定：“国家在必要时得设立特别行政区。在特别行政区内实行的制度按照具体情况由全国人民代表大会以法律规定。”基本法起草委员会在设计香港、澳门特别行政区行政体制时，兼顾了香港、澳门的“行政主导”政制传统。

根据我国《香港特别行政区基本法》的规定，香港特别行政区政府是香港特别行政区行政机关，特别行政区政府的首长是特别行政区行政长官。特别行政区政府设政务司、财政司、律政司和各局、处、署，特别行政区的主要官员由在香港通常居住连续满十五年并在外国无居留权的香港特别行政区永久性居民中的中国公民担任。特别行政区政府对特别行政区立法会负责，执行立法会通过并已生效的法律，定期向立法会作施政报告，答复立法会议员的质询，征税和公共开支须经立法会批准。特别行政区政府依法行使下列职权：制定并执行政策；管理各项行政事务；办理本法规定的中央人民政府授权的对外事务；编制并提出财政预算、决算；拟定并提出法案、议案、附属法规；委派官员列席立法会并代表政府发言。香港特别行政区律政司主管刑事检察工作，不受任何干涉。[1]

根据我国《澳门特别行政区基本法》的规定，澳门特别行政区政府是澳门特别行政区的行政机关，特别行政区政府的首长是特别行政区行政长官。特别行政区政府设司、局、厅、处，特别行政区政府的主要官员由在澳门通常居住连续满十五年的澳门特别行政区永久性居民中的中国公民担任。澳门特别行政区主要官员就任时应向澳门特别行政区终审法院院长申报财产，记录在案。特别行政区政府对特别行政区立法会负责，执行立法会通过并已生效的法律，定期向立法会作施政报告，答复立法会议员的质询。特别行政区政府依法行使下列职权：制定并执行政策；管理各项行政事务；办理本法规定的中央人民政府授权的对外事务；编制并提出财政预算、决算；提出法案、议案，草拟行政法规；委派官员列席立法会会议听取意见或者代表政府发言。[2]

第三节　其他行政规制主体

一、法律、法规授权组织

法律、法规授权组织是指依照法律、法规授权，以自己的名义对外履行特定行政职能、独立承担法律责任的非国家行政机关组织。首先，法律、法规授权组织是国家行

[1] 参见《中华人民共和国香港特别行政区基本法》第五十九条至第六十四条。
[2] 参见《中华人民共和国澳门特别行政区基本法》第六十一条至第六十五条。

政机关之外的组织。受行政编制、技术设备和专业人才等因素的影响，立法机关一般会通过法律、法规授权事业单位等公共组织履行行政职能。法律、法规授权组织在履行原有职能时，一般不具有行政规制主体资格；只有在履行法律、法规授权的行政职能时，才能以自己的名义对外作出行政行为。其次，法律、法规授权组织行使特定行政职能，而非一般行政职能。“特定行政职能”限于法律、法规明确授权的特定职能或者具体事项，而国家行政机关行使的是一般行政职能，不限于单行法律、法规授权的特定领域或者特定事项。第三，法律、法规授权组织履行行政职能的依据是特定的法律、法规，而非行政组织法。《行政诉讼法》将行政规制主体的范围扩及规章授权组织[1]，但学界对此尚未达成一致。有观点认为，《行政诉讼法》的规定只解决被告资格，不能认为规章授权具有实体法上的合法性和正当性。[2]我们认为，行政诉讼程序与行政程序具有一定的贯通性，行政诉讼程序包含对行政权的监督，《行政诉讼法》中的一些程序性规定，并不局限于行政诉讼程序。在特定条件下，规章授权组织的适用范围，可以扩展到行政程序中。《行政处罚法》与《行政许可法》对授权组织的法律依据作了明确规定，即只有法律、法规可以授权公共组织实施行政处罚权和行政许可权。[3]其他法律未对授权组织依据作出规定的，适用《行政诉讼法》规章授权组织条款。第四，被授权组织对外独立承担法律责任。法律、法规授权组织对外独立承担法律责任是形式上的，即以自己的名义参加行政复议、行政诉讼活动，最终的法律后果实际上仍需由国家承担。

我国法律并没有明确被授权组织的条件，根据行政法基本原理，参考《行政处罚法》有关受委托组织的规定[4]，被授权组织应当具备以下条件：①被授权组织与所授职权无利害关系；②具备了解和掌握与所行使行政职能有关的法律、法规和有关技术知识的工作人员；③具备所授行政职能行使所需要的基本设备和条件；④特别行政职能所需具备的特别条件，如保密、安全、技术、经验以及工作人员的特殊素质要求等。从法律、法规的授权情况来看，我国被授权组织的范围大致可以归纳为基层群众性自治组织、社会团体、事业与企业组织、行政机关内设机构和派出机构四类。

（一）基层群众性自治组织

基层群众性自治组织是以城乡居民居住地为纽带和范围设立，由居民选举产生的成员组成，实行自我管理、自我教育、自我服务的社会组织。城市居民委员会和农村村民委员会为我国基层群众性自治组织。居民委员会、村民委员会主要承担居民自治事务和政府委托或者协助政府完成的事务。村民委员会自治事项包括：办理本村公共事务和公益事业，调解民间纠纷，向政府反映村民意见、要求和提出建议；支持和组织村民发

[1] 《行政诉讼法》第二条规定：“公民、法人或者其他组织认为行政机关和行政机关工作人员的行政行为侵犯其合法权益，有权依照本法向人民法院提起诉讼。”“前款所称行政行为，包括法律、法规、规章授权的组织作出的行政行为。”

[2] 行政法与行政诉讼法学编写组 . 行政法与行政诉讼法学 [M].2 版 . 北京 : 高等教育出版社， 2018: 61.

[3] 《行政处罚法》第十九条规定：“法律、法规授权的具有管理公共事务职能的组织可以在法定授权范围内实施行政处罚。”《行政许可法》第二十三条规定：“法律、法规授权的具有管理公共事务职能的组织，在法定授权范围内，以自己的名义实施行政许可。被授权的组织适用本法有关行政机关的规定。”

[4] 《行政处罚法》第二十一条规定：“受委托组织必须符合以下条件：（一）依法成立的管理公共事务的事业组织；（二）具有熟悉有关法律、法规、规章和业务的工作人员；（三）对违法行为需要进行技术检查或者技术鉴定的，应当有条件组织进行相应的技术检查或者技术鉴定。”

展合作经济和其他经济等；管理属于村民集体所有土地和其他财产等；尊重并支持集体经济组织经济活动的自主权；宣传宪法、法律、法规和国家政策，开展精神文明建设活动；支持社会组织依法开展活动；多民族的村要教育和引导民族团结、互相尊重、互相帮助等。基层政府对居民委员会、村民委员会的工作给予指导、支持和帮助，但是不得干预依法属于居民委员会、村民委员会自治范围内的事项；居民委员会、村民委员会应当协助基层政府开展工作。如居民委员会协助维护社会治安，协助基层政府做好与居民利益有关的公共卫生、计划生育、优抚救济、青少年教育等工作。[1] 一般而言，居民委员会、村民委员会只有在法律、法规授权情形下履行公共职能，才具有行政规制主体资格。

（二）社会团体

社会团体，是指公民自愿组成，为实现会员共同意愿，按照其章程开展活动的非营利性社会组织。在我国，大部分的社会团体都带有准官方性质，成立社会团体必须经其业务主管单位审查同意，即县级以上各级人民政府有关部门以及县级以上各级人民政府授权组织的同意，社会团体实际上附属在业务主管单位之下。[2] 社会团体除依各自章程行使相应公权力外，亦可接受法律、法规授权行使特定职能。如我国《工会法》对工会保障职工合法权益的授权，《注册会计师法》对注册会计师协会组织实施注册会计师全国统一考试、会计师注册事项的授权，《律师法》对律师协会保障律师依法执业及其他管理职能的授权等。[3]

根据社团性质及目的的不同，我国的社会团体可以分为政治性社会团体、行业性社会团体、专业性社会团体和公益性社会团体四类。政治性社会团体是指在我国具有特殊政治地位和广泛社会影响力的社会团体，在我国主要包括全国总工会、中国共青团、全国妇联等人民团体和群众团体[4]。行业性社会团体是指介于政府、企业之间，商品生产者与经营者之间，并发挥服务、咨询、沟通、监督、公正、自律、协调等功能的社会中介组织。专业性社会团体是指以特定专业知识背景为依托，为学术研究或者从事某项事业而组织起来的非经济类团体，如中国法学会行政法学研究会、中国防伪技术协会、中国质量检验协会等。公益性社会团体是指依法成立的，以发展公益事业为宗旨的社会组织，如中国青少年发展基金会、中华慈善总会、中国野生植物保护协会等。

---

[1] 参见《城市居民委员会组织法》第二条至第四条，《村民委员会组织法》第二条、第五条、第八条、第九条。

[2] 参见《社会团体登记管理条例》第二条、第三条、第六条第二款。

[3] 参见《工会法》第十九条至第三十四条，《注册会计师法》第七条至第十三条，《律师法》第四十六条。

[4] 实践中，人民团体与群众团体并没有严格的界限，二者经常出现混用的状况。如《民政部关于对部分团体免予社团登记有关问题的通知》（民政部民发〔2000〕256 号）将全国总工会、中国共青团、全国妇联、中国科协等组织称为“参加中国人民政治协商会议的人民团体”，而上述组织的章程则自称其为“群众团体”。关于人民团体和群众团体的范围，我国法律、法规并未作明确规定。但从《社会团体登记管理条例》免于登记社团的范围来看，笔者认为人民团体和群众团体应该包括“参加中国人民政治协商会议的人民团体”和“经国务院批准免于登记的团体”。根据《民政部关于对部分团体免予社团登记有关问题的通知》（民政部民发〔2000〕256 号），参加中国人民政治协商会议的人民团体有全国总工会、中国共青团、全国妇联、中国科协、全国侨联、全国台联、全国青联、全国工商联等 8 个组织；经国务院批准可以免予登记的社会团体有中国文联、中国作协、中国记协（新闻工作者协会）、中国人民对外友好协会、中国人民外交学会、中国国际贸易促进会、中国残联、宋庆龄基金会、中国法学会、中国红十字总会、中国职工思想政治工作研究会、欧美同学会、黄埔军校同学会、中华职业教育社等 14 个组织。上述 22 个组织中，除全国青联、全国工商联和中华职业教育社 3 个社团外，其余 19 个社会团体的主要任务、机构编制和领导职数直接由中央机构编制管理部门确定。它们虽然是非政府性组织，但在很大程度上行使着部分政府职能。（参见新华网：社会团体 [EB/OL]. 2010-05-09 浏览）。

（三）事业与企业组织

事业组织（或者称“事业单位”），是指国家为了社会公益目的，由国家机关举办或者其他组织利用国有资产举办的，从事教育、科技、文化、卫生等活动的社会服务组织。[1] 由于事业单位固有的公益性目的，法律、法规经常对其授予相关职能。如我国《教育法》授予学校及其他教育机构招收学生或者其他受教育者，并对受教育者进行学籍管理、颁发学业证书等权力。

企业是以盈利为目的的社会组织，往往与特定的行政职能有利害关系，本不该授予相应行政职能。但对于烟草专卖公司、盐业公司、电力公司等原专业主管行政机关转制而来的国有大型专业公司或者行业集团，法律、法规往往授权其行使原行政机关行使的一些管理性行政职能。如我国《烟草专卖法》授权全国和省级烟草公司下达卷烟产量指标，该法第十四条第二款规定：“全国烟草总公司根据国务院计划部门下达的年度总产量计划向省级烟草公司下达分等级、分种类的卷烟产量指标。省级烟草公司根据全国烟草总公司下达的分等级、分种类的卷烟产量指标，结合市场销售情况，向烟草制品生产企业下达分等级、分种类的卷烟产量指标。”

（四）行政机关的内设机构和派出机构

内设机构是行政机关根据工作需要依法设置的具体分担机关职能的内部组织，如教育部高校学生司、司法厅司法考试处等；派出机构是行政机关根据需要依法派出的分支机构，如公安派出所、工商所、税务所等。一般来说，行政机关的内设机构和派出机构不具有行政规制主体资格，不能以自己的名义独立对外作出行政行为和独立承担法律责任。但当法律、法规授权行政机关内设机构和派出机构独立履行特定行政职能时，内设机构和派出机构即具备了行政规制主体的资格。如为提高公安机关治安管理效率，我国《治安管理处罚法》对公安机关派出机构授予了一定的治安管理处罚权。该法第九十一条规定：“治安管理处罚由县级以上人民政府公安机关决定；其中警告、五百元以下的罚款可以由公安派出所决定。”另外，我国《禁毒法》第三十二条还授予公安机关派出机构对涉嫌吸毒人员的强制检测权等。《工商行政管理所条例》第八条规定，工商所可以以自己的名义作出下列行为：①对个体工商户违法行为的处罚；②对集市贸易中违法行为的处罚；③法律、法规和规章规定工商所以自己的名义作出的其他具体行政行为。其中，对个体工商户、集市贸易违法行为的处罚不包括吊销营业执照。《税收征收管理法》第十四条将税务所纳入税务机关范围，在一定范围内赋予其行政规制主体资格。[2]

二、其他社会公权力组织

社会公权力组织不仅可以因法律、法规授权而成为行政规制主体，而且还可以依其组织章程行使行政职能而成为行政规制主体。一般来说，“其他社会公权力组织”的范

[1] 参见《事业单位登记管理暂行条例（修正）》第二条。

[2] 《税收征收管理法》第十四条：“本法所称税务机关是指各级税务局、税务分局、税务所和按照国务院规定设立的并向社会公告的税务机构。”

围要大于法律、法规授权的社会公权力组织范围。社会公权力组织不可能都获得法律、法规授权，即使得到法律、法规授权的社会公权力组织，也有可能是暂时的。社会公权力组织是社会一定范围的人们为生产和获取某种“公共物品”而自愿进行的组合。当这些人组合在一起时，他们即自愿让渡了自己的某些权利和自由给予相应的社会组织形成公权力。相应组织在授权范围内，可以对组织成员行为进行规制甚至处罚。当社会公权力组织内部关系与外部关系相互交织时，或者存在特定公共利益时，社会公权力组织的权力行使同样可能影响到外部相对人的权益。如律师协会处理代理律师和被代理人的争议、纠纷，环保组织制止公民、法人或者其他组织破坏环境，捕杀野生动物等行为。社会公权力组织的这种对外权力形式上来源于社会组织章程，实质上与国家权力向社会组织转移、二元社会向多元化社会过渡密切相关。一方面社会公权力组织依本组织章程对外部相对人行使某些公权力，另一方面这种公权力的行使又要受到国家公权力的制约，即社会公权力组织的章程要报国家行政机关备案审查，其对外行使公权力的行为要接受国家司法审查。

三、行政委托情形下的行政规制主体

（一）行政委托的内涵

随着市场经济的不断发展，行政机关在履行公务过程中面临着越来越多的压力与挑战。在很多情况下，行政机关不得不将部分行政职能委托给行政机关系统以外的社会公权力组织或者私权利组织行使。受委托组织在行使行政职权时，仅以受委托职权为限。与法律、法规授权组织不同，受委托组织是以委托行政机关的名义行使职权，并由委托行政机关对受委托组织的行为负责。委托行政机关是行政委托情形下的行政规制主体，受委托组织只是委托内部行政法律关系的主体，而不具备行政规制主体资格。

（二）受委托组织的条件和范围

目前，我国法律并未就受委托组织的条件作统一规定，但《行政处罚法》对实施行政处罚权受委托组织条件的规定，对其他行政职权的委托具有一定借鉴意义。该法第二十一条规定受委托组织必须符合以下三项条件：①依法成立的管理公共事务的事业组织；②具有熟悉有关法律、法规、规章和业务的工作人员；③对违法行为需要进行技术检查或者技术鉴定的，应当有条件组织进行相应的技术检查或者技术鉴定。从法理上来说，上述条件的后两项条件一般也适用其他受委托组织。但第一项条件，即“依法成立的管理公共事务的事业组织”，实际上是由于行政处罚权可能对相对人的权益造成严重不利影响而进行的严格限制，并不具有普遍意义。如我国《税收征收管理法实施细则》第四十四条规定：“税务机关根据有利于税收控管和方便纳税的原则，可以按照国家有关规定委托有关单位和人员代征零星分散和异地缴纳的税收，并发给委托代征证书。受托单位和人员按照代征证书的要求，以税务机关的名义依法征收税款，纳税人不得拒绝；纳税人拒绝的，受托代征单位和人员应当及时报告税务机关。”从现行法律、法规的规定和行政管理实践来看，受委托组织的范围大致同于法律、法规授权组织的范围，至于具体的行政行为可以委托的对象亦取决于法律、法规的规定。法律、法规没有规定时，则由行政机关根据行政法的一般原理自行确定。

知识链接：

迈向合作规制：英国法律服务规制体制改革及其启示

李洪雷

英国传统上以法律职业团体自我规制为主导的法律服务规制体制，对于英国法律服务业的发展发挥了重要作用，但近年来被指责为“过时、僵化、过于复杂、欠缺问责并且不够透明”。2007 年《法律服务法》对传统体制做了大幅改革，包括设立了一个作为独立规制机构的法律服务理事会，使得公共规制和职业团体自我规制之间的权力配置更为合理；设立了独立的法律申诉局，致力于为法律服务市场中的消费者提供一个有效的权利救济途径；引入了替代性事务结构，允许非法律人投资者和管理人进行法律服务市场，以增强法律服务市场的竞争。这一改革对于中国法律服务规制体制的改革具有参考价值。

自测题：

1. 行政规制主体的类型有哪些？
2. 论行政规制中的第三方审核制度及其完善。
3. 请谈谈大数据时代行政规制主体的变化？

第三章

行政规制的实体规则

【教学难点】

1. 如何准确理解行政规制的内涵。
2. 如何准确理解行政规制的相关理论。
3. 如何认知行政规制体系。

【内容概要】

本章通过对行政和规制的概念进行系统化梳理，进而明确行政规制的内涵。在此基础上，对行政规制的不同分类、行政规制的未来发展、行政规制的相关范式理论和范畴理论予以全面呈现，使学生能够对行政规制体系形成基本认知。

第一节　行政规制的概念

一、行政的含义

“行政”一词历史悠久。其在我国古籍中早有记载，例如，《左传》中有“行其政事”“行其政令”的记载，意指“进行政治活动或推行政令”[1]。但是古文中“‘行政’是动宾结构的连用词，不是一般名词”[2]，其“行政”概念与近代意义上的“行政”不同。近代意义上与立法、司法相区分的行政概念是西学东渐的结果，在我国近代引入日本法政学术资源的过程中，通过“翻译日书、赴日考察与聘请日教”[3]等途径输入到我国。

近代意义上的行政也经历了漫长的发展，“在古希腊和罗马，人们谈论行政问题时，所关注的是公职或行政官职。到了中世纪，马西利乌斯开始关注到‘行政职能’的问题，从而引发人们对法律与行政关系的思考，并促成了‘立法与执行’的二分。沿着‘立法与执行’二分的传统前行，就走到了孟德斯鸠的三权分立。”[4]进入 19 世纪，“为了能最有利于行使行政功能这一分支，必须组织一套完全不受政治影响的政府机构”[5]，于是就衍生出了“政治与行政二分法”的行政概念，“体现了一种使行政摆脱政治（干扰）的努力”，正如德国政治学家 Biuntschli 指出的：“政治是‘所涉事情重大而普遍’的国家活动；行政相反，它是‘个人和细琐事情的国家活动’。”[6]

行政的概念在内容上也存在着狭义和广义之分，“广义上讲，行政是指一定的社会组织进行的各种组织、协调、控制、监督等活动；狭义上讲，行政是指国家行政机关对国家事务和社会事务进行决策、组织、管理和调控的活动。”[7]“就其广义而言，作为一种‘管理’或‘执行’活动，行政既包括对国家事务管理的‘公共行政’，也包括企业和各种组织对内部事务管理的‘私行政’——‘私行政’通常指涉私人企业或私人机构为追求私人利益最大化而进行的企业或机构层面的管理和执行活动；就其狭义而言，‘行政’通常是指‘公共行政’——‘公共行政’则一般是指政府机关或其他公共服务部门非为盈利目的，本着有效增进与公平分配社会公共利益而进行的组织、管理和执行活动。”[8]行政法所调控的行政是指“公共行政”，“私行政”概念并不在行政概念的范围内。学界在对行政的概念认定过程中，存在着从消极认定到积极认定的过程，诞生

[1] 李洪雷 . 行政法释义学：行政法学理的更新 [M]. 北京：中国人民大学出版社，2014：20.
[2] 毛桂荣 . 关于“行政”、“行政学”概念的形成——兼答余兴安先生 [J]. 中国行政管理，2011（10）：104-105.
[3] 张帆著 . “行政”史话 [M]. 北京：商务印书馆，2007：85.
[4] 张康之，张桐 . 对“行政”概念的历史考察 [J]. 社会科学研究，2010（1）：51-61.
[5] 弗兰克 · J. 古德诺 . 政治与行政：一个对政府的研究 [M]. 王元，译 . 上海：复旦大学出版社，2011：49.
[6] 竺乾威，马国泉 . 公共行政学经典文选：英文版 [M]. 上海：复旦大学出版社，2011：19.
[7] 李文阁 . 中国行政制度 [M]. 北京：中国民主法制出版社，2017：2.
[8] 江国华 . 中国行政法（总论）[M]. 武汉：武汉大学出版社，2017：4.

了诸多学说。

（一）消极说

消极说又称“控除说”“排除说”“除外说”“蒸馏说”“扣除说”等。消极说以“三权分立”理论为基础，强调行政是指“国家的一种职能，即与国家其他职能如立法、司法、军事相对应的职能”[1]。对行政职能的区分可以通过“排除的方法”[2]来实现，即在明确立法职能和司法职能的前提下，通过抽调国家职能中的立法职能和司法职能，剩余的便是行政职能。通过这种方式消极确定行政的概念和范围，能够凸显行政与立法、司法的差异，但“随着现代行政职能的不断扩大，行政同时兼有立法（行政立法）与司法（行政裁决、行政复议）等的部分功能，‘三权’之间呈现融合趋势”[3]，因此立法、司法、行政的边界越来越模糊，对行政的准确认定也越来越难实现。

（二）积极说

与消极说回避行政概念的正面描述不同，积极说是通过积极的方式去定义行政的概念，确定行政的内涵。

1. 形式行政说

形式行政说是通过形式外观之主体去认定行政的概念，即“组织意义上的行政”[4]。基于该学说，行政是指“政府行政机关根据法律规定所实施的对社会公共事务组织管理的活动”[5]，强调活动的主体是行政机关。形式行政说通过以行政机关为标准确定行政的概念，但是这种认定标准也并非是准确的，原因在于“行政机关所进行的活动并非都属于行政的范围”[6]。例如，行政机关进行行政立法即属于立法的范畴；行政机关参与行政诉讼即属于司法的范畴。此外，行政主体的范畴逐渐扩大，已经超出了传统政府机关的羁束，涵盖承担公共事务的组织和单位。很显然通过主体去确定行政的概念过于片面，无法准确认定行政的概念，而且形式行政说也越来越偏离现代行政的发展。

2. 实质行政说

实质行政说是通过实质意义之内容去认定行政的概念，即“实质意义上的行政”[7]。基于不同的研究角度，实质行政说又包含国家目的实现说、组织管理说与综合说等。

其一，国家目的实现说。国家目的实现说主要是来源于日本、德国等国家，强调行政具有一定的“国家目的”[8]。例如，日本行政法学者田中二郎认为“近代国家之行政是在法之下，受法之规制，并以现实具体积极实现国家目的为目标，所为整体上具有统一性之继续、形成的国家活动”[9]；德国学者奥托·迈耶认为“行政是国家在其法律制

[1] 刘莘. 中国行政法 [M]. 北京：中国法制出版社，2016：1.
[2] “行政是除立法、司法之外的国家职能”。刘莘. 中国行政法 [M]. 北京：中国法制出版社，2016：1.
[3] 杜慧，刘璐，黎飞. 行政法学 [M]. 延吉：延边大学出版社，2016：2.
[4] “组织意义上的行政，即专门设立的承担行政职能的组织。”李洪雷. 行政法释义学：行政法学理的更新 [M]. 北京：中国人民大学出版社，2014：20.
[5] 刘莘. 中国行政法 [M]. 北京：中国法制出版社，2016：1.
[6] 江利红. 行政法学 [M]. 北京：中国政法大学出版社，2014：8.
[7] “实质意义上的行政，即行政作用（行政行为），指所有管理行政事务的活动，而不论其实施主体是否为行政组织。”李洪雷. 行政法释义学：行政法学理的更新 [M]. 北京：中国人民大学出版社，2014：20.
[8] 江利红. 行政法学 [M]. 北京：中国政法大学出版社，2014：9.
[9] 翁岳生. 行政法：上 [M]. 北京：中国法制出版社，2009：5.

度范围内，为实现国家目的而进行的除了司法以外的活动”[1]。国家目的实现说的典型特征是“实现公共利益、达到公共目的的国家行为”[2]。但是国家目的实现说并不能有效地区分行政与立法、司法的关系，立法和司法本身也具有相同的国家目的。

其二，组织管理说。组织管理说又被称为“社会管理职能说”“公共事务处理说”等，学界对其定义也存在差异。例如，有的学者认为“行政是国家与公共事务的决策、组织、管理和调控”[3]；有的学者认为行政是指“为实现国家目的，运用政策法规、规章、组织实施管理、命令、监督制裁等方式执行国家法律和权力（立法）机关意志的活动”[4]。但组织管理说均强调行政是指“国家的组织管理活动”[5]，国家机关的一切管理活动即为行政。同样地，通过组织管理说去定义行政的概念，也未能揭示行政与立法、司法的区别，不仅仅行政机关的活动是行政，其他国家机关的自身组织管理也是行政。

（三）综合说

可以看出，无论是消极说抑或是积极说，作为一种分析的工具，都具有一定的偏颇之处，无法准确清晰地界定行政的概念。于是学界尝试在积极说的基础上，融合形式行政说和实质行政说的观点，从主体和内容两个方面来修正行政的概念，于是就衍生出了综合说。例如，有的学者认为行政是指“国家行政机关等行政主体为积极实现公益目的，依法对国家事务和社会事务进行的组织、管理、决策、调控等活动”[6]；有的学者认为行政是指“国家行政机关等行政主体为实现国家的目的，运用其制定的政策、法律规范，通过组织、管理、命令、监督制裁等方式执行国家法律和权力机关意志的活动”[7]。综合说通过明确主体之行政机关和内容之公共事务的组织和管理等活动，能够较为有效地揭示行政的本质。

二、规制的含义

规制一词来源于英文 Regulation，也被翻译为管制、监管。其中，“‘管制’暗含统治和强制之意（强制式控制），而‘规制’强调以法规为依据（规范化治理），‘监管’则确保参与者符合规范（监督式控制）。”[8] 由于规制“凸显了它是在法治背景下的有规可循的管制活动，规制必须具有法律依据，而不得是随机的、自由裁量的任意行为”[9]，故通常在理论研究中使用规制一词。

在词源上，《布莱克法律词典》将规制界定为“通过规则或限制的控制行为或控制过程”。《牛津英文词典》中将“规制”界定为“规制的行为或事实”。《辞海》则明确规制是指“在以市场机制为基础的经济体制条件下，以矫正、改善市场机制内在的问

[1] 奥托·迈耶．德国行政法 [M]. 刘飞，译．北京：商务印书馆，2002：14.
[2] 陈露，杨晓静，王卫．行政法基本理论研究 [M]. 哈尔滨：东北林业大学出版社，2008：5.
[3] 罗豪才．行政法学 [M]. 北京：中国政法大学出版社，1996：1.
[4] 马怀德．行政法与行政诉讼法 [M].5 版．北京：中国法制出版社，2015：2.
[5] 刘莘．中国行政法 [M]. 北京：中国法制出版社，2016：2.
[6] 江利红．行政法学 [M]. 北京：中国政法大学出版社，2014：11.
[7] 陈露，杨晓静，王卫．行政法基本理论研究 [M]. 哈尔滨：东北林业大学出版社，2008：6.
[8] 马健．文化规制论 [M]. 上海：上海交通大学出版社，2016：27.
[9] 张占斌．政府经济管理 [M]. 北京：国家行政学院出版社，2015：92.

题（广义的‘市场失灵’）为目的，政府干预和干涉经济主体（特别是对企业）活动的行为”[1]。可以看出，规制的含义一直存在一定的分歧以致未能形成统一权威定义，尤其是在不同的中文语境和学科范畴，规制的内涵存在较大差异。

（一）经济学领域

规制一词起源于应对市场失灵的政府干预理论，最早可以追溯到亚当·斯密的“古典市场经济理论”[2]，兴起于20世纪30年代罗斯福新政时期，在20世纪70年代发展成为一个相对独立的研究领域。“在1970年以前，经济学对规制的理论和经验的研究兴趣曾集中于考察某些特殊产业的价格和进入的控制上，特别是规模技术递增收益情况下的定价问题。所以规制的概念大多是围绕垄断的规制及费率的结构而给出的。”[3]“20世纪70年代初，美国政府规制的中心转移到环境质量、产品安全和工作场所安全上”[4]，规制的理论研究则侧重于产业的价格和准入。自此，规制理论的研究多在微观经济调控中展开。

在经济学领域中，对规制一词的理解仍存在较大差异。在国外的研究中，史普博在将其翻译为“管制”的基础上，认为其是“由行政机构制定并执行的直接干预市场配置或间接改变企业和消费者的供需决策的一般规则或特殊行为”[5]。日本学者植草益在其著作《微观规制经济学》中对规制的阐述是：“依据一定的规制，对构成特定社会的个人和构成经济的经济主体的活动进行限制的行为。”[6]在国内的研究中，有学者认为规制是“政府对微观经济主体的经济活动所进行的某种直接的、行政性的规定和限制”[7]；亦有学者认为规制是指“政府的行政机关基于治理市场失灵法定职责的要求，通过颁布法律、法规、规章、命令及裁决为手段，对微观经济主体（主要是企业）的不完全公正的市场交易行为进行直接的控制或干预”[8]；更有学者认为规制是“政府对私人经济活动所进行的某种直接的、行政性的规定和限制”[9]；再有学者认为规制是“系统地进行管理和节制，并含有规则、法律和命令的基本含义，规制通常被理解为政府对经济活动的管理和限制”[10]；等等。可以看出，经济学领域对规制一词的概念强调以解决市场失灵，维持市场秩序为前提，以具体规制为手段，由政府对各种经济活动进行干预和控制。

（二）社会学领域

在社会学领域，“社会控制意味着社会通过各种机制或手段对个人和集团的行为进行约束，从而达到维持社会秩序、保持社会稳定、避免社会解体危险的目的”[11]，其实

[1] 夏征农，陈至立．辞海：第六版彩图本 [M]. 上海：上海辞书出版社，2009：785.
[2] 杨文汉，张力，向道位．市场经济模式比较研究——中国社会主义市场经济模式的选择与构建 [M]. 西安：陕西人民教育出版社，1996：11-23.
[3][4] 钟庭军，刘长全．论规制、经济性规制和社会性规制的逻辑关系与范围 [J]. 经济评论，2006（2）：146-151.
[5] 丹尼尔·F. 史普博．管制与市场 [M]. 余晖，等，译．上海：上海人民出版社，1999：45.
[6] 植草益．微观规制经济学 [M]. 朱绍文，胡欣欣，等，译．北京：中国发展出版社，1992：1.
[7] 黄利秀，张华忠．产业经济学 [M]. 西安：西安电子科技大学出版社，2018：137.
[8] 余晖．政府与企业：从宏观管理到微观管制 [M]. 福州：福建人民出版社，1997：1.
[9] 卢福财．产业经济学 [M]. 上海：复旦大学出版社，2013：152.
[10] 梁小民．微观经济学 [M]. 北京：中国社会科学出版社，1996：541.

质是“政府部门以增进社会福利为目的，针对某些经济活动可能引发的社会性问题而采取的控制性措施”[1]。经济学领域的规制以强调矫正市场失灵，关注某一行业的特定行为；而社会学领域的规制多体现在对消费者权益保障方面，“保障劳动者和消费者的安全、健康卫生、环境保护、防止灾害为目的，对产品和服务的质量和伴随着它们而产生的各种活动制定一定标准并禁止、限制特定行为的规制”[2]，关注所有可能产生不经济的企业行为。

在社会学领域，规制一词的概念也仍然存在较大差异。有的学者认为规制是“公共机构对那些社会群体重视的活动所进行的持续集中的控制”[3]；亦有学者认为规制是指“公权力主体对社会、市场和相对人活动的规范、调节、监督和控制”[4]；再有学者认为规制是“按一定的规则、方法或确立的模式进行调整，依一定的规则或限制进行指导，或受管理性原则或法律、法规的管辖”[5]。可以看出，社会性规制强调以纠正不安全或不健康的产品以及生产过程的有害副产品为前提，政府通过法律规范、各种措施等，维护受损害的市场主体的利益，旨在促进社会福利。

总的来说，规制一词的内涵丰富。其中经济学领域和社会学领域对规制一词的研究较为丰富，但政治学、法学等学科领域也对规制有较为深入的研究。在充分尊重规制一词起源的基础上，可尝试融入社会学领域的研究内容，将规制一词的内涵扩充为：规制是以市场失灵，维护市场秩序、保护市场主体权益为前提，政府主体运用规则（法律规范、命令、裁决、措施等）方式对市场主体的经济活动和伴随经济活动产生的社会问题进行的干预和控制。

三、行政规制的定义诸说

我国的行政规制理论起源于西方的规制理论，可以简单地概述为通过行政的方式以实现规制目的。在美国、英国等西方国家，规制逐渐成为一种重要的政策工具，能够有效地发挥政府的效能，进而给市场创造更大的活力，也能有效地促进社会福利的公平分配。我国对行政规制理论的研究起源于 20 世纪 90 年代，行政规制一词的确定和使用始于 1995 年行政法学研究会年会。在研究领域的选择上，早期的研究主要集中在经济、合同、产业、公用事业等具体领域的行政规制研究，自 2012 年之后，关于行政法视野下的行政规制研究逐渐增多，且在具体的研究领域上，也主要集中在环境行政规制、金融行政规制、新兴产业行政规制等方面。横贯近 30 年的研究和讨论，我国学界对行政规制定义已经形成了诸多相对成熟的观点。

（一）行政行为说

行政行为说强调行政规制是一种行政行为手段，政府各级行政机关可通过实施特

[1] 何立胜，杨志强．转型期的政府社会性规制变革研究 [M]. 北京：中国法制出版社，2015：86.
[2] 肖竹．竞争政策与政府规制——关系、协调及竞争法的制度构建 [M]. 北京：中国法制出版社，2009：23.
[3] 科林·斯科特．规制、治理与法律：前沿问题研究 [M]. 北京：清华大学出版社，2018：5.
[4] 姜明安．行政法与行政诉讼法 [M]. 北京：高等教育出版社，1997：105.
[5] 马骋．文化产业政策与法律导论 [M]. 上海：上海书店出版社，2016：28.

定的行政行为对市场主体行为进行规制。这种行为手段既包含抽象行政行为，即制定法律、法规、政策等，也包含具体行政行为，即实施行政许可、行政强制、行政处罚等。

在行政行为说观点中，有的学者认为行政规制是“国家各级行政机关为了有效地管理各类经济社会事务，根据法律制定具有普遍约束力的规则或规范的一种抽象行政行为”[1]；有的学者认为行政规制是指“政府为谋求社会整体利益，设立并依据一定规则对社会特定主体限制权利或课以责任的强制性行为”[2]；有的学者认为行政规制是指“国家行政机关为了实现国家法律、政策的一定目标，通过制定规则、行政审批、行政监督检查、处罚、强制等方式对市场主体的行为所进行的规范和控制”[3]；亦有学者认为行政规制是“政府行政机构依据法律授权，通过制定规章、设定许可、监督检查、行政处罚和行政裁决等行政处理行为对社会经济个体行为实施的直接控制”[4]；再有学者认为行政规制是“政府行政机构依据法律授权，通过制定规章、设定许可、监督检查、行政处罚和行政裁决等行政处理行为对社会经济个体行为实施的直接控制”[5]。

行政行为说在一定程度上能够凸显行政规制的手段控制能力，行政机关通过实施特定行政规制手段对市场主体的偏失行为实施有效控制。但是不可否认的是行政规制不能完全等同于行政行为，虽然其外在表征存在极大的同构性，但行政规制的外延远远大于行政行为。例如，对行政相对人课以程序性义务的行为、行政主体对行政相对人的指导行为等均不属于行政行为，但却是行政规制的规制手段。

（二）市场秩序干预说

市场秩序干预说是行政规制理论早期研究的产物，该学说是建立在宏观经济调控和微观经济调控理论的基础上，强调行政规制是对市场秩序的干预，强调以市场失灵为规制前提，以维护市场秩序和社会公共利益为规制目的。

在市场秩序干预说观点中，有的学者认为行政规制是“政府的一项重要职能，其存在的客观前提是纠正市场失灵以维护社会公共利益”[6]；亦有学者认为行政规制是指由“行政机关运用国家公权力，直接或间接干预市场秩序，以此来实现规制目的”[7]；再有学者认为行政规制是指“行政机构依据有关法规制定并执行的直接干预市场配置机制或间接改变企业或消费者供需决策的一般规则或特殊行为，其政策出发点是克服由于外部性、垄断和信息不对称等市场缺陷带来的市场失灵”[8]。

经济秩序干预说在一定程度上能够凸显其市场调控能力，更倾向于经济学领域的行政干预。由于市场秩序干预说是早期行政规制理论，其内涵过于狭隘，无法回应因市场行为偏失所引发的社会问题，且干预手段会超出行政手段的范围，涉及财政、货币、税

[1] 卓越，康锋．行政规制改革初探 [J]. 江西行政学院学报，2002（3）：2-6.
[2] 王树彬．浅议我国行政规制改革的重点 [J]. 地方治理研究，2002，4（3）：2-6.
[3] 杨建华．对规制者的规制——兼谈行政规制的效益原则 [J]. 山西大学学报：哲学社会科学版，2004（5）：63-67.
[4] 谭绍木．宪政视野中的行政规制缓和 [J]. 南昌航空工业学院学报：社会科学版，2005（4）：40-42，45.
[5] 侯宇．行政法学方法论初探 [J]. 甘肃政法学院学报，2011（4）：114-120.
[6] 李煜兴．日本行政规制改革的全景透析及其启示 [J]. 现代日本经济，2006（1）：60-64.
[7] 韩永红．美国食品安全法律治理的新发展及其对我国的启示——以美国《食品安全现代化法》为视角[J]. 法学评论，[J].2014（3）：92-101.
[8] 黄伯平．行政手段参与宏观调控：实质、特征与原因 [J]. 中国行政管理，2011（10）：34-38.

收等宏观政策手段。

（三）手段工具说

手段工具说强调行政规制的功能，认为行政有维护秩序、促进社会资源合理配置、实现政府管理等作用。通过行政规制的实施，政府能够依据此种手段或模式实现对国家的管理、控制与服务。

在手段工具说观点中，有的学者认为行政规制是“政府对社会公共事务进行规范、管理与服务的一种手段”[1]；有的学者认为行政规制是指“通过行政权力的运行，以自上而下的监管来限制可能造成的公共风险的公共规制模式”[2]；有的学者认为行政规制是“根据法律法规对规制的制定者和执行者进行监督和管理，为了使规制机构能够有效地进行规制活动，且规制者能够公平、公正、有效、透明地为公众服务，规范规制者行为，减少寻租行为，提高社会资源的配置效率”[3]；亦有学者认为行政规制是“国家以其行政权力为规制运作基础，将权力机制移载入经济活动过程，规制社会经济活动，促进国民经济协调发展的各种行为和措施”[4]；再有学者认为行政规制是“对经济规制和社会规制的规制政策制定者和执行者的规制，即对规制者的规制”[5]。

手段工具说通过探究行政规制的功能意义去定义行政规制，能够凸显其在公共行政中的工具价值，彰显宏观指导意义。但手段工具说避开了行政规制的具体内容，在揭示行政规制微观实施中的过程性意义方面显露出不足。

（四）公民权益保障说

公民权益保障说强调对私权利的保护，认为行政规制是对私主体权利的必要限制。通过对一类主体实施限制，能够切实保护另一类主体或整个社会公众的权益。

在公民权益保障说观点中，有的学者认为行政规制实质上是指“国家行政权力对公民、组织的自主权力、私权利的干涉与限制”[6]；亦有学者认为行政规制是指“政府为了达到某些所预期的目的，根据所设定的标准，通过审查公民或法人的条件具备情况，决定是否允许其从事某种活动，从而约束公民或法人的活动，使他们遵从于政府活动偏好的价值序列”[7]；再有学者认为行政规制是指“行政主体为了维护秩序或者事先防止危险，而对私人的自由和权利进行限制，或者对其赋课义务的行政的行为方式”[8]。

公民权益保障说以利益保护为出发点，通过对特定主体课以必要的约束性限制，以实现对社会更多主体乃至整个社会的利益保护。但公民权益保障说在一定程度上缩小了行政规制的本体概念，以致其在内涵上接近于行政许可。

总的来说，上述四种学说虽着眼于不同的视角，采用不同的分析工具，但观点之间

[1] 杨建顺．论行政规制的法制完善 [J]. 观察与思考，2012（9）：40-43.
[2] 胡睿超．职业资格“挂靠”行为的公共规制路径研究 [J]. 闽台关系研究，2018（2）：14-22.
[3] 朱涛．现代产业经济学 [M]. 郑州：河南大学出版社，2016：179.
[4] 苏东水．产业经济学 [M]. 北京：高等教育出版社，2000：391.
[5] 李树榕，王敬超，刘燕．文化资源学概论 [M]. 南京：东南大学出版社，2014：200.
[6] 龙宗智．行政规制缓和与高校权力行使 [J]. 中国高等教育，2004（15）：8-10.
[7] 杨绍文．行政许可与行政规制的逻辑起点分析 [J]. 中国卫生法制，2004（5）：15-16.
[8] 杨建顺．中国行政规制的合理化 [J]. 国家检察官学院学报，2017（3）：82–104，173-174.

并不存在冲突，反而学说之间本身存在互通。法学领域近些年对行政规制的研究更多地聚集于行政规制的手段和行政规制的控制，因此行政行为说和公民权益保障说在近些年最为主流，基本能得到学界的认可。

第二节　行政规制的分类

一、行政规制的分类诸说

行政规制的内涵丰富，按照不同的标准，可以对行政规制进行分类。

（一）外部规制与自我规制

按照规制主体与对象的“关系距离”为标准，行政规制可以分为外部规制与自我规制。外部规制是指被规制对象以外的主体对规制对象进行的规制，在行政规制中，往往通过行政立法、行政执法等行政规制手段予以实现。自我规制是指“政府借用社会、市场等私主体的自律性、自治性行为，设定特定的规制标准，间接达成政府所欲规制的目的，实现政府的高效管理以及公共事务的完成”[1]，是市场自己对自己的规制，在自我规制中，市场主体迫于政府压力所做出的行为是政府设计要达到的一种结果，目的是规范市场秩序。

（二）强制性规制与契约性规制

按照规制权的来源为标准，行政规制可以分为强制性规制与契约性规制。强制性规制也被称为法定性规制，指被规制者“必须遵守的规制，并以强制力作保障，如果违反将受到惩罚”[2]，其规制权来源于法律或者具有强制效力的规范性文件。契约性规制是指行政主体依据行政契约实现规制目的，即“行政机关为达到维护与增进公共利益，实现行政管理目标之目的，与相对人之间经过协商一致达成的协议”[3]，其规制权来源于行政主体与相对人签订的契约。需要注意的是，由于行政规制涉及行政行为的稳定性，往往规制者与被规制者在签订契约时意思自治受限，同时规制合意达成后，不能随意撤销，但总体来看保留了针对规制的意思自治空间。

（三）保护性规制与竞争性规制

按照规制的目的为标准，行政规制可以分为竞争性规制和保护性规制。“前者指政府机构对特许权或服务权的分配，后者则为通过设定一系列条件以控制私人行为而维护

[1]　高秦伟 . 社会自我规制与行政法的任务 [J]. 中国法学，2015（5）：73-98.
[2]　程景民 . 食品安全行政性规制研究 [M]. 北京：光明日报出版社，2014：41-42.
[3]　钱锦宇 . 行政法与行政诉讼法 [M]. 武汉：华中科技大学出版社，2015：446.

公共利益。”[1] 其中竞争性规制是以促进竞争为手段，通过“政府运用公共权力参与或引导私人竞争，即通过市场竞争的方法，实现规制（管制、约束）的效果”，“可以通过国有化方式展开，也可以建立私人企业，通过特许私人企业进入某个竞争领域，或者刻意引导某种私人之间的竞争”[2]。其中保护性规制通过“设定一定的规则和界限将目标群体行为的限度确定在一定范围之内，从而在范围、程度、方式等方面对目标群体行为的模式进行控制”[3]，其在社会环境、自然人文、物质资源、生命安全等领域应对市场经济的威胁具有重要意义。

（四）直接性规制与间接性规制

按照规制的方式为标准，行政规制可分为直接性规制和间接性规制。直接性规制是指“政府行政部门直接实施的政府干预，即对特性强烈的公共产品和外部不经济性以及严重影响社会公益的经济活动直接进行约束和规制”[4]，其以“防止发生与自然垄断、外部性及非价值物品有关的、在社会经济中不期望出现的市场绩效为目的”[5]，直接由政府认可或许可的法律手段参与到经济决策的过程中。间接性规制是“以形成与维持竞争秩序为目的，不直接介入经济主体的决策而只制约、阻碍市场机制发挥职能的行为”[4]，其是以“有效发挥市场职能而建立完善制度为目的”[6]，一般是由司法机关对垄断行为、不公平竞争行为、不公正交易行为等进行间接制约。

（五）经济性规制和社会性规制

按照规制内容为标准，行政规制可分为经济性规制和社会性规制。经济性规制是指“在自然垄断和存在信息不对称的领域，主要为防止发生资源配置低效和确保利用者的公平使用，政府机关运用法律权限，通过许可和认可等手段，对企业的进入和退出、价格、服务的数量和质量、投资、财务会计等有关行为进行的规制”[4]，其目的是“防止因垄断和信息不对称所带来的无效率的资源配置以及确保资源利用的公平性”[7]。社会性规制是指“以保障劳动者和消费者的安全、健康、卫生、环境保护、防止灾害为目的，对产品和服务的质量以及伴随着它们而产生的各种活动制定一定标准，并禁止、限制特定行为的规制”[4]，目的是“纠正不完全或不健康的产品，以及生产过程中的有害副产品”[7]。

二、行政规制的未来发展

在对行政规制的理论研究上，“早先行政与公民之间的关系只是单纯的管理与被管理的关系，公民相对于国家行政而言处于一种下属地位”[8]，当时的行政规制处于一种比较“紧”的状态。随着市场经济的完善和国外“缓和行政规制”理论的引入，学界主

[1] 王朝全．政府经济学 [M]. 成都：电子科技大学出版社，2008：263.
[2] 王首杰．激励性规制：市场准入的策略？——对“专车”规制的一种理论回应 [J]. 法学评论，2017（3）：82-95.
[3] 刘圣中．现代科层制：中国语境下的理论与实践研究 [M]. 上海：上海人民出版社，2012.
[4] 马云泽．规制经济学 [M]. 北京：经济管理出版社，2008.
[5] 徐晓慧，王云霞．规制经济学 [M]. 北京：知识产权出版社，2009.
[6] 徐晓慧，王云霞．规制经济学 [M]. 北京：知识产权出版社，2009.
[7] 冯果．经济法——制度・学说・案例 [M]. 武汉：武汉大学出版社，2012：138.
[8] 朱淑娣，柯静．金融信息披露行政规制行为的发展及其有效性研究 [J]. 行政与法，2015（5）：66-80.

张政府需要放松管制，当时认为行政规制有“确立和维护市场机制的基本框架和市场经济下微观经济主体的自由决策、保障劳动者和消费者的安全、提高政府行政效率”[1]三个方面的作用。所以，“在市场经济条件下，政府管理总的方向是减少行政许可，把政府不该管的事交给企业、社会和中介组织，更大程度上发挥市场在资源配置中的基础性作用”[2]。伴随着政府改革和市场经济的调整，现在的行政规制理论不再探寻行政规制的“紧”与“松”，而是如何通过行政规制实现更好的治理，即“我国行政法学现在真正要研究的，并不是强化行政规制或者放松行政规制的路径选择问题，而是要随着市场经济体制的发展，构建并完善有别于计划经济体制形态下的、真正市场经济意义上的行政规制制度体系和实现机制”[3]。随着行政规制理论的不断深化，行政规制理论在与其他规制理论交互影响的过程中，其内涵与外延也逐渐扩大。

（一）行政规制的融合

在政府治理的过程中，单一的行政规制手段也面临着一定的局限性，有与其他规制理论融合的趋势。

1. 自我规制与行政规制的结合

自我规制是指“规制对象对自身施加命令和结果的规制，规制对象可以是单个企业，也可以是代表规制对象的行业协会”[4]。自我规制具有较大的灵活性和可接受性，“首先，行业自律机构能够较好发挥行业组织的专业知识优势，迅速发现和解决行业发展中存在的问题，通过制定和完善规制准则尽快进行调整，从而可以保持规则的指导性和科学性。其次，由于自我规制较能体现行业的共同意志，所以其制定的规制能较好为被规制行业所理解和贯彻，也较易于监控规则的执行效果。”[5]但是自我规制存在一个较大的问题就是缺乏监督，不具强制性。因此，可将行政规制与自我规制进行融合，将自我规制视为“个人或私人团体透过私人实现公益的规制手段，是对行政规制的替代或补充”[6]，毕竟两者在公益性的规制目的上是互通的。一旦自我规制中成员的自愿性丧失，规制手段失灵，便可由政府采取积极的矫正措施以行政规制手段介入。

2. 行政规制与立法规制、司法规制的结合

立法规制是指“立法机关通过法律法规对主体行为所进行的一种约束、调整和限制”[7]。在现代法治国家，立法规制较为常见且具有权威性，但立法规制是一个静态的控制过程，还需要在司法、执法领域中做出一些具体规定，才能实现规制目的。司法规制是指“法律通过对市场主体的权利、义务和责任进行事前配置，并通过激励当事人提

[1] 卓越，康锋．行政规制改革初探 [J]. 江西行政学院学报，2002（3）：2-6.
[2] 杨绍文．行政许可与行政规制的逻辑起点分析 [J]. 中国卫生法制，2004（5）：15-16.
[3] 江必新．论行政规制基本理论问题 [J]. 法学，2012（12）：17-29.
[4] 罗伯特·鲍德温，马丁·凯夫，马丁·洛奇．牛津规制手册 [M]. 宋华琳，等，译．上海：上海三联书店，2017.
[5] 张会恒．我国公用事业政府规制的有效性研究 [M]. 合肥：中国科学技术大学出版社，2007.
[6] 陈军．行政法视野下的自我规制 [J]. 云南行政学院学报，2009（2）：144-146.
[7] 吴卫军，徐岩．法治视野中的行政权之规制 [M]. 成都：电子科技大学出版社，2017.

起私人诉讼的方式来规制潜在违法行为”[1]。司法规制具有公正性，能通过个案的审理，将立法的规定与具体案件结合，通过司法程序解决纠纷，但司法规制具有成本高、运行效率低等弊端。而行政规制具有效率优先性，但其公平性就存在一定的问题。因此，立法规制、司法规制、行政规制之间各有弊端，如果将其视为一种互相的替代规制手段，那么将无法获得最优的规制路径。实际上，“在中国及其他国家的公共规制领域，行政规制和司法规制路径都在并行使用，交替演化”[1]，只有实现立法规制、司法规制、行政规制的互补使用，构建一套完整的运行机制，才能获得最优的规制路径。

3. 综合规制

综合规制是在合作治理理论上发展而来的一种规制模式，旨在构建一种新型的国家与社会关系，推进政府公共治理。在传统的行政规制模式中，强调政府单方面地通过实施行政手段实现控制，越来越难以应对现实实践的需求。“作为规制改革的一种探索，新行政法和规制理论主张建立一种全方位、多主体、网络化的社会性规制治理体系，以应对日益增长的环境和健康风险。易言之，就是要让公众、企业、行业协会、媒体、规制部门、法院等都参与到治理网络中来，通过制度上的合作，各自发挥比较优势，共同实现治理目标”[2]，其强调公私合作、部门间合作、地方合作、国际合作。参与者既是规制者也是被规制者，可广泛地透过多主体之间的合作，采用更加灵活的规制手段，激发社会主体的规制合力，也能有效保护社会主体的知情权、参与权、表达权和监督权。

（二）行政规制的转型

随着实践的需求和规制理论的发展，行政规制理论在早期传统规制理论的基础上进行了更新发展。

1. 从最优规制到适宜性规制

最优行政规制是指以最优规制为导向，采用专家决策模式。“历史上，在民众无知、教育缺乏的社会中，由少数专家精英来决策如何规制，不仅有利于提高决策效率，而且相对于公众决策更优、更具有科学性。然而，在今天这样一个自主意识勃兴、法治主义确立、信息沟通无碍的互联网时代，基于最优决策价值取向的专家决策模式已经无法实现它的使命”。[3] 有必要转型为适宜性规制，“适宜性行政规制具有合法性、正当性要求。所谓合法性要求，是指适宜性规制需要符合法律的要求、遵循法定程序；所谓正当性要求，是指适宜性规制无论在规制决策程序上还是在规制决策结果上有能力获得

[1] 宋亚辉．论公共规制中的路径选择 [J]. 法商研究，2012（3）：94-105.
[2] 湛中乐，郑磊．分权与合作：社会性规制的一般法律框架重述 [J]. 国家行政学院学报，2014（1）：71-75.
[3] 王柱国．适宜性行政规制：生态规划适宜理念的借鉴 [J]. 江西社会科学，2018（8）：156-166，256.

公众的认可和同意。”[1] 与最优行政规制相比，适宜性行政规制是专家理性和公众理性交互的结果，其科学性和民主性得到显著提升。其次，适宜性规制能够充分尊重各方参与者的意见，在决策程序的羁束下，有效地避免政府决策权的垄断与滥用。

2. 从传统性规制到回应性规制

传统性规制是指依据传统的规制模式进行规制，即“规制者特别强调规制的形式，这意味着，规制者事先必须对其可以针对非合规行为作出回应行为的种类及条件作出明确的规定，事后则根据该规定作出相应行为，以保证规制行为的一致性”[2]。回应性规制是指在传统的干预方式无法有效达成预期的政策目标时，规制者应规制团体的需求，以提升规制效果而采取其他规制，是在借鉴“回应型法理论”[3] 的基础上发展而来的。在回应性规制中，规制者“从不预设最优规制措施，亦不谋求普适性方案”[4]，而是将广泛的规制手段都纳入考量。与传统性规制相比，回应性规制更加强调规制的特殊化，在规制手段的选取上也更具灵活性，能够有针对性地进行规制，极大地提高了规制的效力。

3. 从消极性规制到积极性规制

消极性规制又称限制性规制、规制性规制、约束性规制等，是指“通过设立一系列条件以控制私人行为而维护公共利益为目的的规制”[5]，其特点是“较多运用禁止性、限制性、压迫性等‘否定性措施’进行规制”[6]。积极性规制又称激励性规制，是指“在保持原有规制结构的条件下，给予被规制企业以提高内部效率的刺激，即给予被规制企业以竞争压力或提高生产效率和经营效率等正面诱因的规制”[5]。相对于消极性规制，积极性规制能够充分调动被规制者的积极性，“首先，从发挥作用来看，激励性规制是实现创新和竞争的社会功能所必须；其次，从防止消极作用上来看，激励性规制是减少负向规制的局限及节省规制失灵成本的极佳方法”[7]。但是也必须意识到，积极性规制虽具有较好的规制作用，但是单一依赖积极性规制也无法实现较好的规制，必须兼具消极性规制和积极性规制方式，并用激励与管制、约束与惩罚等多重措施。

[1] 王柱国 . 适宜性行政规制：生态规划适宜理念的借鉴 [J]. 江西社会科学，2018（8）：156-166，256.
[2] 喻玲 . 从一元到多元——寡头的反垄断法规制 [M]. 上海：复旦大学出版社，2016：112.
[3] P. 诺内特，P. 塞尔兹尼克 . 转变中的法律与社会：迈向回应型法 [M]. 季卫东，张志铭，译 . 北京：中国政法大学出版社，2004：31-47.
[4] 周祖成，张印 . 地方立法文本与实施效果研究 [M]. 北京：中国法制出版社，2018：50.
[5] 凌岚 . 公共经济学原理 [M]. 武汉：武汉大学出版社，2010：273.
[6] 蒋大兴 . 信息、信任与规制性竞争——网络社会中二手房交易之信息传递 [J]. 法制与社会发展，2014（5）：118-141.
[7] 王首杰 . 激励性规制：市场准入的策略？——对“专车”规制的一种理论回应 [J]. 法学评论，2017（3）：82-95.

第三节　行政规制相关理论命题

一、行政规制相关范式理论

规制的基础理论解决的是行政规制合理性与有效性的问题。关于行政规制的基础理论来源，有如下论说。

（一）控制论

规制概念源自控制论（cybernetics），即控制系统科学。1948 年，控制论创始人诺伯特·维纳发表了著名的专著《控制论——关于在动物和机器中控制和通讯的科学》，宣告了控制论这门学科的正式诞生。维纳把控制论看作是一门研究机器、生命社会中控制和通信的一般规律的科学，是研究动态系统在变化的环境条件下如何保持平衡状态或稳定状态的科学。在控制论中，“控制”是指“为了‘改善’某个或某些受控对象的功能或发展，需要获得并使用信息，以这种信息为基础而选出的于该对象上的作用，就叫作控制”[1]。由此可见，控制的基础是信息，一切信息传递都是为了控制，进而任何控制又都有赖于信息反馈来实现。由于控制论抓住了信息和行为的“信息交流”“反向调节”“自适应”等共通规律，并予以抽象化，使得控制论的思想和方法适用于所有的自然科学和社会科学领域。规制理论即是控制论在人文社会科学领域的扩展，同时继承了系统控制理论结构化的基因，旨在以一种可控系统按照特定结构把社会各元素组织起来，实现“社会组织的有序性”[2]。

（二）公共管理理论

公共管理理论是指“以政府为核心的公共部门整合社会的各种力量，广泛运用政治的、经济的、管理的、法律的方法，强化政府的治理能力，提升政府绩效和公共服务品质”[3]。在公共管理的过程中，“强调政治权威、多元制衡、法律支配、多元理性，强调政府手段，追求公共利益”[4]。随着追求政府效率和政府服务质量的提升，在 20 世纪 70 年代掀起新公共管理运动后又提出了新公共管理理论。新公共管理理论是在公共管理理论的基础上发展而来的，认为“那些已经和正在为私营部门所成功地运用着的管理方法，如绩效管理、目标管理、组织管理、人力资源开发等并非为私营部门所独有，它们完全可以运用到公有部门的管理中”[5]。规制理论本身与公共管理理论存在诸多共通之处，在行为手段中，公共管理的行为手段亦为行政规制的规制方式；在目标上，两者均为实现政府福利、资源配置等。

[1] 施堃 . 生态地产的技术发展和管理模式 [M]. 上海：上海财经大学出版社，2013：45.
[2] 张磊，张文 . 卫生管理行为学 [M]. 西安：陕西科学技术出版社，1987：184.
[3] 余芳，刘绍君 . 公共管理学 [M]. 长春：吉林大学出版社，2014：3.
[4] 朱道林 . 土地管理学 [M].2 版 . 北京：中国农业大学出版社，2016：56.
[5] 赵艳霞 . 公共管理学 [M]. 哈尔滨：哈尔滨工程大学出版社，2016：47.

（三）公共利益理论

公共利益理论可以追溯至庇古（A.C.Pigou）和萨缪尔森（Paul Samuelson）对福利经济学的研究。其是市场经济领域的概念，认为“在市场经济条件下，市场中很容易出现‘失灵’的现象，如果放任其自由发展，非常容易导致低效率和不公正，可以通过对其进行监管，尽量减少甚至消除市场失灵，以达到资源有效配置、保护社会公共利益的目的，提高公共福利”[1]。在公共利益理论中，竞争性的市场或许不能提供有效率的公共物品和生产水平，这是因为不能排除任何未付费的人搭便车和对偏好的误读，而且没有能力为提供公共物品给予充分的回报。立法者会有目的地寻求国家的普遍福利，每一个立法者都在为公共利益的界定而努力。在 20 世纪 70 年代后，在公共利益理论的基础上，也诞生了更为具体的规制公共利益理论，认为“规制是政府对公共利益需求的反应，其目的是在于通过弥补市场失灵，提高资源配置效率，以增进社会福利”[2]。

（四）去中心化理论

去中心化是指“非由某个人或某个群体主体，而是众人集体参与、共同决定”[3]。在 20 世纪 70 年代，国家垂直式监管的有效性开始面临危机，从“管理到治理”逐渐转变的过程中，规制理论也在一定程度上得到了重构。“‘去中心化’视角便是对规制的含义进行了扩展，对规制的性质和功能机制进行了新的解释。”[4] 高度依赖强制性的命令与控制式的规制，往往会导致规制不适当、规制不被认可等问题，而且“中心化的规制导致国家可能利用其规制权力建立媒体垄断的风险”[5]。因此，在规制理论中便引入了去中心化理论，去中心化理论强调规制是非单一核心的，而需要多元主体。在去中心化规制理论下，可通过政府与社会各部门互动的规制模式，规制者与被规制者相互影响、适应、平衡，在互动过程中以实现规制目的。

（五）规制俘获理论

规制俘获理论是在“经济学家对规制的历史回顾以及对现实规制的实证研究基础上产生的”[6]，认为“政府规制是为满足产业对规制的需求而产生的，即立法者被产业所俘获；而规制机构最终会被产业所控制，即执法者被产业所俘获”[7]。依据规制俘获理论，政府进行规制仅仅是代表某一特定利益主体，政府规制的目的不是以社会公共利益，而是特定利益主体寻租的结果。规制俘获理论总体上增强了反政府规制的倾向，其危机在于“规制者被俘获，规制者给所规制的企业以恩惠。换言之，规制者提升了生产者的利益而非消费者利益”[8]。因此，规制俘获理论对规制政策如何科学地制定和实施具有重要影响。

---

[1] 姜楠 . 信用评级机构监管研究：后危机时代 [M]. 北京：经济日报出版社，2014：33.
[2] 王淑珍，等 . 资产评估前沿问题——准则与质量控制 [M]. 北京：中国市场出版社，2007：6.
[3] 刘然 . 互联网金融监管法律制度研究 [M]. 北京：中国检察出版社，2017：153.
[4] 张文锋 . 走向治理：媒介融合背景下西方传媒规制理性与实践 [M]. 成都：西南交通大学出版社，2015：15.
[5] 杰克・斯奈德 . 从投票到暴力：民主化和民族主义冲突 [M]. 吴强，译 . 北京：中央编译出版社，2017：55.
[6] 高华云 . 经济学视野下的利益集团理论研究 [M]. 武汉：华中师范大学出版社，2013.
[7] 蔡秀云 . 产业经济学 [M]. 北京：经济日报出版社，2007：174.
[8] 罗伯特・鲍德温，马丁・凯夫，马丁・洛奇 . 牛津规制手册 [M]. 宋华琳，等，译 . 上海：上海三联书店，2017：26.

（六）信息不对称理论

信息不对称理论是20世纪60年代由约瑟夫·斯蒂格利茨（Joseph Stieglitz）、乔治·阿克尔洛夫（George Akerlof）和迈克尔·斯彭斯（Michael Spence）三位经济学家提出的，他们认为“市场经济活动过程中对企业实际情况的了解水平在企业内部和外部人员之间存在差异，即企业内部和外部的各类人员中存在信息不对称的情况”[1]。简单而言就是在市场经济活动中，市场主体获得的信息是不同的。而这种不完备的市场信息往往会导致无效率的市场选择和结果。由于市场生成的相关信息可能不足，“掌握信息比较充分的人员，往往处于比较有利的地位，使其在交易中获得更高收益；而信息贫乏的人员，则处于比较不利的地位，其在交易中付出的成本或遭受的损失会更多”[2]。在这种情况下，造成了道德风险和逆向选择问题，道德风险是指“交易双方在协议签订后，由于信息的不对称，信息优势方损害信息劣等方的利益，从而增加自己利益的行为”[3]；逆向选择是指“买卖双方在信息不对称的情况下，品质劣等的商品总是将品质良好的商品驱逐出市场”[3]。要想减少信息不对称对经济造成的危害，就需要政府在市场经济中适用行政规制手段予以管控。

（七）规制空间理论

规制空间理论是规制的根据论，由英国学者汉彻和莫兰提出，认为“要占有规制权并有能力实施规制，需要有相关的资源，而资源呈现分散化或碎片化的样态。这些资源分散在政府主体与非政府主体之间”。该理论认为“规制中包含着不同权利主体之间复杂的相互依赖与讨价还价”[4]，也可以根据受公众决定影响的规制议题范围，来对规制空间进行界定。科林戴弗将其分为透明性、可及性、一致性这三个维度。透明性是指规制规则应当按照定义明确且普遍接受的含义原则来使用词句，从而能为其受众理解；可及性是指将规则适用于目标情形的难易程度；一致性涉及的则是规则和潜在政策目标之间的关系。

（八）市场失灵理论

市场失灵理论是在质疑亚当·斯密提出的自由市场学说的基础上发展而来的。市场失灵理论是指“市场机制及其作用因多种原因具有其局限性，难以发挥作用”[5]。在理论和实践层面，市场失灵主要有四种原因，即“市场支配力、外部性、公共物品和不完备信息”[4]。市场支配力是指垄断企业“凭借其控制的巨额资本、足够的生产经营规模和市场份额，通过协定、同盟、联合、参股等方法，操纵与控制一个或几个部门的商品生产和流通”[6]；外部性是指“生产者或消费者的行为对社会上其他人产生有利或不利

[1] 闫丽萍．企业环境会计信息披露研究 [M]. 北京：知识产权出版社，2016：42-43.
[2] 蔡文英．公司治理与独立审计的互动性研究 [M]. 广州：暨南大学出版社，2017：18.
[3] 徐为列．微观经济学 [M]. 杭州：浙江工商大学出版社，2015：226-227.
[4] 罗伯特·鲍德温，马丁·凯夫，马丁·洛奇．牛津规制手册 [M]. 宋华琳，等，译．上海：上海三联书店，2017：311.
[5] 邢天才，王玉霞．证券投资学 [M]. 沈阳：东北财经大学出版社，2003：333.
[6] 张治中．网络“意见市场”的失灵与规制 [M]. 北京：中国广播电视出版社，2017：21.

的影响，却没有获得相应的回报或承担相应的成本”[1]，外部性会加强损失或者带来收益；公共物品是指“在消费过程中无排他性又无竞争性的物品”[2]，正是由于公共物品的非排他性和非竞争性会导致人们在不支付生产成本的情况下，通过公共物品的提供而获得利益，结果会导致生产者无法获利而放弃提供公共商品；不完备信息即是信息不对称，“会导致无效率的市场结果和选择”[3]。

二、行政规制相关范畴理论

由于行政规制的内涵丰富，想要准确把握行政规制，就应该首先准确把握行政规制与相关概念之间的关系。

（一）行政规制与宏观调控

在早期的经济理论中，认为行政规制与宏观经济调控是等同的。在现在看来，“广义的规制包括宏观调控”[4]，但具体的行政规制与宏观调控是两个不同的概念。宏观调控是“现代国家从社会经济的宏观和总体角度，运用计划、经济政策和各种调节手段，引导和促进社会经济，影响社会经济结构和运行，维护和促进经济协调、稳定和发展的一种国家调节基本方式”[5]。宏观调控是“间接的、总量上的调控”[6]，是一种宏观规制，旨在解决社会经济的宏观、总体和全局性的问题；而行政规制是“直接的、个量上的管制”[6]，是一种不具一般性的微观规制，主要借助法律和相关规定直接作用于企业。可见，“政府规制不具有宏观调控的一般性，而是个量的差别管理，是一般中的特殊，直接作用于市场主体的过程”[7]。此外，两者在规制目标和规制手段上也存在差异。在规制目标上，宏观调控的目标侧重于经济稳定增长、物价稳定、充分就业、国际收支平衡；行政规制的目标侧重于反垄断、反不正当竞争、治理污染、保护环境等。在规制手段上，宏观调控以经济手段为主，行政手段为辅；行政规制以行政手段为主，经济手段和法律手段为辅。总的来看，行政规制和宏观调控在纠正市场方面相辅相成，两者从微观和宏观两个层面能够有效互补地纠正市场失灵，“微观规制为宏观调控奠定微观基础，宏观调控为微观规制创造良好的环境”[8]，但两者在运行机制、规制目的、规制手段等方面都存在巨大差异。

（二）行政规制与精巧规制

行政规制与精巧规制是两个不同的概念。精巧规制理念是由甘宁汉和格拉博斯基提出的一种规制理念，主张在规制多元化的社会中寻找最理想的规制方式组合。精巧规制是“一种灵活性、想象力及创造性于一体的社会控制方式，它不仅发挥了政府的作用，

[1] 徐为列 . 微观经济学 [M]. 杭州：浙江工商大学出版社，2015：226.
[2] 张治中 . 网络“意见市场”的失灵与规制 [M]. 北京：中国广播电视出版社，2017：32.
[3] 罗伯特・鲍德温，马丁・凯夫，马丁・洛奇 . 牛津规制手册 [M]. 宋华琳，等，译 . 上海：上海三联书店，2017：72.
[4] 肖竹 . 竞争政策与政府规制：关系、协调及竞争法的制度构建 [M]. 北京：中国法制出版社，2009：25.
[5] 漆多俊 . 宏观调控法研究 [M]. 北京：中国方正出版社，2003：10.
[6] 张敬礼 . 中国食品药品监管理论与法制实践 [M]. 北京：中国法制出版社，2009：80.
[7] 魏婧 . 我国政府规制理论研究 [J]. 现代经济信息，2013（16）：62，65.
[8] 李树榕，王敬超，刘燕 . 文化资源学概论 [M]. 南京：东南大学出版社，2014：195.

也利用了企业和第三方主体的力量”。在精巧规制理念中，既包含自我规制理念，也包含合作规制等相关理念。精巧规制的核心理念认为“相较于单一规制工具和单一规制主体，多重政策工具与多元规制主体能实现更好的规制效果”[1]。因此，精巧规制往往通过各种政策工具、各种参与者之间的互补组合，实现针对具体规制问题打造专业化的规制方式。与其他规制理念相比，精巧规制以更为开拓的规制视野，关注各主体、各因素对规制的影响，强化非政府主体的规制能力和空间，弱化政府的规制能力和空间。总的来看，精巧规制是在社会问题更加复杂化、规制理论更加多元化、传统规制理念弊端日趋严重的情况下提出的一种新的理念，其在规制手段、规制方式、规制执法等层面都对现有的行政规制带来一定的冲击，同时也是推动行政规制不断完善的一种辅助力量。

（三）行政规制与元规制

行政规制与元规制是两种完全不同的规制路径。元规制是指“外部规制者有意促使规制对象本身针对公共问题，作出内部式的、自我规制性质的回应，而不包括外部规制者的无意而为”。在元规制下，政府不去直接规制企业行为，而是对个别企业的风险管理体系进行规制，即“规制的首要任务不再是政府检查人员来检查是否符合规则，而是更多地鼓励产业界设置自己的内部控制与管理体系，规制者对这种体系实施监督”。在规制方式上，“元规制并非以规定性的方式进行规制，而是努力通过法律来刺激企业的内部组织模式，以鼓励企业对其自身规制绩效进行自我批判式的反思”。总的来看，元规制是对自我规制的观察与反思，其最基本的形式是政府部门或规制机构对私人或自我规制体系进行观察，在此基础上认为后者的成果基本令人满意，抑或需要对后者进行干预，这种干预并非直接而为，而是对后者予以调控或激励，令其遵循特定的活动方式。在元规制体系下，行政人员首要角色为保持距离的规制，依靠被规制组织自身设置适宜的体系和监督机制，同时采取必要的措施，确保这些机制得以有效运行。

（四）行政规制与管制

规制与管制均由英文“Regulation”翻译而来，但两者存在巨大差异。管制是由“行政机构制定并执行的直接干预市场配置机制或间接改变企业和消费者的供需决策的一般规则或特殊行为”[2]。行政规制与管制的侧重点不同，管制的实质在于发挥政府命令的作用，管制只强调管制者的所作所为，从而排除市场主体的自我约束作用。管制是国家强制权力作用的表现，管制突出管理，强调的是政府对社会事务的直接控制，它更具有强制性的特点。规制与管制的具体区别主要有以下四点：“首先，在规制的依据上，前者依据的是法律、法规的正式规定，后者则不能完全保证具有这种依据，有时甚至是一种政府随机的、只是出于政府本身愿望的任意行为；其次，在规制的内容上，前者必须体现出保证社会公正、公平的内涵，充分体现一视同仁的原则，后者则不能保证这一

[1] 罗伯特·鲍德温，马丁·凯夫，马丁·洛奇．牛津规制手册[M].宋华琳，等，译．上海：上海三联书店，2017：146.
[2] 丹尼尔·F.史普博．管制与市场[M].余晖，等，译．上海：上海人民出版社，2008：48.

点，有时甚至完全是一种倾斜的行为（如对国有企业的照顾和优待）；再次，在规制的程序上，前者有固定的程序，而且这些程序是完全公开、透明的，后者则没有严格的固定程序，又不能做到完全公开、透明，暗箱操作的成分比较大；最后，在规制的结果上，前者充分考虑了政府公务员在执行法律法规时有可能出现的非理性行为，因而建立了固定的纠错机制，确定了法定的纠错措施（‘对规制者的规制’），而后者则不能保证有这种纠错机制和纠错措施。”[1] 总的来看，管制是与计划经济体制相适应的，突出行政权的强制作用，而规制则具有规范、管理、监督之意，相比较管制和监管更为全面，更具时代特征，更符合市场经济体制的要求。

（五）行政规制与产业政策

产业政策是指“一个国家或地区为实现其一定时期的经济发展目标，而制定的相应的发展、限制产业的目标及保障实现这些目标的各项政策所组成的政策体系”[2]，包括“产业结构政策、产业技术政策、各大产业政策、产业布局和产业组织，以及其他对产业发展有重大影响的政策和法规”[3]，其一般“以各个产业为具体对象，保护和扶植某些产业，调整和整顿产业组织，其目的是改善资源配置，实现经济稳定与增长，增强国际竞争力，改善和保护生态环境等”[4]。与产业政策相比，“规制主要是为了纠正或化解市场失灵问题，产业政策的着眼点则在于发展或赶超；规制是政府事先设定一定的规则，让企业选择相应的行为来实现一定的社会目标，实施产业政策时，政府一般不会干预特定企业的行为，而是调节产业的结构或绩效”[5]。可见，行政规制“只能规制那些市场机制不能发生作用的特定的产业部门，其作用的性质是弥补市场的缺陷。产业政策实际上是国家按照自己涉及的产业结构来分配资源，其作用的性质是干预市场对资源的配置”[6]。

第四节　行政规制体系

行政规制体系包括行政规制的主体、客体、手段、特征、控制原则。

一、行政规制的主体

行政规制的主体一般是指“为了实现规制目的而采取措施的行为主体”[7]。

[1] 戴建军，田杰棠 . 互联网新兴业态规制研究 [M]. 北京：中国发展出版社，2017：21-22.
[2] 郑翔 . 宏观调控法 [M]. 北京：北京交通大学出版社，2017：33.
[3] 李桂荣 . 产业经济学 [M]. 沈阳：辽宁人民出版社，2008：242.
[4] 郑翔 . 宏观调控法 [M]. 北京：北京交通大学出版社，2017：34.
[5] 白让让 . 供给经济学：理论与中国视角 [M]. 上海：上海人民出版社，2016：120.
[6] 汤在新 . 宏观调控和微观规律、产业政策 [J]. 当代经济研究，2000（5）：39-42，71.
[7] 程景民 . 食品安全行政性规制研究 [M]. 北京：光明日报出版社，2014：28.

（一）主体的范围

行政规制的主体在范围上主要有三种观点。

1. 广义论

广义论认为行政规制是政府为了实现特定的公共利益而对公民的自由和权利进行限制的活动，此时的政府作广义的解释，既包括立法机关和司法机关，也包括行政机关。

行政机关就是“通过强制和非强制手段对国家事务和社会公共事务进行有效组织和管理的机关”[1]，在行政规制领域，主要体现在“行政机关对规制机构成员的行政监督和对规制政策的审核方面”[2]；立法机关是指“立法作为自己的唯一职能或者主要职能，依法行使立法权，制定、认可、修改、解释、补充、废止法律的国家机关”[3]，在行政规制领域，主要体现在“制定规制相关法律、审批规制机构的预算要求、监督规制机构的运作等方面”[4]；司法机关是指“享有司法权，运用法律进行裁判或监督法律实施的国家机关”[5]，在行政规制领域，主要体现在“当规制机构采取不当的规制措施和政策而引起经济主体的法律诉讼时，采取公正的法律裁定措施，以此监督规制机构的行为并保护经济主体合法的利益”[5]。

2. 狭义论

狭义论认为行政规制就是行政机关所进行的管理和调控活动，行政机关指的是狭义的政府，不包括权力机关和司法机关。

政府同样指的是对国家各项事务进行组织与管理的国家机关，其规制权来源于行政授权或行政委托，前者主要是依据法律、法规对规制权的最初设定；后者主要是出于规制需要，通过委托其他机关行使规制权。在不同的规制领域，行使规制权的机关又有一定的差异。例如，在食品安全的规制领域，行政规制主体是“国务院所属部门及直属机构如国家食品药品监督管理总局、农业部、商务部、国家质检总局、国家卫计委等”[6]。

3. 第三种观点

第三种观点认为行政规制的主体不应当局限于行政机关，而是进一步包含了授权主体和具有公共事务管理职能的其他组织，“可以涵盖综合性的政府部门、独立的规制机关和授权的非政府组织等不同的行使规制权的主体”[7]。

这种观点是建立在广义论和狭义论都存在一定不合理的基础上。对于广义论而言，立法机关在规制过程中“着重于实体规制，重视标准的设定和权利的分配。但是，立法

[1] 何翔舟 . 政府经济管理学 [M]. 杭州：浙江大学出版社，2009：129.
[2] 李树榕，王敬超，刘燕 . 文化资源学概论 [M]. 南京：东南大学出版社，2014：201.
[3] 魏海军 . 立法概述 [M]. 沈阳：东北大学出版社，2013：111-112.
[4] 李树榕，王敬超，刘燕 . 文化资源学概论 [M]. 南京：东南大学出版社，2014：201.
[5] 周伟，谢维雁 . 宪法教程 [M]. 成都：四川大学出版社，2012：217.
[6] 程景民 . 食品安全行政性规制研究 [M]. 北京：光明日报出版社，2014：31.
[7] 江必新 . 法治社会的制度逻辑与理性构建 [M]. 北京：中国法制出版社，2014：83.

机关因为其行为的宏观性并不直接监督和管理经济主体的活动”[1]；司法机关在规制过程中同样也是通过司法程序间接进行规制，“它一般不直接介入经济主体的决策，仅制约阻碍市场机制发挥作用的行为”[2]。因此，行政规制应当摆脱立法规制和司法规制的束缚，重点关注行政主体的动态规制过程。对于狭义论而言，在行政机关规制的基础上，也出现了“跨国层面的非政府组织”[3]“公共规制的组织”[4]等。在这种情况下，第三种观点就主张在行政法学的视角下，将行政规制的主体在行政机关的基础上扩充一些具有行政法人格的法律实体。

总的来看，在行政规制主体的确定上，广义论和狭义论都在一定程度上分别扩大和限缩了行政规制的主体范围。立足于中国语境，行政规制的主体采取第三种观点较为适宜，能够凸显行政规制在主体上的行政性属性。但是也需要注意，依循规制主体的“独立性，可问责性，透明和公众参与，可预见性，角色的明确性，规则的完整性和明确性，合比例性的适用，必要的权力，适宜的机构特征，行为的廉洁”[5]等要求，行政规制主体在范围上仍存在完善空间。

（二）主体的功能

主体的功能即为行政规制主体的功能预设，主要体现在规制依据和规制实施两部分。

1. 规制依据

行政规制强调必须依据一定的规则，即规制主体也需要制定明确、具体的规制依据，这种规制依据主要来源于法律规范、行政规范性文件、规制标准等。

其一，法律规范。这种法律规范主要指向于行政规制的立法，来源于整个立法体系，行政规制的主体主要以行政立法的方式予以参与，即为了实现规制目的，“依据宪法、法律规定的权限和程序，制定有关公共行政事务或与公共行政活动有关的事务的、具有一定法律效力的规范性文件的活动”[6]。通过立法程序确立的行政规制法律规范便成为行政规制主体实施规制的依据。

其二，行政规范性文件。行政规范性法律文件是指“国家行政机关制定除行政法规、规章以外的具有普遍约束力的决定、命令，规定行政措施等其他行政规范性文件”[7]。这类文件同样由行政规制主体依职权制定，具有规范性和反复适用性，适用于具体规制中，其在表现形式上主要表现为创制性文件、解释性文件、指导性文件等。

其三，规制标准。规制标准是指“技术标准化机构制定的标准，如国际标准化组织（ISO）及在相应领域、地区和国度，由对应机构制定的标准”[5]。其往往由行政规制

[1] 江必新 . 法治社会的制度逻辑与理性构建 [M]. 北京：中国法制出版社，2014：81.
[2] 卢颂华 . 美国放松规制改革的发展与启示 [J]. 行政论坛，2002（3）：79-81.
[3] 科林 · 斯科特 . 规制、治理与法律：前沿问题研究 [M]. 安永康，译 . 北京：清华大学出版社，2018：242.
[4] 王雅莉，毕乐强，冯文成 . 公共规制经济学 [M]. 北京：中国商业出版社，2001：117.
[5] 罗伯特 · 鲍德温，马丁 · 凯夫，马丁 · 洛奇 . 牛津规制手册 [M]. 宋华琳，等，译 . 上海：上海三联书店，2017：115.
[6] 夏书章，王乐夫，陈瑞莲 . 行政管理学 [M].6 版 . 广州：中山大学出版社，2018：288.
[7] 张永华 . 行政法学 [M]. 广州：广东高等教育出版社，2008：72.

主体去设定具有强制约束力的规制标准，在性质上分为公共标准和市场标准。要注意的是，“标准的性质、内容及制定过程，都同标准的适用及其效果有着密切的关联。标准制定过程中的某些重要特征能够影响标准的质量及其合法性，这两者对于标准的实施十分关键。行政规制主体在制定行政标准的时候，要注重行政的专业化知识与信息决策的能力。”[1]

2. 规制实施

规制的实施是指行政规制主体依循规制依据“直接作用于市场主体的过程”[2]，主要包含行政规制的决策和行政规制的执行两部分。

一方面，行政规制的决策。行政规制的决策是指行政规制主体“针对特定事件或案例所作出的最终决定”[3]。例如，费率确定、颁发执照和许可证等均属于决策过程，这种决策往往会以行政裁决形成命令的形式予以展现。行政规制决策是“体现多数人意志以及保障和实现多数人利益并使之规范化的过程，这个过程包括确定目标、收集信息、拟订方案、作出决定、规范监督、责任追究等”[4]。

另一方面，行政规制的执行。规制执行是指“基于规制制定旨在保证规制完整全面执行的监督管理活动”[5]。行政规制的执行实际上是行政执法的一部分，在规制的过程中，行政规制的主体要保持“简化、负责、透明、高效以及中立的原则”[6]，避免利益冲突，侧重规制的激励性和引导性作用。

二、行政规制的客体

客体是“权利和义务所指向的目标，也是权利和义务的媒介”[7]。行政规制的客体即为行政规制法律关系所指向的对象。

（一）客体的范围

对于行政规制的客体，学界中出现了多种论说，并未形成统一的观点。正是对于规制的范围存在认识上的差异，因此导致了规制客体存在不确定性。

1. “守法情况”说

“守法情况”说认为行政规制的客体为“相对方遵守法律、法规、规章，执行行政命令、决定的情况”[8]。这种学说属于早期的行政监管的论述，即通过对行政相对方的公民、法人与其他组织的守法情况进行管理，以实现规制的目的。例如，工商行政监督、质量技术监督等。当前行政管理已成为行政规制的一部分，其客体已不能完整涵摄行政规制的客体。

[1] 罗伯特·鲍德温，马丁·凯夫，马丁·洛奇．牛津规制手册 [M]. 宋华琳，等，译．上海：上海三联书店，2017：116.
[2] 李杉．中国传媒产业规制及其演进研究 [M]. 北京：中国传媒大学出版社，2017：59.
[3] 凌岚．公共经济学原理 [M]. 武汉：武汉大学出版社，2010：270.
[4] 滕月．中国食品安全规制与改革 [M]. 北京：中国物资出版社，2011：142.
[5] 管晓永．中小企业信用管理理论研究（宏观篇）[M]. 杭州：浙江大学出版社，2014：208.
[6] 徐京悦．WTO 与政府规制——适应 WTO 要求的中国政府规制改革模式探索 [M]. 长春：吉林大学出版社，2005：215.
[7] 张焕光，胡建淼．行政法学原理 [M]. 北京：劳动人事出版社，1989：63.
[8] 张骐．论完善法治化的法律监督体系 [J]. 中外法学，1998（6）：70-75.

2. “市场经济主体”说

“市场经济主体”说认为行政规制的客体就是被规制者，即为市场经济的主体。但在市场经济的主体确定上，存在细微差异。有的学者认为行政规制的客体是“市场经济活动中的经济主体”[1]，包括企业和消费者（个人），但主要是企业；有的学者认为行政规制的客体是“产业、企业等市场主体”[2]；有的学者认为行政规制的客体是“个人、企业和社会团体等特定的经济主体”[3]。“市场经济主体”说均认同行政规制的客体是参与市场经济的主体，其中企业是一致认同的，但个人、行业、社会团体等主体的确认存在差异。

3. “经济活动”说

“经济活动”说认为行政规制的客体是市场主体的经济活动，即有的学者认为行政规制的客体是“市场经济主体（特别是企业）的活动”[4]。该学说强调规制的客体是特定主体的行为，由行政规制的主体依据法律法规对上述行为进行约束、限制和规范。这一学说同样建立在经济规制的范畴内，所涉客体均为市场经济主体的行为。

4. “主体和行为”说

“主体和行为”说认为行政规制的客体是特定主体和行为，即有的学者认为行政规制的客体是“市场经济主体（特别是企业）及其活动和市场经济关系”[5]；有的学者认为行政规制的客体是“市场主体及其市场行为”[6]。该学说认为行政规制的客体是由特定主体和行为两部分构成，对特定主体的规制主要指向于市场准入、市场主体资格限制等方面；对特定行为的限制指向于市场主体参与市场活动的行为。

总的来看，“守法情况”说过于狭隘，已经不适应现代规制理论的需求；“市场经济主体”说和“经济活动”说又存在一定的片面性，对于规制理论而言又不够完善。而“主体和行为”说在一定程度上融合了“经济主体”说和“经济活动”说的观点，内容上更为完整。因此，行政规制的客体以“主体和行为”说更为合适。但是，我们也要注意，上述学说均建立在经济规制领域，行政规制的发展已经不再局限于经济性规制，以确保国民生命安全、防止灾害、防止公害、生命和保护环境为目的的社会性规制已成为行政规制的一部分，其相对应的主体和行为亦为行政规制客体的一部分。

（二）被规制者的义务

被规制者作为行政规制的客体，其义务指在行政规制过程中被规制主体面对规制主体所应承担的义务，主要指向遵守契约和接受规制审查两部分。

[1] 程景民 . 食品安全行政性规制研究 [M]. 北京：光明日报出版社，2014. 刘世松，卜建华 . 葡萄酒产业经济学 [M]. 北京：中国轻工业出版社，2017：192. 朱涛 . 现代产业经济学 [M]. 郑州：河南大学出版社，2016：117. 李致平，洪功翔 . 现代微观经济学 [M].3 版 . 合肥：中国科学技术大学出版社，2013：268.

[2] 崔永梅 . 并购市场指数：基于生态学的公司控制权市场演化 [M]. 北京：中国经济出版社，2010：103.

[3] 冯志强 . 中国经济发展论 [M]. 北京：中国经济出版社，2003：115.

[4] 徐德信 . 公共经济学 [M]. 合肥：中国科学技术大学出版社，2011：126.

[5] 王雅莉，毕乐强，冯文成，等 . 公共规制经济学 [M]. 北京：中国商业出版社，2001：11.

[6] 江必新 . 论行政规制基本理论问题 [J]. 法学，2012（12）：17-29.

1. 遵守规制契约

规制契约是指“规制机构通过与受规制的企业签订合同的方式，就与产品价格和成本有关的一系列指标作出约定，并视企业执行约定的情况由规制机构采取相应的奖励和惩罚措施，从而激励企业降低成本、节约能源、保护环境和提高服务水平”[1]。规制契约的主要表现形式为契约合同，“以自我规制为主，以强制实施为保证和补充，促进契约合同有效执行”[2]。因为规制本身是一个协商的过程，其间涉及关系、谈判、策略性行为和裁量，还要面对不确定的交易成本，所以规制者与被规制者必须通过协商的方式订立规制合同，当然所订立的合同必须为双方所遵守。更有甚者认为，规制实际上是市场主体与公权机关的契约结果，被规制者的义务是遵守与公权机关的契约。

2. 接受规制审查

规制审查是指规制的合规性审查，即对被规制者的行为“进行审查并判断的过程”[3]。一般来说，被规制者都要接受规制者的审查，主要体现在两个方面。一方面，规制审查主要聚焦被规制者的履行情况。被规制者必须能够将其规制的履行情况提供给规制者进行审查，必要的时候应提供相应的材料和说明。另一方面，规制审查的制裁。基于合规性的要求和可问责性的主体地位对被规制者进行审查，一旦不符合规制者的规制要求，被规制者必须要承担一定的法律责任。

三、行政规制的特征

行政规制的特征主要表现为强制性、约束性、分散性、动态性等。

（一）强制性

强制性也可称为强制约束性，是指行政规制主体凭借自己的规制权对被规制主体的行为予以限制、约束和控制，被规制主体不得以个人意志予以变更和排除。行政规制本身就是通过对主体和行为进行约束以实现规制目的，对于市场主体而言，“当不存在这些规制时，市场主体可以在法律许可范围内自由从事经营活动；当实行这些规制时，原来的合法经营行为可能变成了规制对象”。例如，市场价格，其本身属于市场竞争的结果，当不存在行政规制时，市场主体可以自由定价，一旦政府对市场价格进行规制而实施政府定价或最高限价时，那么市场主体必须依循政府的规制措施调整定价，这种规制“是对自由市场行为的一种直接的约束和规范，具有高度权威性和强制性”[4]。这种强制性基于规制主体的权威性，同时附带强制力予以保障，这种强制性保障更多是由国家强制力予以背书，一旦被规制者不遵守，就会面临制裁措施。

[1] 徐晓慧，王云霞．规制经济学 [M]. 北京：知识产权出版社，2009：367-368.
[2] 孙亚琴．私有资本参与、价格规制、契约实施与产业绩效：基于中国自来水产业的理论与实证研究 [M]. 南京：河海大学出版社，2015：61.
[3] 俞江．规则的一般原理 [M]. 北京：商务印书馆，2017：321.
[4] 刘轩．日本电信产业规制研究 [M]. 天津：天津人民出版社，2010：35.

（二）约束性

约束性指的是规制机构的约束性，即行政规制主体需要对自身行使规制权进行一定约束。这种约束性来源于规制主体的地位，由于规制是“规制者与规制对象的一种互动活动、博弈过程，政府部门依据有关法规规范、约束和限制企业行为，企业也可能通过游说、公共关系、人事关系、贿赂等方式影响政府的规制，使之对自己有利”[1]。规制者、企业、消费者之间就形成了一种相互制约、互相博弈的关系。但在这种规制机制下，行政规制主体往往会跳脱这种规制机制而成为规制的规则制定者，“政府在凭借自身的强制力或各种资源优势直接对经济活动进行干预，即实施规制时，已经超越了原来意义上的‘守夜人’角色，而转化成为追求自身价值目标的博弈者一方”[2]。所以，必须对规制主体进行一定的约束，通过三者良好的互动关系促进行政规制的合理化运作。

（三）分散性

分散性指的是规制体系的碎片化，即行政规制是由分散的规制主体实施的，并非由统一的规制主体集中统一行使规制权。这种分散性是普遍存在的，即使是在包含制定法律规则、监督与适用正式制裁的传统规制机构模式下。在行政规制中主要体现在三个方面。其一，表现为“规制部门多元化”[3]，大量的规制主体能够行使规制权，这些规制权在行使的过程中可能存在冲突和重复。其二，表现为规制权的分散行使。在具体规制中，往往由不同的主体分别行使规则制定权、规制决策权、规制执行权等。其三，其他规制主体的兴起。随着规制的精细化，越来越多“公共规制组织”[4]“超国家规制组织”[5]开始出现，进一步分散了规制空间。

（四）动态性

动态性指的是行政规制的动态性调整，即行政规制主体在行使规制权的过程中会动态调整规制措施。“规制是相对于市场失灵而作出的特殊回应，会随着市场竞争体制的变化、内容的变化、一定时期的国际政策导向的变化而变化。”[6]行政规制的动态性主要源于两个方面。一方面，源于规制的依赖性。“任何规制都不是独立存在的，规制作用的大小和规制的价值取向依赖于一定的政治经济体制”[2]，一旦建立在这种政治经济体制下的利益需求变动，那么行政规制也会随之变动。另一方面，源于规制目的的实现。规制的作用对象是微观行为，其中必然蕴含着具体的规制目的，一旦这种规制目的得以实现，规制也势必会随之调整。

四、行政规制的控制原则

行政规制的控制原则是指对行政规制有效控制和调节的原则，主要是正当程序原

[1] 张小梅，王进．产业经济学 [M]. 成都：电子科技大学出版社，2017：162.
[2] 刘轩．日本电信产业规制研究 [M]. 天津：天津人民出版社，2010：35.
[3] 郑世卿．产业组织视角下的中国旅游业 [M]. 上海：上海社会科学院出版社，2013：171.
[4] 王雅莉，毕乐强，冯文成，等．公共规制经济学 [M]. 北京：中国商业出版社，2001：117.
[5] 阿努拉·古纳锡克拉，塞斯·汉弥林克，文卡特·耶尔．全球化背景下的文化权利 [M]. 张毓强，等，译．北京：中国传媒大学出版社，2006：57.
[6] 邢丽娟，李凡．服务经济学 [M]. 天津：南开大学出版社，2014：186.

则、效益性原则、公开透明规制原则等。

（一）正当程序原则

正当程序原则指的是“权力主体在行使权力行为的过程中应当遵循法定且合理的方式、方法及步骤”[1]。该原则建立在行政规制具有科学性和合法性的基础上，科学性是指“规制是否遵循了市场规律，是否能够取得预期效果”；合法性是指“规制是否有法律依据，是否遵循了合法程序，社会公众是否自愿服从行政机关的规制决定”[2]。合法程序即是正当程序原则的要求，“正当程序的原理强调对参与程序的保障，通过参与程序的设定和运作，尽可能广泛地听取具有多元价值观、处于不同利害关系中的个人以及集团的意见，以求得对各利害关系人之间的利益加以调整”[3]。在正当程序原则下，既可以保证规制必须依循正当的程序进行，也可以通过构建“‘伙伴—平等式’程序”[2]保证被规制主体与利益相关人的参与权，“能够将分散在各地的不同人汇集在一起，共同交流信息和知识，提供和讨论不同的可能方案，最后获得最佳的解决方案”[4]。

（二）效益性原则

效益性原则指的是“以既定的投入获得更多的产出或以较少的投入获得同样多的产出”，在行政规制的过程中往往会以效益性原则进行考量。尤其是在社会性规制中，外部性和信息不对称是引起行政规制的必要条件。外部性是指“一定的市场行为对外部的影响”，信息不对称主要是指“市场交易者相互之间的信息不对称”。但是两者所引起的行政规制有两个层面的意思：其一是“外部性和信息不对称的存在导致了市场失灵，行政规制才有必要”；其二是“行政规制未必总是能弥补市场的缺陷”。基于此，需借助效益原则实现对行政规制行为的制约，效益原则表现为：“市场竞争机制能够有效自行调节的领域，行政机关不应当介入；行政规制的成本应当小于市场失灵的成本；行政规制可以弥补市场失灵的缺陷时，行政机关应当在多种可供选择的规制措施中选择符合效益最大化原则的一种”[4]。

（三）公开透明规制原则

公开透明规制原则指的是“公开透明的行政监管促使监管对象和社会公众对公共利益和私人利益产生确定性的预期，增强监管对象和社会公众对自身预期和自身行为负责的意识”，以达到被规制主体和社会公众信任规制主体的目的。公开透明原则要求整个规制过程“规范化、明确化、公开化、透明化”[5]，其中明确化和规范化是透明化的基础，公开化是透明化的手段，而透明化是公开化的目的，也即规制规则的透明化是整个规制活动透明化的基础，依据透明化的规制规则，开展规制活动，其规制的过程和规制结果才能达到透明化。透明化的规制规则和规制活动，有助于避免规制者垄断决策权和

[1] 李道军．法理学要论 [M]. 北京：知识产权出版社，2013：283.
[2] 王柱国．论行政规制的正当程序控制 [J]. 法商研究，2014（3）：23-31.
[3] 杨建顺．论科学、民主的行政立法 [J]. 法学杂志，2011（8）：19-27.
[4] 杨建华．对规制者的规制——兼谈行政规制的效益原则 [J]. 山西大学学报：哲学社会科学版，2004（5）：63-67.
[5] 白彦，张怡超．保险消费者权利保护研究 [M]. 北京：中国法制出版社，2016：164.

参与利益输送，能够有效地约束行政规制主体，使其更加规范化地行使规制权而修正市场失范行为。

——来源于《中国铁路规制与竞争：理论和政策》[1]

知识链接：

美国铁路规制

美国铁路的发展史既可以说是一部铁路规制和竞争的发展史，同时也是铁路法规的发展史，美国铁路的规制主要是通过制定法规完成的。美国铁路是全美第一个实行规制的行业。与人们通常所想象的规制起因于垄断不同，对美国铁路的首次规制来源于过度竞争。1830—1880 年，全美许多地区掀起修路的热潮，由此导致铁路数量过多，特别是在东北部地区。铁路业所具有的“固定成本高，可变成本低”的成本结构使得铁路公司之间在为争夺运量而进行直接竞争的过程中，采取了竞相杀价的手段。这种竞争不仅不利于铁路经营者本身，而且因为运价的频繁变动引起的生产和销售价格的不确定性也引起许多大货主的不满。货主和铁路企业本身都希望运价能够公开，且运价水平应采取大小货主所交纳的平均数。正是在这种背景下，美国政府于 1887 年颁布了第一个铁路规制法：《州际商务法》。其主要内容是：第一，所有铁路运价应该“公平合理”；第二，不得对货主实行差别运价，禁止采取“合同运价”；第三，不得在不同地区和港口间采取不同的价格；第四，长途运价和短途运价应该一致；第五，公开所有的收费标准，实行明码标价（不得私下打折）；第六，成立美国州际商务委员（ICC），监督法规的实施，收集和公布有关信息。可见，该法的主要目的并不是出于提高运输效率，而是出于政治，甚至反经济的角度。因为，显然不同区域的运输成本和需求是不同的，运输距离的长短也直接影响运输成本，因此运价应有所不同。

自测题：

1. 简述行政规制的内涵。
2. 行政规制有哪些分类？
3. 如何理解行政规制的未来发展趋势？
4. 谈谈你对行政规制相关范式理论和范畴理论的理解。
5. 简述行政规制体系的具体内容。

[1] 张昕竹 . 中国铁路规制与竞争：理论和政策 [M]. 北京：国家行政学院出版社，2004.

第四章

行政规制的程序要求

【教学难点】

1. 如何准确理解行政规制的规制要义。
2. 如何清晰认知行政规制的规制环节。
3. 如何结合典型案例，来思考行政规制的适用问题。

【内容概要】

本章首先对行政规制的规制要义进行梳理，明确行政规制程序的相关事项内容。进而对行政规制程序的各个环节进行梳理，以全景呈现行政规制的完整步骤环节。最后，尝试明晰行政规制的典型适用领域。

第一节　行政规制的规制要义

一、规制事项

行政规制的规制事项主要包含规制信息反馈、规制合规监督、规制工具等。

（一）信息反馈

信息反馈是指“公共规制机构通过报告要求或直接检查其监督对象来搜集信息，有些情况下也接收投诉举报”[1]，以此来发现偏离规制规范的行为。根据信息反馈机制的内容和形式来看，主要有三种模式。

1. “单薄”形式的反馈机制

“单薄”形式的反馈机制指的是由被规制主体直接向行政规制主体提供信息的一种信息传递模式。例如，消费者可以直接通过举报的形式向规制主体提供购买缺陷产品的信息；家长自由择校权与学校相关绩效信息提供的配套；网购商品的评价可以显示商家的信誉和绩效。该反馈机制的构建与克里斯·阿吉里斯（Chris Argyris）和唐纳德·舍恩（Donald Schon）提出的单环学习理念有关，单环学习是指“组织在觉察问题的存在后，依其既定的行为规范和政策进行整改以达成组织目标的过程”[2]。在这种反馈机制下，能够拉近消费者和供应者之间的距离，通过深入学习双方都能了解相关服务的质量。但“这种反馈体系一般不会围绕有关规制体系适当性及其目标，开展更广泛的参与”[1]。

2. “充实”形式的反馈机制

“充实”形式的反馈机制认为反馈体系的根本作用主要不在于监督日常合规情况，而更在于通过思考该体系的实际有效性，以及体系中各参数是否需要变更，来推动规制体系的发展。该反馈机制的构建与克里斯·阿吉里斯和唐纳德·舍恩提出的双环学习理念有关，双环学习是指“在组织运作出现问题时，重新评价调整组织本身的规范、政策和目标”[2]。在这种反馈机制下，信息反馈不仅能够改变规制的整体环境，也能对规制运用中的规范、政策与目标进行修正。

3. 更为“充实”形式的反馈机制

更为“充实”形式的反馈机制是指以学习为中心，通过自我规制来实现的一种模式。该反馈机制的构建与克里斯·阿吉里斯和唐纳德·舍恩提出的再学习理念有关，再

[1] 科林·斯科特.规制、治理与法律：前沿问题研究[M].安永康，译.北京：清华大学出版社，2018：224.
[2] 沈德立.学习理论的进展[M].天津：天津科学技术出版社，2008：279.

学习是指“反思和质疑自己的学习过程，通过改善学习本身的方式方法来推动组织学习，重点强调如何有效地学习，而并不面对实际问题”[1]。在这种反馈机制下，规制的评估与修正首先发生在自我规制的第一环中，第二环出现在广泛的企业管理层面，第三环则体现在外部规制者与利益相关者的报告中。

对比三种规制模式来看，其中“单薄”形式的反馈机制无法对规制体系的要素进行调整，只能在既有的规制体系下促进更好的规制；而更为“充实”形式的反馈机制更多地适用于自我规制体系中，与行政规制的运行逻辑不相适配。因此，“充实”形式的反馈机制更加符合行政规制的要求，既可以通过学习促进规制效果，又能通过学习调整滞后的规制要素。

（二）规制合规监督

规制合规监督即是对规制者的规制措施是否符合规范的要求所进行的监督，属于对规制者监督的一种。根据监督主体的授权来源，可以分为三类监督主体。

1. 法定监督主体

法定监督主体即是“一些私人监督者如同公共规制者一样，法律对其有明确、正式的授权”。例如，英国皇家防止虐待动物协会（RSPCA）对动物福利的监督，该协会对公私部门均有权监督；又如英国教育标准局（OFSTED）对学校的检查等。“从所有权意义上来看，这类监督属于私人主体，因为政府不享有所有权。但是从功能主义角度展开对公法诉讼的分析，可见这些组织履行的是公共职能，应受到与公共主体范围相同的控制，这不限于司法审查，还包括议会监督。”[2]

2. 契约监督主体

契约监督主体即“私人规制者是那些不具有任何正式法律授权，但通过合同获得正式控制权力的组织，或许从源头讲，此权力具有自愿性质”[2]。例如，美国提供医疗和教育服务等公共服务的私人企业的认证；又如私人组织向公共部门购买相当数量的服务，此时服务合同本身即构成一种规制工具。虽然合同在规制中发挥了重要的作用，但其透明性、可问责性和效率性方面的问题仍待进一步研究。

3. 私人监督主体

私人监督主体即“那些未获得具有法律约束性的授权的组织，它们没有源自法律或合同的权力。这些组织尽管不具有传统意义上的法定授权，但它们有时能促使公共部门主体纠正行为”[2]。例如，利益主体通过诉讼胁迫公共部门执行或设定某种标准；又如，信用评级机构对公私组织的监督；再如，调查性新闻行业透过媒体的系统性监督。虽说这类监督主体并未具有强制性和自愿性的权力，但是“权力可以来源于占有能提起公法或私法性公益诉讼的财富，可以源于对信息的占有以及拥有传播信息的资源，也可以来

[1] 沈德立 . 学习理论的进展 [M]. 天津：天津科学技术出版社，2008：280.
[2] 科林·斯科特 . 规制、治理与法律：前沿问题研究 [M]. 安永康，译 . 北京：清华大学出版社，2018.

源于对组织资源能力的利用”[1]。

总的来看，三类监督主体在行政规制中均存在，正是行政规制主体之外的主体对行政规制主体的系统化监督，更能促进行政规制的合规化运作。

（三）规制工具

工具是指“为达到、完成或促进某一事物的手段”[2]。规制工具即是行政规制主体利用公共权力和权威，依据法律、法规等规则，解决规制问题，实现规制目标的手段。

1. 规制工具的划分

行政规制的规制工具可分为“命令控制型规制工具、合作治理型规制工具、制度激励型规制工具”[3]。命令控制型规制工具是指“由公权机构单方面作出的、直接改变市场主体的权利配置或利益分配的强制性手段”，该工具模式强调行政规制主体的单方性和强制性。合作治理型规制工具是指“公权力机构和第三方机构的规制合作中所采用的市场规制工具”，该工具模式建立的背景是单一规制机构很难达到较好的规制效果，必须引入多元的治理主体，通过“政府与民间、公共部门与私人部门之间的合作与互动”[4]，实现多元主体共同治理的效果。制度激励型规制工具是指“规制机构通过利益诱导等方式促使相关市场主体参与到规制过程中来，辅助规制机构实现规制目标的手段”。该规制模式能通过激励措施提高市场主体的遵从度，从而减轻规制机构的压力。

2. 规制工具的功能

规制工具的功能指的是行政规制“所发挥的有利的作用和效能”。一般而言，规制工具的功能包括“制定规则和标准，监督守法的情况，对违法企业和其他违法主体实施制裁”[5]。对于规制功能实现效果的评判主要是通过规制指标来实现的，卡里·科格里安内斯（Cary Coglianese）把相关绩效指标划分为不同的类型，包括对目标问题影响的指标、成本有效性指标（各程度影响的成本支出额）以及净收益指标（即度量积极结果减去消极影响所造成的成本，带来什么样的结果），并认为净收益指标是评判的最佳指标。而科林·斯科特（Colin Scott）认为规制指标应当包括“效率、有效性和经济性”，并认为这一指标体系能够具有更广泛的适用空间。这两种指标体系对于规制工具的功能发挥和评估都具有助益作用，但是后一指标体系专注点更为集中，即侧重关注财政，更有利于评估的实施。

二、规制目的

规制目的指的是“规制体系所要达到的目的”[6]，是整个规制体系运转的原动力。

[1] 科林·斯科特.规制、治理与法律：前沿问题研究[M].安永康，译.北京：清华大学出版社，2018.
[2] 佟平.国家信息化与信息化工具[M].西安：西安电子科技大学出版社，2017.
[3] 段礼乐.市场规制法和体系生成与制度实践以市场规制工具为中心[J].经济法学评论，2015（2）：61-79.
[4] 沈惠平.和平发展背景下两岸互信问题研究[M].北京：九州出版社，2017：56.
[5] 罗伯特·鲍德温，马丁·凯夫，马丁·洛奇.牛津规制手册[M].宋华琳，等，译.上海：上海三联书店，2017.
[6] 程景民.食品安全行政性规制研究[M].北京：光明日报出版社，2014.

行政规制的规制目的一般都描述为“克服市场失灵、实现社会福利的最大化”[1]，这一目标被简化为“公共利益”，也被称为规范目的，其中与之相对应的即为实证目的。可以看出，行政规制的规制目的有两个，即实证目的和规范目的，也可称为直接目的和间接目的。

（一）实证目的（直接目的）

实证目的是指行政规制实际所要达成的目的。其往往指向具体领域中具有针对性、直接性的具体目的。例如，在经济规制中，“行政规制的目的就是矫正自然垄断、外部性等市场失灵问题，从而使得市场更接近完全竞争的理想状态，促进经济效率的提高”[2]；在行政规制执法中，“规制政策的制定，规制执法举措的实施，其核心目标都是确保规制目标的实现，规制者应依据法律、法规、标准来进行公正、公平、公开的规制执法，而不应过多地考虑经济发展、地方利益等相关性相对较弱的因素”[3]；在金融领域中，“行政规制的实质就是规制主体实现预先设定的价值目标，在私募基金领域，金融规制的目标就是达到保护投资者、防范系统风险和融资便利三者之间的平衡”[4]。

（二）规范目的（间接目的）

规范目的指的是行政规制所要实现的最终目的，主要表现为维护公共利益和保护公民基本权利两个方面。

1. 维护公共利益

维护公共利益是行政规制正当性所应体现出的一类共同性目标，即“国家为了公共利益的需要， 对于那些难以期待通过市场机制得到合理解决的事项，可以依法进行干预”[5]，政府应当合理、慎重、均衡分配规制资源，“全面保障社会公共利益”[6]。通过对社会经济秩序的维持以“促进企业有效竞争和全社会、消费者的福利”[7]。尤其是在市场性规制中，这一规制目的更为明显，也是行政规制最初产生的规制需求。

2. 保护公民基本权利

保护公民基本权利主要体现在对优势市场主体的规制以实现对弱势市场主体的保护。“行政法作为宪法的转换器，需要将纸面上的宪法精神和原则落实到具体的与行政相对人有关的各种法律关系中去，在能够实现国家目的的同时，最大限度地保护公民的基本权利。”[8]传统行政规制的作用主要是管制，目的是维护社会秩序的稳定，在当下行政理念转变和政府改革的背景下，行政规制要在更符合法治和民主的精神下完成行政任务，这一保护目的既可以通过行政措施的实施来实现，也可以“由司法部门通过司法

[1] 高华云 . 经济学视野下的利益集团理论研究 [M]. 武汉：华中师范大学出版社，2013. 高明华，王延明 . 政府规制与国有垄断企业公司治理 [M]. 上海：东方出版中心，2016. 张小梅，王进 . 产业经济学 [M]. 成都：电子科技大学出版社，2017.
[2] 王柱国 . 论行政规制的正当程序控制 [J]. 法商研究，2014（3）：23-31.
[3] 宋华琳 . 论政府规制中的合作治理 [J]. 政治与法律，2016（8）：14-23.
[4] 王雪松 . 私募基金行政规制有效性理论初探 [J]. 中国外资，2017（5）：90-91.
[5] 杨建顺 . 中国行政规制的合理化 [J]. 国家检察官学院学报，2017（3）：82-104，173-174.
[6] 李洪雷 . 论互联网的规制体制——在政府规制与自我规制之间 [J]. 环球法律评论，2014（1）：118-133.
[7] 崔永梅 . 并购市场指数：基于生态学的公司控制权市场演化 [M]. 北京：中国经济出版社，2010.
[8] 朱淑娣，柯静 . 金融信息披露行政规制行为的发展及其有效性研究 [J]. 行政与法，2015（5）：66-80.

程序来实施”[1]。

三、规制权限

权限即是“为了保证职责的有效履行，任职者必须具备的、对某事项进行决策的范围和程度”[2]。行政规制的规制权限是指行政规制主体的职能权力范围，一般是由规制权设定和规制权行使两部分构成。

（一）规制权设定

规制权设定指向的是规制权的来源。一方面，首要任务是规制权的确定。“规制机构进行有效规制的前提，是相关组织法律和规制法律赋予其必要的规制权力、明晰的规制权限，为违法行为设定相应的法律责任。”[3]一般而言，任何规制主体均享有一定的规制权，但具体规制权会因主体不同而存在差异。其中，通过法律法规予以规定和授权等方式对特定主体的规制权限予以设定是最主要的做法。另一方面，次要任务是规制权的具体要求。“权力机关的作用主要体现在为行政规制提供相应的法律规范，在立法政策层面设定好权限、基准、程序和界限。”[4]这一要求体现在行政规制权不能仅通过笼统的权力归属来设定，还要通过对规制权的具体内容予以明确来实现规制权的确定化、规范化和公开化，既符合规制权限设定的要求，又能促进规制权的合法化行使。

（二）规制权行使

规制权行使指向的是规制权的实施程序要求，即行政规制主体及其工作人员如何行使规制权的问题。规制权的行使不是一个肆意的过程，必须透过羁束性要求“正当、有效地行使，并获取最大的行政收益”[5]。一般而言，规制权的行使要遵守下列三项要求：其一是要符合规范层面的权力设定、程序、界限等要求，这是规制权合法行使的依据；其二是行政机关应当平等保护，即“平等保护的第一要义仍然是形式平等，即法律所承认的资格上的平等和在提供法律保护方面的平等，而不是结果的平等”[6]，这是规制权公平行使的要求；其三是需进行有效、有限的规制，即“政府应作‘有限的政府’，应当是在充分尊重市场规则，尊重市场自由和契约自由的前提下，合理、合法、适当地使用公权力调整市场主体之间的权利、义务和责任”[7]，这是对规制权行使的必要限制。

四、规制组织

组织是指“为了达到某些特定目标经由分工与合作及不同层次的权力和责任制度而构成的人的集合”[8]，规制组织即是指拥有规制权的组织机构，主要涉及机构建制和人

[1] 谢自强 . 政府干预理论与政府经济职能 [M]. 长沙：湖南大学出版社，2004.
[2] 冯伟林，刘诚，刘瑞明，等 . 人力资源管理 [M]. 成都：西南交通大学出版社，2009.
[3] 宋华琳 . 论政府规制中的合作治理 [J]. 政治与法律，2016（8）：14-23.
[4] 杨建顺 . 论行政规制的法制完善 [J]. 观察与思考，2012（9）：40-43.
[5] 孔凡河 . 行政学基础 [M]. 上海：复旦大学出版社，2012.
[6] 秦前红 . 房地产市场行政规制与政府权力的边界 [J]. 法学，2011（4）：30-34.
[7] 王雪松 . 私募基金行政规制有效性理论初探 [J]. 中国外资，2017（3）：90-91.
[8] 赵西萍，等 . 组织与人力资源管理 [M]. 西安：西安交通大学出版社，1999.

员配备两方面。

（一）规制机构建制

受国外规制经验的影响，有必要成立一个权力集中统一的规制机构来统筹规制权。例如，在格式合同审查中，有人主张“应废除行业主管部门规制格式条款的权力，建立超越部门利益的全国性及地方性格式条款审查机构，对公用事业和行业垄断部门制订的格式条款进行预先审查，经审查后方能使用”[1]。这种规制机构在我国没有实践基础，也不契合我国的国情和机构组织建设。对于行政规制而言，更多的是“成立一个小规模、集中化的行政组织，更有效地承担相应的理性化任务”[2]。例如，2018 年 3 月根据第十三届全国人民代表大会第一次会议批准的《国务院机构改革方案》，将国家工商行政管理总局的职责、国家质量监督检验检疫总局的职责、国家食品药品监督管理总局的职责、国家发展和改革委员会的价格监督检查与反垄断执法职责、商务部的经营者集中反垄断执法以及国务院反垄断委员会办公室等职责整合，组建国家市场监督管理总局。

（二）规制人员配备

规制人员指的是规制机构中具体的履职人员。“机构是固定不变的，而人员则处于流动和变化之中。”[3] 在规制人员配备上，要注意三个方面：其一，规制人员的构成，“规制人员主要应由具备相当的专业知识及娴熟政策技巧的财政、经济、法律等专家构成”[4]；其二，规制人员技能要求，应“提高规制部门人才招聘中的专业要求以及在相关行业的从业经验要求，对一线规制人员定期实行岗中专业技能培训，探索实施规制官员与被监督行业的人员交流机制”[5]；其三，加强对规制人员的监督，“防止出现规制机构或者规制人员的抽租和设租行为，从而降低社会不必要的损失”[6]。

（三）社会参与

社会参与指的是“社会公众参与管理国家事务和社会公共事务的权利”[7]。在行政规制组织的运行过程中，需要广泛的社会力量，主要集中在政策形成、行政立法与社会监督中。

1. 参与政策形成

在规制政策形成的过程中，可“由规制机构邀请相关领域专家参与规制政策制定，并在规制政策草案出台后，举行听证会，接受相关利益主体及公众代表在听证会上的质询，并答疑”[8]。通过引入公众参与，可以使公众表达个人利益诉求，规制者在规制政

[1] 谭显蓉 . 论格式条款的规制 [J]. 中国民航飞行学院学报，2006（5）：13-15.
[2] 秦川申 . 对政府规制风险的思考——评《打破恶性循环》[A]// 巫永平 . 公共管理评论（第 2 期）北京：社会科学文献出版社，2016：133.
[3] 彭和平 . 制度学概论 [M]. 北京：国家行政学院出版社，2015.
[4] 邓玉勇 . 能源管理学 [M]. 太原：山西经济出版社，2016.
[5] 程恩富 . 外国经济学说与中国研究报告（2017）[M]. 北京：中国经济出版社，2017.
[6] 石涛 . 规制视角下公益类国有企业改革及政府监管改革研究 [M]. 上海：上海人民出版社，2018.
[7] 戴激涛 . 公众参与：作为美德和制度的存在——探寻地方立法的和谐之道 [J]. 时代法学，2005（6）：33-39.
[8] 任梅 . 中国农民专业合作社的政府规制研究 [M]. 北京：中国经济出版社，2012.

策的形成中关注公众利益。

2. 提供社会监督

社会参与的一大功能就是提供社会监督，其监督的方式是多种多样的。例如，举报、检举、揭发等。为了保证社会监督发挥到实效，需要切实对社会监督予以保障。例如，为举报提供保护和激励机制，表现在以下三个方面："第一，行政规制机构应及时受理和处理咨询、投诉、举报；第二，对查证属实的举报，应给予举报人奖励；第三，受理举报的行政部门对举报人的信息予以保密，保护举报人的合法权益。"[1] 此外，也可以把"公众评议程序适用于对规制组织的监督"[2]。

3. 参与立法

公众参与立法本身已经是民主立法的要求，主要表现为公众在立法过程中，要对行政立法的制定、修改、废止享有知情权、建议权、参与权。此外，"公众应当享有请求审查、变更或者撤销行政立法的程序权利"[3]。参与立法的程序保障具有如下两方面的优点："一方面是行政机关在行政立法过程中对行政相对人负责，通过听证会、公听会等形式，广泛地听取各方面的意见，确保公民对行政机关立法权的行使进行监督，防止行政立法过程中的暗箱操作以及各种不公正现象的发生；另一方面，通过告知确保行政相对人充分了解行政立法的相关事项和主要内容，能够参与行政立法过程，实现政治上的民主权利。"[3]

五、规制措施

措施是指"针对某种情况而采取的处理办法"[4]，规制措施即是处理具体规制问题的方法和手段。行政规制措施的种类众多，依据不同的标准可以将其进行不同的分类。

（一）行为方式

依据行为方式的不同，可以分为抽象规制行为和具体规制行为。其中抽象规制行为针对不特定的主体，可以表现为：其一，制定规则、政策，"法意义上的政策是由公权主体制定的具有调控社会关系功能的权威规范"[5]；其二，制定标准，"标准是一种客观中立的行政规制工具，在一定程度上标准甚至充当延伸法律规范的角色"[6]；其三，禁放令或限制令，例如，针对房屋的限购令和烟花爆竹的禁放令等。具体规制行为针对的是特定的主体，可以表现为：其一，行政指导或奖励，行政奖励作为一种"柔性手段"[7] 在规制中能够发挥很大作用；其二，行政审批、许可，"行政规制一般是通过行政审批、行政许可来实现的，行政审批、行政许可是行政规制最主要的实现方式和手

[1] 宋华琳 . 论政府规制中的合作治理 [J]. 政治与法律，2016（8）：14-23.
[2] 金今花，王健 . 中国"规制规制者"体系现存的问题与对策 [J]. 甘肃行政学院学报，2008（3）：36-41，35.
[3] 杨建顺 . 论科学、民主的行政立法 [J]. 法学杂志，2011（8）：19-27.
[4] 汉语大字典编纂处 . 现代汉语词典 [M]. 成都：四川辞书出版社，2014：135.
[5] 杨海坤，郝炜 . 共享单车的行政法调控——兼评互联网新经济的行政法调控模型 [J]. 法治研究，2018（4）：40-57.
[6] 柳经纬 . 标准与法律的融合 [J]. 政法论坛，2016（6）：18-29.
[7] 桑莱丝 . 以行政权力规制网络直播 [J]. 人民论坛，2018（31）：74-75.

段”[1]；其三，行政约谈，行政约谈作为一种“过程意义上的行政决定策略”[2]，同样能起到规制效果。

（二）规制过程

依据规制过程的不同，可以分为事前规制、过程监管与事后规制。事前规制主要是设定规则、标准、登记等，重在强调预防；过程监管主要是通过各种手段实现对被规制者的监管，重在“时间跨度内”的监督；事后规制主要是行政处罚、制裁、补救等，重点强调惩罚。“行政规制主体应当实现事前预防、过程监管与事后惩罚的有效结合。”[3]

（三）操作目标

依据操作目标的不同，可以分为“准入或过程监管、控制生产要素的获取、直接干预调控目标、行政监督”[4]四类。准入或过程监管是指“中央政府各职能部门通过把诸多外部性规制指标的设定或执行变动到一个新的水平，在市场准入或微观经济运行环节对市场主体的经济活动产生影响，以促进调控目标的最终实现”[4]；控制生产要素是指“各要素管理部门通过控制土地、资金或其他重要生产资料（煤、电、油、运、水、气）的供给，对经济主体的生产活动或消费活动进行限制，以促进调控目标的最终实现”[4]；直接干预是指针对调控对象，政府采取直接干预或管理；行政监督是政府的行政手段，其指向政府间的内部管理。

第二节　行政规制的环节要义

行政规制在程序上最基本的要求是行政规制主体在进行规制时，既要遵循法律的规定，又要遵守正当程序的要求，即“行政规制皆应以《中华人民共和国行政许可法》为基本法规范，并对《中华人民共和国行政处罚法》《中华人民共和国行政强制法》和《中华人民共和国立法法》等法规范进行综合适用，遵循经济和社会发展规律，贯彻有限政府原则，在法律保留原则之下，切实保障各项规制在‘实施机关、条件、程序、期限’方面符合基本法规范要求”[5]。但就行政规制在程序上的规制环节而言，主要是遵循“启动、调查、听证、决策、执行、救济”等程序范式。

[1] 杨建顺．论行政规制的法制完善 [J]. 观察与思考，2012（9）：40-43.
[2] 王虎．风险社会中的行政约谈制度：因应、反思与完善 [J]. 法商研究，2018（1）：22-29.
[3] 桑莱丝．以行政权力规制网络直播 [J]. 人民论坛，2018（31）：74-75.
[4] 黄伯平．行政手段参与宏观调控：实质、特征与原因 [J]. 中国行政管理，2011（10）：34-38.
[5] 杨建顺．中国行政规制的合理化 [J]. 国家检察官学院学报，2017（3）：82-104，173-174.

一、启动环节

启动环节指向的是行政规制的启动程序，即行政规制"由谁启动和启动后如何决定"[1]的程序。在早期的行政规制研究中，一般认为行政规制的启动源于市场规制，即"行政规制的出发点是为了弥补市场的缺陷"[2]。这种表述过于模糊，存在一定的局限性。现在，行政规制的启动更为多样，并可根据启动的方式进行划分。

（一）启动行政规制的意愿性

根据行政规制主体启动规制的意愿性，可分为积极启动和消极启动。

1. 积极启动

积极启动是指行政规制主体以一种"积极主动"[3]的方式启动规制，这种启动方式的发起者是行政规制主体。例如，专项整治，在药品领域中，会针对不同领域、不同品种的药品监管进行专项整治；又如，新兴产业，"人工智能的研发刚刚起步，其可能产生的风险和负面影响并不明晰。作为监管部门应当在促进科技发展的前提下，对人工智能的准入制度、算法标准等进行规制，避免算法歧视，保障公民平等权，加强个人信息保护"[4]；再如，潜在危险，"根据法律经济学的相关研究成果，我们发现对各种侵害他人或者潜在侵害他人的'负外部性'行为，法律可以采用'产权规则''责任规则'和行政规制（或者立法）加以调整和控制，通过规则的实施使得行为人的外部成本内在化从而实现个体理性和集体理性，个人最优和社会最优的统一"[5]。

2. 消极启动

消极启动是指行政规制主体以一种"消极被动"[6]的方式启动规制，这种启动方式的发起者是其他主体。例如，任何人都可以通过投诉、检举、举报启动规制，"政府规制也越来越依赖于社会执法，有赖于社会普通公众举报其发现市场和社会上的违法线索，有赖于违法组织内部的个人就所在组织的违法违规行为加以举报"[7]，行政机关对收到的投诉、举报，应及时处理。

（二）启动原因的属性

根据启动原因的属性划分，可以分为经济原因和社会原因。

1. 经济原因

经济原因指的是因经济问题引发的规制。主要有下列经济问题：其一，新兴产业的冲击。例如，网约车对既有的出租车运营的冲击；共享单车、网络直播等产业的诞生。其二，垄断协议。该类规制的起点是"对涉案的纵向垄断协议的反竞争效果进行认定"[8]。其三，挂靠现象。其四，行业协会限制竞争行为。"行业协会商会享有制定

[1] 谢安平，郭华．证据法学 [M]. 北京：中国人民公安大学出版社，2009.
[2] 杨建华．对规制者的规制——兼谈行政规制的效益原则 [J]. 山西大学学报：哲学社会科学版，2004（5）：63-67.
[3] 拿破仑·希尔．你有权富有 [M]. 陈明，译．北京：中国友谊出版公司，2017.
[4] 董妍．人工智能的行政法规制 [J]. 人民法治，2018（6）：9-11.
[5] 艾佳慧．"禁"还是"不禁"，这是个问题：关于"禁放令"的法律经济学分析 [J]. 中外法学，2007（5）：534-551.
[6] 江必新．良善司法的制度逻辑与理性构建 [M]. 北京：中国法制出版社，2014.
[7] 宋华琳．论政府规制中的合作治理 [J]. 政治与法律，2016（8）：14-23.
[8] 韩伟．论纵向垄断协议规制的完善路径 [J]. 价格理论与实践，2013（4）：25-26.

与执行规则之自治权，但权力的行使并非毫无界限，其必然要受到一定的限制。”[1] 其五，金融风险。金融体系的脆弱性及负外部性使得其自身的发展是不完备的，“就需要通过规制手段对金融市场中的不经济、非理性、不规范的行为予以矫正”[2]。其六，经济的宏观调控。例如，“2004 年 4—6 月份进行了固定资产项目清理、2006 年 6 月份开始了新开工项目清理、2007 年 11 月 17 日发布了《关于加强和规范新开工项目管理的通知》”[3] 等。

2. 社会原因

社会原因指的是因社会问题引发的规制。主要有下列社会问题：其一，网络谣言。随着互联网的发展，网络谣言也大量出现，其“既可能会对公民、法人、组织的名誉权和财产权造成影响，也可能会对社会秩序造成冲击，甚至还会影响政府形象，减损政府公信力。鉴于网络谣言的危害性，必须对其进行规制”[4]。其二，突发公共事件。“为了有效控制突发公共事件危害性的扩散，及时恢复正常的生活与生产秩序，行政机关在应急处理过程中经常依法暂时对公众正常的生活和生产的自由与权利行使加以必要限制”[5]。其三，代孕等伦理问题。其四，秸秆焚烧等社会问题。

二、调查环节

调查环节主要指向的是行政规制的信息收集程序。信息收集是指“通过各种方式获取所需要的信息”[6]，在调查环节中，行政规制主要通过各种程序或制度设定来收集信息，其中涉及原始信息收集、信息分析和被规制者信息告知三个方面。

（一）原始信息收集

原始信息收集即是“对来源于客观世界信息的直接收集”[7]。为了保证信息收集的质量，在信息收集时要把握“准确性原则、全面性原则、时效性原则、连续性原则”[8]。其中，信息收集的方式有很多，可以通过直接的调查取证、社会调查、访问、观察、网络信息资源收集等方式。尤其要注意的是网络信息收集，该方式是互联网时代最为普遍使用的信息收集方式。网络信息资源是指“以数字化的形式存储于网络节点中、借助于网络进行传播和利用的信息产品和信息系统的集合体”[9]。在使用该方式收集网络信息资源时，要注意关注网络热点话题，并建立重点企业信息采集的大数据监测系统。

（二）信息分析

信息分析即是“以用户的特定需求为依托，以定性和定量研究方法为手段，通过对

[1] 江国华，符迪 . 行业协会商会自治规则的性质、效力及其合法性规制 [J]. 南海法学，2018（2）：7-16.
[2] 朱淑娣 . 国际经济行政法视野下的金融行政规制 [J]. 中国外资，2018（7）：87-89.
[3] 黄伯平 . 行政手段参与宏观调控：实质、特征与原因 [J]. 中国行政管理，2011（10）：34-38.
[4] 张新宇 . 网络谣言的行政规制及其完善 [J]. 法商研究，2016（3）：63-69.
[5] 张维平 . 突发公共事件应急措施的法理探讨 [J]. 河南科技大学学报：社会科学版，2007（2）：88-94.
[6] 陈荣，霍丽萍 . 信息检索与案例研究 [M]. 上海：华东理工大学出版社，2015.
[7] 王文举 . 信息学概论（修订本）[M]. 北京：中国商业出版社，1999.
[8] 张文寿 . 中国行政管理体制改革——研究与思考 [M]. 北京：当代中国出版社，1994.
[9] 何正强 . 如何有效收集、整理和分析网络信息资源 [J]. 信息系统工程，2014（7）：99-100.

文献信息的收集、整理、鉴别、评价、分析、综合等系列化加工过程，形成新的、增值的信息产品”[1]。在信息收集阶段，一方面，为了保证信息的完整性，收集到的原始信息是过量的，其中很多信息的关联性不大。另一方面，原始信息较为粗糙，不够精简，必须进行加工。因此，有必要对信息进行分析。在信息分析时，行政规制主体必须“投入大量的资源，不断地检查、比较分析数据”，并“需要相关的专家进行评估”。[2]

（三）信息告知

信息告知是指被规制者需要向行政规制主体提供“真实信息”[3]。信息告知有三条标准：其一，被规制者主动或接受询问时，应诚实提供真实信息，不得虚假告知。其二，提供必要的材料，“被规制者应如实向监管部门提交有关资料，反映真实情况，对其提交材料实质内容的真实性负责”[4]。其三，信息告知属于被规制者的一项义务，如果被规制者未尽到合理的信息告知义务，应承担一定的法律责任。

三、听证环节

听证环节主要指向的是行政规制的事实查明程序。听证是指“各类国家机关在作出有关决定之前，就特定事项听取利害关系人意见的程序性法律制度”[5]，在听证程序中，需要依循职能分离原则、禁止单方原则和中立原则的要求，三项基本原则均是为了保证听证的公开、公正和公平。根据具体听证程序的繁简程度不同，可分为正式听证和非正式听证两种。

（一）正式听证

正式听证是指“采用听证会的方式听取当事人的意见，在很大程度上借鉴了审判程序中原告被告对抗、法官居中裁判的等腰三角程序构造，其程序构造为：拟作决定人员与相对人两造对抗，听证主持人居中主持，呈现出极强的司法色彩，可谓司法化程度最高的行政程序制度”[6]。“正式听证为‘审判型’听证，也是模仿法庭程序，强调质证和辩论。严格遵循证据规则。”[7] 作为一项高度司法化的程序制度，正式听证的成本相当高。因此，在行政规制中，只有一些较为重大的事项可采用正式听证程序。

（二）非正式听证

非正式听证是指“以听证会之外的方式听取意见的制度”[6]。“非正式听证则比较自由，各方可以发表意见、进行辩论，无须严格遵循证据规则，证据的采纳以‘合理性’为标准。”[8] 其在制度设定上既可采用公开非秘密的方式进行，也可以专家论证会、公众代表的座谈会等方式进行。虽然非正式听证的程序简单，但是其在保护公民

[1] 彭奇志．信息检索与利用 [M]. 北京：中国轻工业出版社，2013.
[2] 高秦伟．论行政法上的第三方义务 [J]. 华东政法大学学报，2014（1）：38-56.
[3] 许承光，周子凡，曹胜亮，等．经济法 [M].2 版．武汉：武汉理工大学出版社，2014.
[4] 宋华琳．论政府规制中的合作治理 [J]. 政治与法律，2016（8）：14-23.
[5] 和尚光．煤矿安全行政执法原理与操作 [M]. 昆明：云南人民出版社，2016.
[6] 应松华．当代中国行政法（下卷）[M]. 北京：中国方正出版社，2005.
[7] 王柱国．论行政规制的正当程序控制 [J]. 法商研究，2014（3）：23-31.
[8] 王柱国．论行政规制的正当程序控制 [J]. 法商研究，2014（3）：23-31.

权利方面同样具有重要意义，因此，在行政规制中，对于一些简单事项可采用非正式听证程序。

四、决策环节

决策环节主要指向的是行政规制的规制决策程序。“决策是一个提出问题、分析问题、解决问题遵循科学的完整的动态过程，决策程序是指从问题到方案确定所经历的过程。”[1] 在决策程序中既要注重社会主体的参与，“通过公众参与、辩论质证的程序机制，不仅能够有效解决行政机关的理性有限、知识有限问题，而且制约了行政机关自由裁量权的滥用，从而保证行政规制符合公共利益的目的、遵循市场经济的客观要求”[2]，也要赋予被规制者一定的抗辩机制，例如，在反垄断、反竞争领域，执法部门会给予涉案企业充分的抗辩空间，“如果企业抗辩失败， 则执法部门应该开始考虑如何对垄断协议导致的反竞争效果进行救济”[3]。在具体的决策模式上，主要是“专家决策模式”和“去中心化决策模式”。

（一）专家决策模式

专家决策模式，实际上是我国传统管理主义决策模式的一种形式。“在这种模式中决策者对公众的政策偏好甚至需求进行塑造，公众独立的需求和政策偏好则缺乏有效的政策输入途径”[4]，也即“管理主义决策模式将国家治理简化为决策者对人和事的单向度管理，并对公众的利益诉求和政策偏好进行塑造”[5]。其特点是“代表公共利益的行政机关决策目标来自上级，然后层层下达，公众在程序和结果上对决策均缺乏有效的影响力，公众只有被动接受和服从”[6]。在这种模式下，民众的智慧难以发挥，决策并未为公众参与留下地位或仅为其保留了较小的空间。因此，这种决策模式不适合作为行政规制的决策模式。

（二）去中心化决策模式

“‘去中心化’（decentralization）是一个非常流行的用语，它表达的是这样一个观念：没有任何一个权力、组织或事物处于绝对权威的地位。”[6] 去中心化决策模式的合作，既非少数服从多数的民主决策，也非简单的私利妥协，而是各方在理性之下可以寻找最大公约的公共利益。“在程序设置上不能以‘行政权’为中心，而应该以‘知识交流和博弈’为中心，即所谓‘去中心化’。而合理性，依然可以是以‘行政权’为中心设置程序，只要行政权力的运行过程中是合理的、公平的。”[6] 去中心化决策模式作为参与决策模式的一种，能够较好地融合决策各方的意见，使得决策更具合理性。因此，这种决策模式适合作为行政规制的决策模式。

[1] 吕明，胡争光 . 管理学 [M]. 北京：国防工业出版社，2015.
[2] 王柱国 . 论行政规制的正当程序控制 [J]. 法商研究，2014（3）：23-31.
[3] 韩伟 . 论纵向垄断协议规制的完善路径 [J]. 价格理论与实践，2013（4）：25-26.
[4] 顾慧亚，王晓军 . 全民健身路径与公共体育服务体系建设研究 [M]. 北京：九州出版社，2018.
[5] 李凤亮 . 中国特色新型智库建设研究 [M]. 北京：中国经济出版社，2016.
[6] 王柱国 . 适宜性行政规制：生态规划适宜理念的借鉴 [J]. 江西社会科学，2018（8）：156-166，256.

五、执行环节

执行环节指向的是行政规制的执行程序。执行是指“人民法院的执行组织在负有义务的一方当事人拒不履行义务时，按照特定程序，强制其履行已经发生法律效力的法律文书确定的义务，保证实现生效的法律文书内容的活动”[1]。在执行程序中要坚持“主体原则、准确原则、迅速、果断原则、条理原则、系统原则、坚持不懈原则”[2]，争取将执行发挥到实效。依据执行方式的不同，执行一般可分为过程型执行和依据型执行。

（一）过程型执行

过程型执行是指“行政主体作出行政行为的过程，其因在于行政（executive）实质就是对法律的执行”[3]。“按照权力和制衡的要求，行政本质上是一种执行行为，而法是一种纠纷解决行为，一般意义上的行政是对法律的执行。”[4]过程型执行主要是在三权分立理论的基础上构建出来的，把行政整体上归属于执行，“国家行政机关是本级权力机关的执行机关，对权力机关的意志只有执行的义务，没有对抗的权力”[5]。但是这一执行模式难以符合行政规制执行的需求。

（二）依据型执行

依据型执行是指“行政主体依据法律作出行政行为或依据政策作出某种行为”[6]。依据型执行的根据在于法律和政策的规定，其在一定程度上缩小了执行的范围、提高了执行的规范性，即只有被规制者的失范行为才能引发规制执行，规制执行必须依循法律规范或政策规定方得实施。这种执行模式更加符合行政规制执行的需求，行政规制的执行也更多地体现了依据型执行的特征。

六、救济环节

救济环节指向的是行政规制的救济程序。救济是指“纠正、矫正或改正业已发生或业已造成伤害、危害、损失或损害的不当行为”[7]。依据救济的方式不同，可以分为规范性文件备案审查、内部救济机制、行政处分、行政赔偿、司法救济等。

（一）规范性文件备案审查

规范性文件备案审查是指“规范性文件制定机关，在规范性文件发布后的一定时限内，依法将规范性文件报送具有备案审查权的上级行政机关，经上级行政机关审查后，没有问题的予以备案，发现问题的依法予以纠正的一种规范性文件监督方式”[8]。其主要解决的是规范性文件的规制依据救济，“随着行政法治理念的不断深入，我国有关行政规范性文件的法制监督力度也会逐渐增大，我国已在不同程度上建立了行政规范性文

[1] 刘希明，等.工商行政管理实务全书[M].北京：中国统计出版社，1995：1364.
[2] 彭发祥，周连祥.行政管理学教程[M].兰州：甘肃教育出版社，1989：167.
[3] 杨海坤，郝炜.共享单车的行政法调控——兼评互联网新经济的行政法调控模型[J].法治研究，2018（4）：40-57.
[4] 蔡奕.证券市场监管执法的前沿问题研究——来自一线监管者的思考[M].厦门：厦门大学出版社，2015：182.
[5] 朱新力.行政法学[M].北京：高等教育出版社，2004：6.
[6] 杨海坤，郝炜.共享单车的行政法调控——兼评互联网新经济的行政法调控模型[J].法治研究，2018（4）：40-57.
[7] 戴维·沃克·M..牛津法律大辞典[M].北京社会与科技发展研究所，译.北京：光明日报出版社，1988：764.
[8] 祁希元.规范性文件制定和备案理论与实务[M].昆明：云南人民出版社，2012：114.

件的备案审查制度、参与程序制度等”[1]。

（二）内部救济机制

内部救济机制主要指的是行政规制的内部申诉与投诉机制。构建“相对合理的纠错程序”一直是行政规制内部救济的重心。可通过“将事前审核监管转变为处理申诉、投诉的事后监管，鼓励个人、组织等利益相关人向监管机构投诉、申诉，而规制部门应认真履行职责，按照程序积极处理各种投诉与申诉”[2]，有效提高内部纠错程序的运行效率。

（三）行政处分

行政处分是指“国家机关按照隶属关系，依法对犯有轻微违法失职行为尚不够刑事处罚的国家工作人员的一种纪律处分”[3]。行政处分是有效限制规制权的一种方式，“应当以法律、法规的形式加以规范；对每个步骤和方式的具体运行，应当通过规章、其他规范性文件予以具体细化；对于违反法律规范的予以法律制裁，对于违反具体操作规程的予以纪律处分”[4]。当然，行政处分属于最主要的救济方式，但一旦规制人员的行为违反刑事法律规范，依然要面临刑事制裁。

（四）行政赔偿

行政赔偿是指“国家行政主体违法行使职权，侵犯公民、法人和其他组织的合法权益并造成损害的，由国家承担的赔偿责任”[5]。在行政规制所涉的行政赔偿中，“护方对于抑制，得享公法之上请求权，而蒙受抑制不足（如疏于检查、滥发许可、不当登记）之损害，得向作为规制方的行政机关求偿”[6]。我国已经建立较为成熟的行政赔偿制度，行政主体对外统一行使行政规制职权，作为外部法律关系主体而对外承担法律责任。

（五）司法救济

司法救济是指“司法权力在司法裁判过程中运用司法权严格依照法律规定对权利的救济”[7]。随着行政诉讼范围的逐渐扩大，行政规制的司法救济也越来越得到更多人的重视。在早期“司法机关的监督权只限于审查具体行政行为”[8]，现在司法的审查范围和权限也在逐渐扩大，未来司法救济将成为行政规制救济中的一种主要救济手段。

[1] 高秦伟 . 美国行政法上的非立法性规则及其启示 [J]. 法商研究，2011（2）：147-153.
[2] 胡睿超 . 职业资格“挂靠”行为的公共规制路径研究 [J]. 闽台关系研究，2018（2）：14-22.
[3] 胡建森 . 行政法学 [M]. 北京：法律出版社，1997：375
[4] 杨建顺 . 论行政规制的法制完善 [J]. 观察与思考，2012（9）：40-43.
[5] 刘宇豪 . 行政、司法错案与赔偿全书（上卷）[M]. 北京：中国民主法制出版社，1999：725.
[6] 单希岩，刘小生 . 公民行政受益权初探 [J]. 法学论坛，2002（2）：37-41.
[7] 姜柏生，万建华，王炜 . 医事法学 [M].4 版 . 南京：东南大学出版社，2014.：31
[8] 秦前红，翟明煜 . 高速公路免费通行政策的回望与反思——兼论市场经济下的依法行政规制 [J]. 政治与法律，2013（7）：2-10.

第三节 行政规制的典型适用领域

国外的规制实证主要集中在电信、交通、能源、网络、制药等公共领域。国内的相关规制实证集中在市场监管、环境保护、行政许可等领域，所涉相关法律有《中华人民共和国反垄断法》《反不正当竞争法》《环境保护法》《广告法》《水法》等。

一、市场监管领域

市场监管是指“政府部门依靠自身力量对市场主体的产品和行为等进行监督管理”[1]，通常表现为“对事关国计民生的特定行业、特定区域、特定市场的监管”[2]。该领域的规制主要为反垄断规制、反不正当竞争规制和其他市场行为的规制等。

（一）反垄断规制

行政垄断是指“政府对于行业供给要素投入主体等进行限制，或进行某些行政政策、资源倾斜，造成某一行业参与主体较为单一，民企或外资参股受到限制，有效供给量和供给效率降低的行业垄断行为”[3]。其弊端主要有两点：“一是垄断会损害资源配置的效率，使用于生产处于垄断条件下的产品的资源过少；二是垄断对收入分配有不利影响。”[4]我国采用“分立式立法”[5]的模式实现反垄断的规制，主要是通过《反垄断法》等相关立法实现对垄断行为的规制。例如，《反垄断法》第四十四条规定：“反垄断执法机构对涉嫌垄断行为调查核实后，认为构成垄断行为的，应当依法作出处理决定，并可以向社会公布。”相关法条就具备典型的规制特征。但我国的反垄断规制由于起步较晚，仍然存在不完善的地方，需要完善“纵向垄断协议实体规制规则和程序规制规则”[6]，针对“垄断企业采取会计、审计监督社会化、公开化，实现垄断企业工资核算的社会平均化和垄断利润社会化”[7]，“积极探索中国反垄断法研究的新思维、新范式、新论题，以为《中华人民共和国反垄断法》文本的优化和规范的适用提供更多更好的理论指引和知识支持”[8]。

（二）反不正当竞争规制

不正当竞争是指“经营者损害其他经营者的合法权益，扰乱社会经济秩序的行为”[9]，反不正当竞争即是“为了制止经营者的不正当竞争行为所采取的措施和行动”[10]。不正当竞争行为的表现方式主要有“以假冒、仿冒等手段从事市场交易的行为、限定他人购买指定商品及滥用行政权力限制市场交易的行为、商业贿赂行为、虚假广告

[1] 金江军．互联网时代的新型政府 [M]. 北京：中共党史出版社，2017：140.
[2] 赵大华．经济法中权力主体法律责任研究 [M]. 北京：中国政法大学出版社，2016：207.
[3] 滕泰．新供给主义经济学 [M]. 北京：东方出版社，2016：92.
[4] 侯锡林．微观经济学原理 [M]. 北京：中国经济出版社，2011：177.
[5] 马慧娟，谢维华．新编经济法教程 [M]. 昆明：云南大学出版社，2016：244.
[6] 韩伟．论纵向垄断协议规制的完善路径 [J]. 价格理论与实践，2013（4）：25-26.
[7] 孙向东．简论行政垄断的行政规制 [J]. 河南工业大学学报：社会科学版，2009（3）：43-45.
[8] 金善明．中国反垄断法研究进路的反思与转型 [J]. 法商研究，2017（4）：71-80.
[9] 陈津生，曾永光．建设领域知识产权侵权风险、案例与管理实务 [M]. 北京：中国环境科学出版社，2014：10.
[10] 阿茹罕，闫厚军．商法学 [M]. 昆明：云南科技出版社，2013：213.

宣传行为、侵犯商业秘密的行为、以排挤他人为目的的低价倾销行为、附加不合理条件的销售行为、违反规定的有奖销售行为"[1]等。在对不正当竞争行为的规制中，行政规制是最主要的一种规制手段，"在限制竞争行为中扮演着极为重要的角色和功能"[2]，其中《中华人民共和国反不正当竞争法》是规制不正当竞争行为的专门立法。例如，《反不正当竞争法》第二十六条规定："经营者违反本法规定从事不正当竞争，受到行政处罚的，由监督检查部门记入信用记录，并依照有关法律、行政法规的规定予以公示。"通过规定信誉制裁实现规制目的。

（三）其他市场行为的规制

对于市场监管领域的行政规制，其中对于反垄断、反不正当竞争的规制属于重点规制，当然还有其他方面的规制。例如，对于格式合同的规制。格式合同是指"由当事人一方拟定好合同条款，订立合同时不与对方协商的条款"[3]。可以通过"事先审核制、事先协商制、事后介入制"[4]等方式实现对格式合同的规制。又如，对于房地产的规制。可以通过对"政府的恰当角色及其权力的合理边界"[5]予以明确和"打破规制者与被规制者重合、客观评价规制机关的独立性、建立稳定的规制框架以及提高可负担性住房权利的地位"[6]等视角来实现对房地产市场的规制。再如，对于金融市场的规制。可以从"国际经济行政法视野下的金融行政规制在全球化的动态回应过程"[7]"多元化治理"[8]"金融信息披露领域行政规制行为的有效性"[9]等角度来实现规制。

二、环境保护领域

环境保护是指"协调人类和环境的关系，解决各种环境问题，保护和改善环境的一切人类活动的总称"[10]。环境行政规制有别于环境行政管理，具有两个特点："一是现代环境规制具有风险预防的性质，它不同于传统国家的危险防止与个人自由保障任务。二是现代环境规制需要受到规制主体的配合、协助。"[11]为了解决日益严重的环境污染问题，我国政府推出了"征收排污费"[12]"排污权交易制度"[13]等行政规制措施。先后制定了《中华人民共和国大气污染防治法》《中华人民共和国水污染防治法》《中华人民共和国环境保护法》等一系列单行法和专门立法。例如，《环境保护法》第十五条规定："国务院环境保护主管部门制定国家环境质量标准。省、自治区、直辖市人民政府

[1] 吴祖谋，李双元．新编法学概论 [M].3 版．武汉：武汉大学出版社，2007：304-305.
[2] 鲁篱．我国行业协会限制竞争行为法律规制监督体系的构建与完善 [J]. 西南民族大学学报：人文社科版，2009（2）：105-109.
[3] 曲珍英，刘效楠，杨唯希．经济法 [M]. 济南：山东人民出版社，2016：112.
[4] 张建军．格式合同的司法规制研究 [M]. 北京：中国政法大学出版社，2014：53-55.
[5] 秦前红．房地产市场行政规制与政府权力的边界 [J]. 法学，2011（4）：30-34.
[6] 凌维慈．规制抑或调控：我国房地产市场的国家干预 [J]. 华东政法大学学报，2017（1）：35-45.
[7] 朱淑娣．国际经济行政法视野下的金融行政规制 [J]. 中国外资，2018（7）：87-89.
[8] 王茹．互联网经济规制的原则与多元规制体系的构建 [J]. 行政管理改革，2018（1）：42-47.
[9] 朱淑娣，柯静．金融信息披露行政规制行为的发展及其有效性研究 [J]. 行政与法，2015（5）：66-80.
[10] 吴为平，周建中．科学技术概论 [M]. 长沙：湖南出版社，1991：291.
[11] 张雷．政府环境责任问题研究 [M]. 北京：知识产权出版社，2012：88–89.
[12] 王丽霞，陈新国，姚西龙，等．环境规制对工业企业绿色经济绩效的影响研究 [J]. 华东经济管理，2018（5）：91-96.
[13] 栾志红，李金琳．排污权交易制度的行政法思考 [J]. 北京交通大学学报：社会科学版，2011（4）：110-114.

对国家环境质量标准中未作规定的项目，可以制定地方环境质量标准；对国家环境质量标准中已作规定的项目，可以制定严于国家环境质量标准的地方环境质量标准。地方环境质量标准应当报国务院环境保护主管部门备案。国家鼓励开展环境基准研究。”该条款确立了行政规制的规制标准。

三、行政许可领域

行政许可是指“行政机关依行政管理相对人的申请而作出的，对行政管理相对人从事某种行为的能力和权利的认可和肯定”[1]。行政许可领域的行政规制，也被称为准入制度，主要是借由行政许可这一规制措施实现行政规制目的。例如，对于人工智能的规制，需要“建立和完善人工智能研发的准入制度”[2]；又如，对于共享单车的规制，需要“提供事前准入控制程序”[3]；再如，对于网约车的规制，需要“对行业主体即平台公司适用市场准入制度，对车辆和驾驶员的规制适用服务和安全规制”[4]。当然行政许可领域，制定了《中华人民共和国行政许可法》《中华人民共和国广告法》《中华人民共和国水法》等相关立法。例如，《广告法》第七十四条规定：“国家鼓励、支持开展公益广告宣传活动，传播社会主义核心价值观，倡导文明风尚。大众传播媒介有义务发布公益广告。广播电台、电视台、报刊出版单位应当按照规定的版面、时段、时长发布公益广告。公益广告的管理办法，由国务院市场监督管理部门会同有关部门制定。”在条文中规定了激励引导措施。又如，《水法》第七条中规定：“国家对水资源依法实行取水许可制和有偿使用制”。这是典型的以行政许可措施来实现规制目的。

知识链接：

旅游格式合同的行政规制

行政规制由于其固有的高效、事前和主动的特点，成为目前规制格式合同的主要手段。通过对旅游格式合同有效的行政规制，可在一定程度上保护旅游者的利益。目前，我国对旅游格式合同行政规制的主要方面有：

1．制订旅游格式合同示范文本。旅游行政管理部门为加强行业管理，监督旅游业者规范经营，根据实际情况制订和推行内容客观公正、条款齐全完备的旅游合同示范文本，防止经营者利用自行制定的格式合同、格式条款、通知、声明、店堂告示等方式作出对旅游者不公平、不合理的规定，或者减轻、免除其损害旅游者合法权益应承担的责任。目前大多数旅行社使用的旅游格式合同文本，是由国家或地方旅游局参与监制的，这为保护旅游者权益，规避旅游纠纷，起到了很好的作用。

2．对旅游格式合同进行事前审查。事先对某些旅游业者使用的格式合同进行效力审

[1] 徐进．诉讼法学词典 [M]. 北京：中国检察出版社，1992：215.
[2] 董妍．人工智能的行政法规制 [J]. 人民法治，2018（6）：9-11.
[3] 杨海坤，郝炜．共享单车的行政法调控——兼评互联网新经济的行政法调控模型 [J]. 法治研究，2018（4）：40-57.
[4] 陈秀萍，马悦．网络预约出租车行政规制方法探析 [J]. 行政与法，2018（10）：29-36.

查，对其中可能存在的不当条款责令修改或禁用。

3. 对旅游格式合同进行事后监管。对那些未经事前审查的格式合同，发现有不公平条款时有权发布禁令，禁止其使用并予以行政制裁。旅游业行政管理部门在监督旅游业者的旅游合同订立、履行和纠纷处理中，要严格遵循《合同法》《消费者权益保护法》等法律法规，不得随意扩大无效格式条款的范围，以切实发挥其对旅游格式合同条款的监管职能。

——来源于《旅游合同法律问题研究》[1]

自测题：

1. 简述行政规制的规制事项内容。
2. 简述行政规制的规制工具选择。
3. 行政规制有哪些规制措施？
4. 简述行政规制程序的具体规制环节。
5. 请举例说明行政规制的典型适用情形。

[1] 罗冬娥．旅游合同法律问题研究 [M]. 哈尔滨：哈尔滨工程大学出版社，2009.

第五章

行政规制中的自我规制

【教学重点】

1. 厘清自我规制及其相关概念并明晰自我规制的基本法理。
2. 分析自我规制的功能及限制。
3. 探讨我国自我规制实践状况。

【内容概要】

本章主要从自我规制的基本概念入手，并作进一步阐述，分析其基本法理。一方面根据自我规制的特点分析其功能和作用；另一方面在了解自我规制内涵的基础上对其限制和不足进行阐述；最后，对我国自我规制实践的具体形式分别进行论述，并对其未来发展作前瞻性的展望和构想。

第一节　自我规制的基本概念

一、自我规制的基本概念

（一）规制

规制，源于英文“Regulation”一词，有规范制约之意。也有学者译为管制、监管。可作名词与动词，作名词时，规制意为规则、制度；作动词时，规制含有规范、制约、限制等意思。规制一词的词形渊源可以追溯到中国北宋时期的《新唐书》，《新唐书·韦述传》记载：“及萧嵩引述撰定，述始摹周六官领其属，事归于职，规制遂定。”但此处的“规制”一词为规格制式之意，与行政法学领域内所使用的规制并没有词义上的关系。现代“规制”一词来源于英文，是规制部门通过对某些特定产业或企业的产品定价、产业进入与退出、投资决策、危害社会环境与安全等行为进行的监督与管理。规制理论已经应用到社会生活的诸多领域。其中，规制理论在经济学领域的应用最为久远成熟，经济学的发展为规制制度体系的形成作出了重大贡献。

（二）自我规制

关于自我规制（Self-Regulation），学界尚未形成普遍接受的定义。经济学领域、管理学领域分别对“自我规制”的概念有所讨论，但提法各异，如社会自我规制、行业自律等。基本概念的明确是法学研究的前提，对自我规制基本概念的阐释将利于明晰自我规制的内涵，有助于更加清晰地划分不同规制进路的种类。

《牛津规制手册》（*The Oxford Handbook of Regulation*）一书提出，可以借助任何规制工具或规制策略都具备的四重必要特征，即对象（target）、规制者（regulator）、命令（command）和结果（consequences）（Coglianese，2009）来界定区分自我规制与元规制的概念。

一是对象。即规制适用的对象及违法后果的承受主体，规制对象即被规制者。商业公司或者商业设施都是典型的规制对象。但规制对象还包括个人（如驾驶员）、政府组织（如学区）以及非营利组织（如医院）。

二是规制者。即制定并执行规则或规章的主体。尽管对规制的传统理解，认为政府在承担规制者的角色，但正如研究已指出的，非政府性质的标准制定机构、行业协会、商会也可担当此角色。一个规制对象通常要受到不同的政府和非政府规制者的规则约束，在不同的规制者之间，有可能对彼此的规则及规制执行活动进行协调，也有可能不进行协调。

三是命令。即规制者命令对象做或者不得做某些行为。命令可以具体规定手段或者目标。规定手段的命令通常又被称为技术标准、设计标准或规格标准：它强制或者禁止采取特定行为，或者要求实施特定的技术。规定目标的命令往往又被称为绩效标准，它不对任何具体手段作出规定，而是要求规制对象实现（或避免出现）与规制目标相关的特定结果。从另一个维度，可以根据命令的规定范围，将其划分为具体命令和一般命令。一项命令可以要求达到具体结果，采用特定手段。命令也可以要求防止某种一般结果的发生，或要求采取非常概括性的手段。结合上述两种区分标准，可将命令分为四类：即规定具体手段的命令、规定一般性手段的命令、规定具体目标的命令和规定一般性目标的命令。

四是结果。结果是指规制对象履行或者不履行规制者所发布的命令要求时，会产生怎样的后果。对于任何规制策略来说，没有任何后果的规定，将会在实践中赋予规制对象高度自由，可能使规制策略的作用在实践中流失。结果有消极结果（如对违法者处以罚款或制裁）和积极结果（如对守法者给予补贴，或免除适用规制要求）之分。

自我规制是指规制对象对自身实施命令与结果，规制对象与规制者具有同一性。规制对象可以是单个企业，也可以是代表规制对象的行业协会。[1] 元规制是对规制者进行规制的过程，是外部规制者有意促使规制对象作出内部回应的规制类型。

有学者认为自我规制是指国家以外主体为履行任务给自己设定的行为标准，既有个体商业利益的追求，与此同时也对提升公共利益有所贡献。[2]

有学者认为自我规制是一种涉及正式和非正式规则或标准与规制过程的制度安排，由于对市场主体行为具有约束作用而得到广泛认同；自我规制相关的正式和非正式规则或标准与规制过程大多由部分成员来制定。实施自我规制的目的就是要规范组织成员的行为。例如，Haufler（2001）认为，与政府的强制性规制不同，自我规制是由被规制对象自行设计并自我执行的制度安排，而且不是比政府现行规制更加严格，就是在缺乏政府规制或标准的领域建立新的标准。尽管自我规制是自愿实施的，但相关规则得到包括企业间书面协议在内的正式或非正式实施机制的支撑。他还从经济全球化的角度，把产业自我规制看成全球治理的一个潜在来源，是一种关于国家间问题的集体决定机制。这种机制既可在政府的参与下运行，也能在没有政府参与的情况下发挥作用。[3]

有学者认为，自我规制是一个多义的概念。它有时指企业等经济主体出于社会责任感、建立声誉或声望或自律（self-discipline）等动机，对于自己行为的自我约束和规范；有时指一个集体组织（collective group）对其成员或者其他接受其权威的相关人员进行的约束和规范，即自我规制组织或者协会（self-regulatory associations，SRAs 或者 self-regulatory organizations，SROs）进行的规制。但该学者倾向于采取第二种含义，强调自

[1] 董妍．风险规制视角下处罚法定原则在新兴科技领域执法中的困境——以人类遗传资源行政处罚为视角 [J]. 自然辩证法通讯，2019（3）：103-109.

[2] 高秦伟．社会自我规制与行政法的任务 [J]. 中国法学，2015（5）：73-98.

[3] 杨志强，何立胜．自我规制理论研究评介 [J]. 外国经济与管理，2007（8）：16-23.

我规制的集体性，认为自我规制的本质是一种集体治理过程。[1]

综上所述，自我规制的内涵尚无定论，但以上关于自我规制的观点都有其共同之处：他们都认可自我规制是由集体组织或者行业协会等自行设计、执行的标准或者规则。因此，我们认为，自我规制是指除国家之外的私人主体（单个企业、行业、产业界等）出于自身利益或公共利益的考量自愿参与到内部规制目标或者标准制定中，以实现规范约束自己行为的一种特定规制形式。一套成熟完整的自我规制体制通常包含以下元素：制定规则、执行、处罚、监督与检查。

二、自我规制的特征

（一）同一性

同一性是指主体与客体的同一性，即规制者与规制对象为同一主体。这是自我规制与元规制（meta-regulation）的核心区别。在西方规制理论中，有对“元规制”（meta-regulation）的讨论，它又被称为“基于管理的规制”或“过程规制”“基于体系的规制”“基于绩效的规制”“为实施法律展开的自我规制”，其核心要义在于对自我规制的规制。元规制，指外部规制者有意促使规制对象本身针对公共问题，作出内部式的、自我规制性质的回应，而不包括外部规制者的无意而为。[2]

（二）主体特定性

主体特定性，主要指作出命令的主体是私主体，而不是行政主体。私主体是与公主体相对的概念。私主体是指行政主体之外不履行国家职能的公民、法人和其他组织。根据规制主体的不同，可以将规制分为政府规制、社会自我规制与合作规制（规制国家框架下的自我规制）。自我规制的主体是不行使国家权力的公民、法人和其他组织。

（三）自愿性

自愿性，指私主体（单个企业或者行业协会）基于内部成员共同约定或者行业组织自我约束的需要，依照自己意志和独立决定的自由，自主地采取某种手段规范自己的行为。有学者认为，自我规制的核心内涵在于“自愿性”和“公益取向性”。[3] 自愿性并非出于行政主体的强制或者命令，也并非遵守法律、法规、规章的行为。而行政规制通常不具备此特征，行政规制具有强制性。

（四）自治性

自治性，指自我规制具有较强的内生性与自主性，自我规制更加重视其组织成员的参与。自我规制是规制对象对自身行为的限制，规制者自己制定规则标准，自己实施并自己监督标准的实施。

与行政规制相比，行政规制是对规制对象进行“外部式”的“他律”；自我规制是对规制对象实施的“内部式”的自律。

[1] 李洪雷．走向衰落的自我规制——英国金融服务规制体制改革述评 [J]. 行政法学研究，2016（3）：41-54.
[2] 段泽孝．人工智能时代互联网诱导行为的算法规制 [J]. 江西社会科学，2019（2）：24-32.
[3] 卡罗尔·哈洛，理查德·罗林斯．法律与行政（下卷）[M]. 杨卫东，等，译．北京：商务印书馆，2004.

三、自我规制的类型

目前，学界关于自我规制的分类众多且不一致。关于自我规制的类型，主要有以下观点：

根据自我规制与政府之间可能存在的不同关系，英国学者茱莉娅·布莱克（Julia Black）教授把自我规制划分为四种类型：一是委任型自我规制（mandated self-regulation）。委任型自我规制，是政府要求或者授权某一集体组织、产业界或者职业界，在政府所限定的范围内制定并执行相关的规范。二是批准型自我规制（sanctioned self-regulation）。批准型自我规制，是指集体组织等自行制定规制方案，然后呈报政府批准并执行的一种自我规制。三是被迫型自我规制（coerced self-regulation）。被迫型自我规制，是指产业界自行制定并实施的规制，但往往是对政府的威慑做出回应的结果。如果产业界不这样做，政府就会实行法定规制。四是自愿型自我规制（voluntary self-regulation）。自愿型自我规制，是指未经政府以直接或间接的干预方式促进或者授权而进行的自我规制。[1]

美国学者弗里曼（Jody Freeman）以国家介入的程度强弱，将自我规制分成自愿型自我规制（Voluntary Self-Regulation）与委托型自我规制（Mandatory Self-Regulation）两类。自愿型自我规制，是指未经政府委托或引导而主动在内部进行规制的规制模式。在这种模式下，国家没有以直接或间接的方式介入自我规制过程。委托型自我规制，是指国家介入企业、行业或者产业界的规制过程，要求在政府所规定的范围制定并执行相关准则。这种模式，规制者的规制准则制定与执行受到国家的限制，国家介入程度相对较高。

根据规制过程的政府介入程度，可将自我规制分为单纯的组织单边协定、组织为执行政府设定的标准而自愿制定的计划和政府与私人组织之间谈判签订的协议（表 5.1）。

表 5.1　规制类型与国家介入程度关系

国家介入程度	弗里曼	Thomas P. Lyon
弱 ↓ 强	自愿型自我规制	单纯的组织单边协定 （组织为执行政府设定的标准而自愿制定的计划）
	委托型自我规制	政府和私人组织之间谈判签订的协议

日本学者原田大树教授以自我规制的目的与机能、组织形态、自律度或法律规制度为基准，将自我规制分为以下四种模式：一是团体自律模式。自我规制主体的规制活动与国家活动分离，由团体自主实施规制标准的制定、实施与监管。二是团体参与模式。在团体参与模式下，一类是国家承认团体所制定标准并将其纳入法秩序范围，由国家执行，又称为基准订立型；另一类是国家授权团体自己实施法律执行，又称为法律执行型。三是监督认证模式。此种模式根据认证主体不同，可以分为自己认证型和第三人认

[1] 陈军．行政法视野下的自我规制 [J]. 云南行政学院学报，2009（2）：144-146.

证型。四是诱导模式。根据国家引导激励私人主体进行规制的法律类型，其中又可分为组织法诱导型和行为法诱导型。

艾伦朗教授根据实施自我规制的私人动机和公共激励，将自我规制区分为三种类型：一是自由或纯自我规制。这种自我规制的权力完全掌握在相关领域的私人团体手中。如果自我规制不违法，政府就采取不干预态度。二是替代型自我规制。这种自我规制的权力掌握在私人参与者手中，但政府为确保公共利益不受威胁会对自我规制过程实施监督。三是条件型自我规制。这种自我规制是公共规制和私人规制相互融合的产物。[1]

自我规制的核心在于单个企业、行业或者产业界、职业界的自愿性，我们认为，自我规制的分类也应该根据单个企业或者行业的自愿程度划分。自我规制可以分为：一是自愿型自我规制。自我规制主体出于产业利益或兼顾公共利益考虑，完全依照规制主体自由意志进行规制的行为，此种类型自愿程度最高，这是最理想的状态，但是实践中纯粹自愿的自我规制比较少见。二是引导下自愿型自我规制。单个企业或者行业最初没有规制自身行为意愿，在政府的引导下进行规制。绝大部分属于此种类型。三是被迫型自我规制。此种情形下往往是出于对政府权威的回应，如果产业界不这样做，政府就会采取规制手段，此种类型自愿程度最低。

四、自我规制的法理基础

在互联网时代，传统以政府规制为主的规制形式已不能适应当代政治经济社会发展需要，随着社会对行政主体行政管理的质量要求明显提高，国家已不能像从前一样从容应对，此时，寻求其他社会力量的协助便顺理成章，自我规制将提供新的治理思路。尽管国家承担行政任务的履行，但这并不表明私人主体无法参与。对于规制而言，在承认自律的前提下，国家不再垄断规制者的地位，不再以外部的他律措施要求、约束被规制方的私人主体，而是希望私人主体等传统的被规制者进行内部式的自律。厘清自我规制的法理基础就具有重大意义，我们认为，在关注自我规制的法理时，应该注意以下理论：

（一）公共治理理论

“治理”概念一提出，便在社会科学领域引发热议，一直受到行政学、政治学、管理学等领域的青睐，也被广泛应用于行政改革和政治发展领域。治理理论在 20 世纪后期兴起，主要源于两个方面，一是西方国家的市场调节机制失灵，产生了失业、市场垄断、分配不公等社会问题。二是西方国家的国家管理失效。“超级保姆”式的政府机构臃肿、服务低劣、效率低下，导致财政税收危机四伏，社会和文化分裂，同时全球化和区域立体化逐渐深入，联合国也无法解决一些地区的社会问题，尤其是毒品泛滥，跨国犯罪、核武器扩散、科技风险、环境保护等问题已对国际社会的管理提出了严峻的挑战。社会迫切需要新的调节机制解决政府和市场失灵问题。国家与社会、政府与市场等

[1] PHILIP E. Possibilities and constraints in the use of self-regulation and co-regulation in legislative policy: Experiences in the Netherlands-lessons to be learned for the EU?[J].Electronic Journal of Comparative Law，2005，9（1）:102-114.

二分法在 20 世纪后期纷纷陷入困境，追求社会科学理论的新范式，寻找国家、市场和社会的重新定位，成为实践与学术的双重迫切需求。[1]

21 世纪以来，治理理论主张分权，摒弃了国家和政府的治理“中心”位置，更加强调政府之外的力量参与公共事务管理。治理理论认为，治理的主体应当是多元的，一国的治理主体除了政府，还包括其他社会个人、行业协会、公共组织等。治理的适用范围也在扩大，治理理论主张除了社会公共事务，生产生活中所涉及的日常事务和各种活动，都是治理的客体。自我规制就是私人主体对自己内部事务进行自我管理模式，是对治理理论的生动诠释。

自党的十八大以来，我国一直将简政放权、放管结合、优化服务作为转变政府职能的重要战略，党的十九大提出，推进国家治理体系和治理能力现代化的重大议题，国家行政管理承担着按照党和国家决策部署推动经济社会发展、管理社会事务、服务人民群众的重大职责，因此，必须创新行政方式，提高行政效能，自我规制不仅符合转变政府职能，提高行政效能的要求，也是国家尊重市场规律，尊重市场主体的自治自由，重新认识政府与市场关系的体现。规制者与规制对象同一的私人主体以一种内部式的自律参与企业或者行业的自我管理，一方面实现了内部利益，提升了私人主体在市场中的竞争力，完成了自我管理、自我服务；另一方面，也是政府公共管理、社会管理、市场监管等职能在市场的实现，同时是行政方式创新，国家治理体系和治理能力现代化的重要部分。

（二）效率原则

效率是指以最少、最小之资源投入达到最大的收获或特定目标之最佳、最优实现。在现代国家，政府实现社会事务管理时，被要求迅速做出有效反应，提高效率，这是没有争议的。自我规制的优势在于利用私人主体的自愿与其资源，有效进行自我约束可以辅助政府实现公共管理的行政任务，减少或者避免出现规制失灵的情形。同时，私人主体自觉地规制自己行为，可以减低国家启动国家机器的概率，减少政府权力运行的成本。因此效率原则作为自我规制的正当性理由是毫无异议的。

效率原则是行政学及行政法学的重要内容，无论是公民、法院、立法机关还是行政系统内部，都要求提高效率，但是关于效率原则是否为行政法之基本原则，学术界存在争议。反对者认为效率原则只是行政管理的基本原则，不是行政法学的基本原则，如果行政法学追求效率，可能会在行政行为中存有大量违法行为，以致妨碍其他行政法学特殊价值追求之实现。但是，我们认为，效率原则应当属于行政法学的基本原则。其一，宪法依据。《中华人民共和国宪法》第二十七条第一款[2]明确要求国家机关应提高工作效率。其二，基本原则一般要求具有贯穿性，而效率原则贯穿于行政法当中。行政立法、行政执法、行政程序、行政监督与救济都需要遵循效率原则。据此，效率原则作为

[1] 何翔舟，金潇．公共治理理论的发展及其中国定位 [J]. 学术月刊，2014（8）：125-134.

[2] 《中华人民共和国宪法》第二十七条第一款规定：“一切国家机关实行精简的原则，实行工作责任制，实行工作人员的培训和考核制度，不断提高工作质量和工作效率，反对官僚主义。”

行政法学的基本原则，约束自我规制的主体实现公益是正当的。

（三）回应型法理论

20 世纪 60 年代，美国经济繁荣发展，但是却伴随着一系列社会问题，诸如贫富悬殊、环境污染、犯罪增加等，社会各种矛盾相互交织。社会法学在这种时代背景下形成，希冀找到解决社会问题的法治之路。作为社会法学分支的伯克利学派便在此时期形成发展。伯克利学派根据人类历史发展阶段的不同，把社会结构分为三种：前官僚型、官僚型、后官僚型。与之相对应的法律类型为：压制型法（Repressive Law）、自治型法（Autonomous Law）、回应型法（Responsive Law）。

在压制型法社会中，法律是维护政治、统治秩序的工具，统治者往往忽略被统治者的利益，主要依靠其强制手段和权威来实施法律。在这种社会中，法律并没有自身的独立性。自治型法的出现是为了限制压制，与压制型法相比，自治型法有以下明显不同之处。第一，法律与政治分离。社会实现了立法权、司法权、行政权的相互分离；第二，为了防止出现压制型法中自由裁量权滥用的情形，自治型法强调“规则之治”，法官只需要严格适用规则进行裁判；第三，重视程序正义，轻视实体正义；第四，重视法律权威。反抗法律的行为尽管在道德上具有正当性，但却不具有法律上的正当性。与压制型法相比，自治型法具有优点，但它本身也存在不足。自治型法过于注重形式正义，使得法律忽略了现实中的社会生活；法官严格机械地执行法律，忽视了法律其他层次的价值追求，不考虑其他社会因素，仅仅服从法律，最终可能会“陷入唯法条主义”的泥潭。自治型法的弊端导致法律无法回应新出现的社会问题，遭到诟病，伯克利学派便提出了回应型法。

回应型法的主要关注点在于社会，法律作为一种有效的社会管理手段，反映并调整社会关系，在社会治理中，法律应当更多地回应社会需求，解决社会问题。回应型法主张通过协商的方式进行公共参与和政治参与，这种模式削弱了公民的严格服从义务，把维护、发展公民意识作为最重要的价值。回应型法强调公民的参与性，此外，国家的法律在回应型法指引下更多地是发挥补充性、辅助性功能，为其他社会组织参与政策制定提供制度保障，使其他主体的规则受到高度重视，国家为其他主体的制度安排提供权威性支持，如认可社会组织制定的标准和对认证机构活动提供支持。在回应型法中，规制方式的转变是回应社会需求，是对政治、经济、文化、社会等变化的回应。在日新月异的现代社会中，政府的管理能力有限，不可能把所有社会事务的管理都揽入手中，因此，需要其他主体来减轻管理压力。自我规制就是回应型法理论在规制领域的实践。

（四）反身法理论

反身法理论是德国学者托依布纳提出的。该理论认为，社会由不同的子系统组成，各子系统有自身的话语体系，具有自主的运作逻辑，且不易受其他子系统的影响，具有封闭性。法律子系统的认知能力有限，不能胜任功能分化的复杂社会。在保持各个子系统独立性的前提下，作为社会子系统的法律如何实现与其他社会子系统之间的整合？托依布纳认为，可以通过反身法（Reflexive Law）来实现。这是因为不同的子系统难以影响其他主体并受到其他主体的影响，以法律子系统为例，法律规范为社会纠纷的解决提供行为与判断准据，但由于法律的滞后性等原因，无法为所有纠纷都提供规范指引，因此，法律只能通过自我调整自身来解决这些问题。如可以通过法律修改或法律解释的途径解决其他系统的纠纷。换言之，当法律出现不能规制其他子系统的问题时，法律大多是通过调整自身来与其他社会子系统相衔接，即“通过影响组织机构、能力和程序来促使其他社会系统建立起一套更为民主化的自我管制机制。”[1]

反身法则是法律演化的产物。托依布纳将现代社会的法律演化划分为形式法（Formal Law）、实质法（Substantive Law）和反身法（Reflexive Law）三个次第发展的理想类型，并借用哈贝马斯对现代法理性的界分从规范理性、内在理性、系统理性三个维度展开了反身法的理论架构。[2] 作为对国家干预主义失灵的回应，反身法是一种新型的法律自我限制。反身法不是以高高在上的法律权威姿态来决定其他社会系统的发展，而是培养社会其他系统的内在反身结构，亦即通过对社会子系统施加内在限制，从而使得形成适合自己的运作模式，并且与各个子系统之间在结构和功能上协调发展。反身法的功能在于，运用有效的内部控制结构，取代外在的干涉控制。而自我规制的发展历程正是反身法理论的呈现。

第二节　自我规制的功能

一、促进行政权与公民权的平衡

自20世纪80年代以来，我国法学界逐步提出“管理论”“控权论”“平衡论”等行政法基础理论学说。

“管理论”主要在苏联、东欧国家和我国计划经济时代流行。社会主义国家在建立之初，更多关注的是如何运用行政权进行管理，从而高效地实现巩固政权和建设国家的目标。[3]“管理论”认为，行政法律关系主要是“命令—服从”关系，行政机关将其行政管理意志施加于相对方，除非经由司法救济或者上级命令，否则相对方必须服从于国家行政管理意志。这种理论把行政机关与行政相对人看成是一对不对等的权利义务主体，加强行政机关命令的权利与相对人服从的义务，而忽视行政主体的义务与相对人的权利。虽然行政机关为了国家利益或公共利益，享有行政优先权和收益权，但过分强调

[1] 杨炳霖 . 回应性管制——以安全生产为例的管制法和社会学研究 [M]. 知识产权出版社，2012：20.

[2] 谭冰霖 . 环境规制的反身法路向 [J]. 中外法学，2016（6）：1512–1535.

[3] 徐维 . 论行政机关自我规制 [D]. 长沙：中南大学，2012.

行政机关和相对人之间“命令—服从”关系，可能会造成行政权力的不正当滥用、侵犯公民合法权益以及增加权力寻租的机会。

“控权论”强调对于行政权的约束，即行政法是控权法，认为应予控制行政权滥用和行政专横，防止其侵犯立法权和司法权，应在行政权被滥用时予以补救，以保障个人权利。行政机关及其行政权，对公民及其权利并不具有固有的优越性。[1]“控权论”希望在权力的此消彼长之间使行政相对人的权利得到保护，但无意中制造了行政权与公民权的对立，使得行政权在面向关涉公众利益的突发事件时功绩全无，导致行政无作为的情况出现。

“平衡论”将行政机关与行政相对人看成是一对平等的权利义务主体，在行政权的过度限制与过度放任之间寻求平衡，相对于威权色彩浓厚的“管理论”以及为过度压制行政权以致造成官民对立的“控权论”，更符合自我规制的指向。因为，从形式上来说，自我规制讲求政府放权，企业自我控权，即自我规范和控制行使权利。自我规制的主体和对象都是企业、行业协会等非政府组织，通过自我控制和监督，约束自我行使权利，以保证自身作出的行为具有合法性与正当性，这同时也意味着行政权力的自我控制和约束，在自我规制发挥作用的场合，行政权力的干预应当予以克制，让企业的归企业，契合了行政法“控权论”的理论基础。而从实质上来说，自我规制的根本目的在于为自身保留足够的自由空间，避免行政权力过度干涉和介入市场和社会。

在我国，国家利益、公共利益与个人利益在实质上应当是一致的，行政机关与相对方在行政法上的权利义务应当是平衡的，不论哪一方侵犯了另一方的合法权益，都应当及时纠正并弥补损失。[2]我们要克服单方面强调相对方绝对服从行政机关命令的义务，同时也要强调行政机关必须依法行政和正当行政的义务。尤其是我国自 20 世纪 90 年代以来，在面对日益复杂和快速发展的社会时，行政机关可能会采取如行政指导、政府信息公开、政府采购等行政事实行为或者非行政行为来调整；同时，在面对缺乏明确法律法规指引，但现实局面却迫切需要行政权力介入的情形时，行政机关将有限地突破法律保留等原则的约束，依照正当行政原则积极扩张行政权力的范围和种类，而这些行为却有时得不到行政领域的司法救济，不利于保护相对方作出的行政行为。自我规制有利于行政机关自我克制行政权力的扩张，通过划定企业行为的范围，并在该范围外限制行政权力的进入，在一定程度上扩张了公民权的行为界限，消解了部分行政权力对于公民权的管制压力，抵消了行政权力过度干预的消极影响。因而自我规制有利于维持行政机关与相对方在行政法上权利义务的平衡。

二、减少政府规制盲区

当规制者在缺少资源或信息，无法设计合理的规则来限制规制对象的裁量权时，自我规制能解决特定问题，从而避免政府规制盲区。以有毒物质排放为例，规制者一方面

[1] 叶必丰．控权论研究 [J]. 南京大学法律评论，1997（2）：159-165.

[2] 关于平衡论，具体可参见罗豪才，袁曙宏，李文栋．现代行政法的理论基础——论行政机关与相对一方的权利义务平衡 [J]. 中国法学 1993（1）：52-59； 沈岿．试析现代行政法的精义——平衡 [J]. 行政法学研究，1994（3）：12-15； 王锡锌．再论现代行政法的平衡精神 [J]. 法商研究，1995（2）：37-41.

可以确定各类化学物质的排放标准；另一方面，可以分别要求或者允许各行业来制定自己的减排方案，对于规制者而言，更容易做到的是，鼓励并监督企业制定化学物质排放的内部控制计划，这仍能够实现降低污染的目标。

同时，当外部规制者无法充分理解某个问题或潜在问题时，自我规制或许成为可供参考的有效手段。传统规制者需要有与特定产品或生产模式相关的风险信息，规制者要了解潜在危害的严重性，以及这种危害发生的可能性。外部规制者相较于规制对象而言，他们存在严重的信息劣势，而自我规制恰恰利用了规制对象的信息优势，让规制对象承担起规制自身的任务。自我规制主体拥有较高的专业技术水平、充分的“内部知识”和产业信息，这使得规制能够针对该领域中确实存在的突出问题，其手段也往往较为有效。

自我规制是针对特定企业、特定产品实施特定的管理策略，对企业的内部环节特别是高风险环节进行控制，更为具体地规定企业内部的管理体系“看上去应该怎么样”，以期实现监管目标。企业的自我规制不仅有助于保证产品质量，还有助于通过更高的、更具特色的自我规制，来推行自己的品牌战略，与此同时，政府也可通过企业的自我规制来避免因信息不对等造成的规制盲区。

与此同时，自我规制不仅可以弥补政府因人力、物力、专业知识、技术等不足而造成的规制盲区，更为重要的是为国家管理社会、发展经济建立了辅助性的控制架构，也便于在下次问题出现时快速及时介入、干预。

三、降低政府行政成本，减轻纳税人负担

随着市场经济发展与市场机制的完善，我国政府规制领域出现了低效率、高成本的问题，需要对政府规制予以重新认识，并进行改革。

行政成本居高不下，实质是行政机构膨胀、人员规模大所导致。这不仅造成行政机构人员经常性的开支、工资、办公费用等的高涨，还产生了行政摩擦，效率低下等现象。一般来讲，造成行政成本居高不下的原因有如下几个：其一，政府支出不公开透明。行政成本未见详细的数据公布，而且，预算编制不完整，对预算执行的监督不到位。其二，更偏重预算的制订与支出规模的合法性，但对资金的使用过程缺乏管理和效益评估。其三，财政体制改革不到位。部门利益对财政改革形成了较大的阻力。上述原因造成政府组织在管理和服务中缺乏效益观念、公共财产观念等问题出现。

而降低行政成本，建立经济型政府，是目前财政体制改革的关键，相比于其他规制，自我规制对于政府来说负担更轻，其在制定规则时不需要遵循严格正式的法定程序。这样一来，自我规制制定的成本相对较低；企业等非政府组织支出更加透明，消费也有明确的标准和限制，同时对于国家而言，该种规制的推定成本更低，推行方式更便捷，政府在其中仅起着协调与补充的作用，这大大减少了政府的人力与财力的负担，因

此自我规制的推行也是实现低成本高效率的方式之一，而节省出来的人力与资金，政府可以用在法律框架的构建与完善上，提升规制的效率。

四、提高行政效率

外部对企业的监督固然重要，但不可否认，企业自我规制的效率远比外部监督更高。自我规制将有关如何规制的裁量权从规制者转移给了规制对象，这种裁量权的转换存在益处，因为规制对象可能对自身运营掌握着更多的知识和信息，因此更有可能找到最符合成本有效性要求的解决方案。他们也可能认为，自己制定的规则比外部规制者制定的规则更加合理，因此更倾向于遵守这些规则。由外部监督对企业形成的压力，总是需要一定的程序和时间才能转换为企业内部的动力，外部主体需要搜寻信息、进行调查、形成结论，最终向企业反馈，这种势能转换的过程会造成大量时间和资源的浪费，且外部监督经过新闻媒体的加工，有可能会造成信息传播的失真，尤其是在目前自媒体门槛极低的背景下，原本只是中立的调查监督会导致民众的猜疑和不满，最终侵蚀政府的公信力。

另外，在规制越发精细化和专业化的今天，企业自身对市场和社会实施规制的组织、智力、信息和财力资源超过了行政机关。由于其非专业性，人大代表、媒体记者或者普通公民等外部主体实施的监督有时会错过真正该关注的地方，并对其产生干扰。我国自 20 世纪 90 年代以来，随着计划经济逐渐向市场经济转轨，市场和社会中经常会出现现行法未规定但急需解决的问题。为此，行政机关不再固守形式法治的约束，开始采用一些经济性和社会性的规制手段，例如对防治环境污染采取开设“排污权”交易市场；设立社会信用体系，以个人和组织的信用情况作为采取其他行政行为的依据；在特定范围内披露行为人信息，对行为人的行为实施“声誉罚”；对符合条件的企业组织给予补贴等。同时，政府也看到了自身规制资源的不足，进而积极吸收非政府主体的规制资源（企业的自我规制），启动合作治理，例如政府对外购买服务；公共基础设施以 PPP 模式吸引社会资本合作；与科技公司合作开发软件，提升行政行为的效率。社会资本方、科技公司、律师事务所、会计师事务所等专业组织通过公私合作的形式也在间接影响着政府行政。

第三节　自我规制的限制

自我规制传统上主要应用于法律服务、媒体等领域，近年在环境保护、食品安全、信息保护、金融市场、网络规制等领域得到快速应用与发展。自我规制作为一种规制工具，利用其治理与解决复杂社会问题并不是什么新鲜事。自我规制理念源于西方国家，可以追溯到欧洲中世纪时期的商业与贸易行会，它们利用自我规制管理行会事务，以期减少政府的介入和干预，并建立免受市场和国家侵害的行业领域。行会利用自我规制也承担了诸多社会发展所衍生的公共任务。自 19 世纪以来，随着工业革命所带来的经济社会迅速发展，社会事务急剧增多，自我规制难免捉襟见肘，政府行政权不断扩大，政府规制不断增多且显现出取代自我规制的趋势，到 20 世纪 70 年代到达顶峰，因此一些国家被称为“规制国家”。社会管理的复杂性冲击着政府规制，加之自我规制有其天然优势，而且随着近年规制缓和（deregulation）政策的发展，自我规制呈现崛起之势，又称为“规制国家框架下的自我规制”或者合作治理（collaborative governance）、合作规制（co-regulation），它们正是当前规制改革的主要思路之一。

一、自我规制的优势

自我规制在传统上以及近年来新领域的广泛运用，显示出其强大生命力，这主要体现在自我规制的如下优势：

（一）专业性强

自我规制的突出优势在于自我规制主体拥有较高的专业知识与技术水平，自我规制主体是该行业专业人员，能够掌握更充分的信息，并且信息成本低，能够了解行业的产业信息与问题痛点，因此，规制主体在制定规制手段或标准时更具有针对性，这使得该领域中突出问题的解决更为有效。

（二）灵活性高

自我规制主体作为私主体，在制定标准时规则不必像行政主体行使行政权力那样拘泥于严格的法定程序，一方面节约了时间成本，另一方面也能更加及时快速地对行业发展中面临的新形势、新问题作出回应。在执行规则与解决纠纷时也无须恪守严格的程序要求，自我规制享有的高度灵活性也能更好地推进规则的实施与争端的解决。

（三）成本低

自我规制的成本低主要体现在三方面：规制主体获取信息的成本低、制定执行准则时间成本低、政府规制成本低。首先，自我规制组织一般是某个行业的权威主体或者先行者，因此自我规制主体一般能够掌握全面、充分、有效以及最新的信息，获取信息的成本也较低。其次，由于自我规制的高度灵活性，自我规制主体制定执行规制准则的时间成本较低。最后，自我规制的成本通常会转移至规制对象，而政府规制的成本则往往由纳税人负担。对国家而言自我规制成本较低，因为先由社会部门自行规制，强调政府行为的补充性、公私合作原则使国家能够节省成本，减轻国家法律执行的负担，甚至在一定程度内替代政府执法，从而实现以较低成本达成较高遵从率的效果。

（四）效率高

自我规制的效率高主要体现在修改规制准则效率高和执行规制准则效率高两方面。一方面，当行业出现新情形以致原有规制准则不能较好发挥规制作用时，自我规制组织可为应对情势变化而修改其规制准则，由于其不必遵守法律程序，在修改规制准则方面，与政府规制相比更加高效。另一方面，各被规制者拥有相同或相似的专业背景，这有利于被规制者对规制准则的理解，能够降低规制手段实施、执行与监督成本，进而保证自我规制的高效运行。

二、自我规制的缺点

自我规制的勃兴对于各行业的发展发挥了重要作用。但近年来，政府也在制定各种规则来规制行业发展。如英国 2007 年颁布的《法律服务法》对传统的规制体制做了大范围变革。政府介入自我规制过程表明自我规制也有其局限，纯粹的自我规制也有一些弊端。

（一）规制者被规制产业利益所俘虏的风险

20 世纪后期，有学者提出了规制俘虏理论[1]。该理论认为，政府规制是为满足产业对规制的需要而产生，即立法者被产业所俘虏；而规制机构最终会被产业所控制，即执法者被产业所俘虏。自我规制被待规制者俘虏的根本原因在于自我规制同一性这一特征，即规制者与被规制者的重合，从而导致规制者缺乏激励去披露其成员的违规操作。尽管该理论具有缺陷并招致了大量批评，但不能否认的是，自我规制有此风险。自我规制主体与被规制者都是行业从业人员，因此自我规制机构有可能出于行业或职业利益考量，不愿意惩罚业内违规人员，怠于保护公共利益。例如，对市场准入采取限制措施。

（二）自我规制与分权理念背离

自我规制主体同时行使制定、修改、解释、废除、执行与裁决等职能。这相当于自我规制主体既是立法者，又是执法者，还是裁判者，这种集多种职能于一身的模式难以保证规制准则的高效应用。这也是近年来实施自我规制的很多领域被指责信息不透明、监督不力、惩罚效率低下等的制度原因之一。

（三）自我规制往往具有溢出效应或外部性

所谓溢出效应是指个人或者组织在进行某项活动时，不仅会对自身产生预期效果，还可能对其他主体产生其他效果。自我规制主体在制定规制条例时，不仅会对规制对象产生影响，还可能影响其他人，此时自我规制的正当性便会被质疑。当规制产业规模庞大，被规制企业数量众多时，自我规制的溢出效应影响便越大。在这种情形下，如何保证规制主体在制定规则时，规则不会超过影响其他主体的正常幅度，是一件困难且成本高昂的事情。

[1] 规制俘获理论是 20 世纪 70 年代兴起的一种管制理论。学者斯蒂格勒对规制理论的发展贡献巨大。斯蒂格勒在 1971 年《经济型规制理论》中首次用经济学方法分析了规制的产生，俘获理论得以创立并日渐发展。

（四）自我规制组织缺乏强制执行手段

政府规制可以凭借法律的国家强制性，由国家强制机构作为后盾，以保证规制措施的实施。而自我规制组织是私主体，其规制准则的执行主要依靠成员的内心认同、同行压力和伦理标准。尽管自我规制组织也会制定带有惩罚性质的规制措施，但这种措施与公共规制机构所掌握的强制手段相比更具柔性。

尽管自我规制有其限制因素，但纯粹的自我规制在实践中往往少见，一般是政府规制与自我规制相结合，自我规制与政府规制都是规制工具，两种手段结合有利于发挥各自的优势，实现合作治理、合作规制的目标。而且，近年来网络规制法、食品安全法、金融市场法等领域的应用，也表明政府规制与自我规制的融合之势，合作规制是未来规制领域的新路向。

三、自我规制的限制（自我规制的规制 / 界限）

自我规制作为政府规制的补充手段，发挥了其独特优势，但是，在法治国家框架下，自我规制并不享有法外特权，仍应有界限。市场所具有的局限性表明自我规制不是解决政府规制失灵、复杂社会问题的万能公式，自我规制易出现规制不足或者过度规制的问题，加之自我规制的外部性，如果不加以规制，可能会破坏市场秩序，限制市场竞争，进而影响其他市场主体。自我规制的限制主要体现在以下方面：

（一）保障基本权利

在传统上，对于国家与社会之间关系的认知系以国家与社会的完全对立或者分离为前提。随着社会自我规制理念的兴起，国家与社会之间的分离关系在一定程度被模糊化处理了，将被规制者变成规制者，使之主动自愿承担本该由国家履行的公共管理任务。自我规制主体在决定是否自我规制以及如何自我规制方面享有自愿性，然而，纯粹自愿的、完全不受国家影响的自我规制在实践中比较罕见，国家往往会预先设定规制目标，并通过正负面引诱或者亲自参与的方式对私人主体施加实质上的压力与影响，更甚者，通过国家利用其权威迫使私人主体不得不为自我规制，对私人主体而言，这实际上已经造成了私主体基本权利受到侵害的客观状态。

再者，自我规制组织依据自我规制准则对内部成员进行管理时，也可能侵犯他人的基本权利。自我规制组织对内部成员的违规行为进行处分时，通常表现为剥夺会员资格、限制其行为能力。这种社会强制对于实现自我规制目的、提高自我规制效率非常必要，但若自我规制组织利用手中的权力寻租，如实施垄断市场的行为，此时，自我规制可能会大肆干涉、侵犯其他主体的基本权利。

尽管自我规制的实施初衷是减轻国家负担，提高规制效率，实现公益，但不得因此而使其他主体基本权利受到侵害。作为行政机关，应保护自我规制组织和其他主体在宪法上的基本权利免受侵害。

（二）国家最后决定责任

在公私合作的现代国家中，社会主体得以参与行政任务，以自我规制的形式分担范围日益扩大的行政任务。社会主体实施自我规制，并不表示国家完全放任私主体承担实现公益的规制责任。国家要承担保障私主体执行任务的合法性，为自我规制主体设定最低限度的法律规范框架约束，以确保有利于实现公益。在法治国家中，并不存在超越国家之外的自我规制，自我规制应是规制国家框架下的自我规制。社会主体以自我规制的方式参与行政任务，旨在降低政府公权运行成本，提高规制效率，并不是将国家职权与职责转移给私主体。维护公共利益是民主法治国家不可让与的职责。

国家最后决定责任还体现在当自我规制失灵而无法达成公益目标时，或者自我规制成员拒绝执行自我规制规则时，国家负有“接手”之任务，采取适宜的规制措施介入，以实现公益。

第四节　我国自我规制的实践与展望

一、我国自我规制的具体形式

自我规制的理念虽源起于西方，但在我国早已有所研究，并应用于众多领域。我国十八届三中全会通过的《中共中央关于全面深化改革若干重大问题的决定》明确指出应当“正确处理政府和社会关系，加快实施政社分开，推进社会组织明确权责、依法自治、发挥作用。适合由社会组织提供的公共服务和解决的事项，交由社会组织承担。”同时在多个法律规范中也有体现，如《中华人民共和国行政许可法》第十三条[1]所确立的自治优先、自律优先的治理理念，又如《中华人民共和国食品安全法》第四条[2]规定了食品生产经营者是食品安全第一责任人，以及在第九条[3]指出“食品行业协会应当加强行业自律，按照章程建立健全行业规范和内部奖惩机制”等，明确了自我规制的基本法律依据。传统命令—控制型规制模式虽有一定成效，但也容易造成规制者与被规制者呈僵局之势，进而影响规制效果，导致行政任务无法完成，故自我规制被看作是对政府规制的补充，受到学界和实务界的青睐。在我国实践中的具体表现形式主要是企业内部

[1]　《中华人民共和国行政许可法》第十三条规定：“本法第十二条所列事项，通过下列方式能够予以规范的，可以不设行政许可：（一）公民、法人或者其他组织能够自主决定的；（二）市场竞争机制能够有效调节的；（三）行业组织或者中介机构能够自律管理的；（四）行政机关采用事后监督等其他行政管理方式能够解决的”。

[2]　《中华人民共和国食品安全法》第四条规定：“食品生产经营者对其生产经营食品的安全负责。食品生产经营者应当依照法律、法规和食品安全标准从事生产经营活动，保证食品安全，诚信自律，对社会和公众负责，接受社会监督，承担社会责任。”

[3]　《中华人民共和国食品安全法》第九条规定：“食品行业协会应当加强行业自律，按照章程建立健全行业规范和奖惩机制，提供食品安全信息、技术等服务，引导和督促食品生产经营者依法生产经营，推动行业诚信建设，宣传、普及食品安全知识。消费者协会和其他消费者组织对违反本法规定，损害消费者合法权益的行为，依法进行社会监督。”

的自我规范和行业协会的自我规制，且这些规范的数量往往远超政府规制的数量。

（一）企业的自我规制

企业作为市场主体，为了提高其在行业内的竞争力，往往会制定具体的管理体系，通过差异化的自我规制来提高品牌影响力，如我国《药品管理法》第二十八明确规定“药品应当符合国家药品标准”，但我国《标准化法》第十九条规定：“企业可以根据需要自行制定企业标准，或者与其他企业联合制定企业标准。”第二十一条规定：“推荐性国家标准、行业标准、地方标准、团体标准、企业标准的技术要求不得低于强制性国家标准的相关技术要求。国家鼓励社会团体、企业制定高于推荐性标准相关技术要求的团体标准、企业标准。”在某种程度上企业标准比国家标准更为精确、复杂、严格，在实践中各企业往往会为在行业内取得更大影响力和竞争力而制定并遵守企业标准。

在食品领域，具有国际上共同认可和接受的 HACCP 认证体系尤为突出，我国自 2002 年引入以来得到了广泛应用，根据国家认证认可监督管理委员会（简称“认监委”）在 2015 年发布的《中国 HACCP 应用发展报告》白皮书，在标准层面上，中国 HACCP 的相关国家和行业标准累计达三十多个，涵盖了从食品生产、加工、流通到最终消费的各个环节。在企业应用层面上，我国现获得 HACCP 认证的食品企业 4 000 余家。[1] 我国《食品安全法》也明确鼓励企业积极采用 HACCP 体系提高食品安全管理水平。[2]

类似的，在我国消费领域，消费品在出现缺陷时企业采取的召回行为是维护消费者权益的基本义务，同时也是相关企业自我规制的重要内容。生产者作为危险源的制造者和知情者，具备专业技术识别缺陷消费品和防控危险的发生。国际标准化组织发布了国际标准《消费者召回—供应商指南》（ISO 10393—2013），我国据此制定了《消费品召回——生产者指南》（GB/T 34400—2017），该标准从召回原则、召回程序、执行措施等方面进行了详细规定。

在环境保护领域，我国制定了企业环境监督员制度。2003 年 5 月，国家环境保护总局下发了《关于开展企业环境监督员制度试点工作的通知》，并编制了《企业环境监督员制度建设指南（暂行）》，标志着企业环境监督员制度试点工作正式开始，其后国务院各部门发布了多个关于建立企业环境监督员制度的文件，在 2014 年修订的《环境保护法》中，第四十二条第二款明确规定了“排放污染物的企业事业单位，应当建立环境保护责任制度，明确单位负责人和相关人员的责任”。这一条文成为企业环境监督员制度的法源。该制度通过在企业内设置环境组织，及时检测环境信息，监督企业环境行为，并负责向环保部门报告污染物排放情况等相关事宜。在早期的试点工作中，广东省将电力企业扩大到全省 57 家 12.5 kW 以上的火电、热电联产、具有自备电厂的企业；河北省对全省 726 家企业全面实施企业环境监督员制度。

[1] 参见我国首次发布《中国 HACCP 应用发展报告》白皮书。

[2] 《食品安全法》第三十条规定：“国家鼓励食品生产企业制定严于食品安全国家标准或者地方标准的企业标准，在本企业适用，并报省、自治区、直辖市人民政府卫生行政部门备案。”

在我国互联网领域还出现了互联网行业企业信用评价体系，是“以企业信用数据库为依托，以信息化为手段，运用定性与定量分析的方法，按照企业信用监督评价标准，对企业一定时期内依法生产经营情况作出的综合性评价”[1]。中国互联网协会专门成立“企业信用评价中心”和“企业信用评价专家评审委员会”，由企业自主申请评价，经过两机构专业评审后，根据评价结果向等级高的企业颁发电子标识和电子证书，同时该评价结果将作为互联网企业经营许可证和生产许可证年检的参考依据，服务于政府的市场监管和对企业融资、获得政府资助、享受税收优惠等的参考依据等。

（二）行业协会的自我规制

改革开放初期是各类行业协会起步发展的时期，我国食品行业协会、广告行业协会、交通运输协会、劳动者协会等相继成立，同时制定了相关条例对各协会进行规范管理。进入 21 世纪后，各领域行业协会数量不断增加，在 2006 年达到了 5.97 万家。在改革开放 40 年后的今天，行业协会在市场活动中已然扮演着重要角色，各自制定的行业自律规范在社会治理、行业管理等方面发挥着重要作用。

我国的正式官方文件中对于行业协会定义的表述最早出现在原经贸委 1997 年印发的《关于选择若干城市进行行业协会试点的方案》中，该《方案》指出行业协会应是社会中介组织和自律性行业管理组织。是联系政府和企业的桥梁、纽带，在行业内发挥服务、自律、协调、监督的作用。同时，又是政府的参谋和助手。而后我国一些地方行政法规也作出了规定[2]，虽然根据不同标准对行业协会进行了分类，但其具备的行业自律功能是亘古不变的，实践中主要体现在通过制定行业自律公约对协会内部主体在特定领域的市场活动作出相关规定，以维护良好的市场竞争秩序，降低了政府规制的地位但绝非以此替代政府规制，而是形成二者间的互补关系，一般做法是国家预设行政管理目标和框架，让私人主体用专业知识填补该框架内涵，同时政府也应该承担一定的保障责任。

其中具有代表性的是中国互联网协会，该协会成立于 2001 年 5 月 25 日，并于当年 12 月 3 日公布了《中国互联网行业自律公约》，截至 2018 年，普通会员单位达到了 1 084 个，其中包括了腾讯、阿里巴巴、华为、京东等知名互联网企业，该协会还下设了 12 个专项机构对互联网行业各方面进行专门管理。

《中国互联网行业自律公约》是互联网协会实现自我规制的重要方式，其在第二章设置的自律条款规定了成员单位包括保护用户信息秘密、不得擅自使用用户信息、不制作、发布或传播各类有害信息、尊重他人知识产权等基本义务和要求，并在第三章明确规定了违反公约的成员单位应接受公约执行机构的调查，并将调查结果向全体成员单位公布，第二十三条还规定了“公约成员单位违反公约，造成不良影响，经查证属实的，由公约执行机构视不同情况给予在公约成员单位内部通报或取消公约成员资格的处

[1] 王湘军，刘莉．从边缘走向中坚：互联网行业协会参与网络治理论析 [J]. 北京行政学院学报，2019（1）：61-70.

[2] 《深圳经济特区行业协会条例》第三条规定：“本条例所称的行业协会，是指同行业或者跨行业的企业、其他经济组织以及个体工商户自愿组成，依照章程自律管理，依法设立的非营利性社会团体法人。”

理”。除此总体性《公约》外，为应对互联网行业的快速变化与发展，互联网协会先后发布了 20 多个行业自律公约（表 5.2）。相较于互联网领域的专门立法和行政规定，行业自律公约数量更加庞大，规定更为细化，其利用互联网企业对于该领域丰富的专业知识和全面的信息获取能力，使得网络环境从源头上得到治理，其相对灵活的“柔性”管理方式不仅成本低，而且在发生冲突和纠纷时避免了政府部门与企业之间的正面对抗而形成僵局，将规制者和被规制者从对立面转化为统一面。

表 5.2　2002—2019 年中国互联网协会发布的自律公约

发布时间	公约名称
2001 年 12 月 3 日	《中国互联网行业自律公约》
2003 年 2 月 25 日	《中国互联网协会反垃圾邮件规范》
2003 年 12 月 8 日	《互联网新闻信息服务自律公约》
2004 年 6 月 10 日	《互联网站禁止传播淫秽、色情等不良信息自律规范》
2004 年 9 月 2 日	《中国互联网协会互联网公共电子邮件服务规范（试行）》
2004 年 12 月 22 日	《搜索引擎服务商抵制违法和不良信息自律规范》
2005 年 9 月 3 日	《中国互联网网络版权自律公约》
2006 年 4 月 19 日	《文明上网自律公约》
2006 年 12 月 27 日	《抵制恶意软件自律公约》
2007 年 8 月 21 日	《博客服务自律公约》
2007 年 8 月 21 日	《文明博客倡议书》
2008 年 7 月 17 日	《中国互联网协会反垃圾短信息自律公约》
2009 年 3 月 10 日	《“中国互联网协会网络诚信推进联盟”发起倡议书》
2009 年 7 月 7 日	《反网络病毒自律公约》
2011 年 5 月 16 日	《中国互联网协会关于抵制非法网络公关行为的自律公约》
2011 年 8 月 1 日	《互联网终端软件服务行业自律公约》
2012 年 4 月 8 日	《中国互联网协会抵制网络谣言倡议书》
2012 年 11 月 1 日	《互联网搜索引擎服务自律公约》
2013 年 12 月 3 日	《互联网终端安全服务自律公约》
2014 年 7 月 28 日	《保护移动游戏版权自律倡议书》
2015 年 6 月 24 日	《中国互联网协会漏洞信息披露和处置自律公约》
2016 年 6 月 21 日	《中国互联网分享经济服务自律公约》
2017 年 11 月 7 日	《移动智能终端应用软件分发服务自律公约》
2019 年 1 月 8 日	《网络数据和用户个人信息收集、使用自律公约》
2019 年 7 月 11 日	《互联网新技术新业务安全评估第三方服务自律公约》

与互联网行业企业信用评价体系类似，互联网协会设置了“中国互联网行业自律贡献奖”，以表彰互联网从业单位在开展行业自律、推动我国互联网行业文明健康发展中所做出的努力和贡献，同时可以提高企业的品牌价值，从而吸引更多用户。该奖项由各企业自愿申报，中国互联网协会相关委员会进行审核。在中国互联网协会官网上，最新发布了 2016—2018 年度的获奖名单，包括阿里巴巴在内的 27 家企业获得该奖项。激励性措施虽然大多是私人利益的驱使，也有利于企业自觉遵守行业规范，为创造良好、健

康的互联网环境提供帮助，对于行政任务的实现同样具有积极作用。

除互联网领域外，在近年来发展迅猛的金融领域也出现了“新兴”行业自律公约，尤其是人脸识别方面，中国支付清算协会在2020年1月20日发布了《人脸识别线下支付行业自律公约（试行）》，该《公约》主要提到了信息保护、资金安全等风险因素，并规定成员单位应当建立人脸信息全生命周期安全管理机制、交易风险监控模型和系统、用户刷脸支付投诉处理流程等管理措施。虽然人脸识别技术与支付相结合的企业一直备受社会质疑，尤其在用户信息、资金安全的保障方面，但行业协会采取灵活性的自律公约的自我规制方式，不仅以包容审慎的态度给予了企业发展的空间，也能在一定程度上引领刷脸支付行业更加规范化、系统化。

行业协会自我规制是一种内部自律行为，其自愿性地承担公共事务管理责任将对行业治理、市场规范起到重要作用。

二、我国自我规制的展望

（一）从国家相关政策上

自党的十八大以来，我国一直将简政放权、放管结合、优化服务的“放管服”改革作为转变政府职能的重要战略，自我规制不仅符合该战略的基本要求，同时也是国家尊重经济社会领域中私人自治与自主，利用私主体对于市场活动更加全面和细致的把握，将部分管理职能让渡于市场主体。自我规制将被规制者与规制者融于一体，是一种从内部实现行政规制、完成公益任务的工具，一方面寻求私主体的支援，另一方面也提升了私主体在市场中的竞争能力，同时营造了良好的市场环境。

在我国经济快速发展的背景下，随着国家任务日益沉重，不可能均由政府直接介入一并承担，此时自我规制的契机也愈发成熟，政府以间接手段补充控制—命令模式管理公共事务，让私主体在达到或超越自身利益的同时，以期实现公益目标。党的十八届四中全会通过的《中共中央关于全面推进依法治国若干重大问题的决定》中明确指出，“推进多层次多领域依法治理，发挥市民公约、乡规民约、行业规章、团体章程等社会规范在社会治理中的积极作用。”“支持行业协会商会类社会组织发挥行业自律和专业服务功能。发挥社会组织对其成员的行为导引、规则约束、权益维护作用。”同时在党的十九届四中全会中进一步强调了应“发挥群团组织、社会组织作用，发挥行业协会商会自律功能”自我规制的理念并不是完全取代政府规制，进而使得政府无所事事，相反政府应当承担相应监督责任，并引导私主体构建和填补自我规制框架的内容，将政府规制与自我规制相结合进行合作治理，实践中亦是如此。但自我规制的限制也是我们必须面临的挑战，如行业自律公约是否构成行业垄断、规制透明度等问题，故实现政府规制与自我规制的合理对接也是各主体所面临的重要任务。这样的治理模式不仅在现实中解决了部分因传统规制模式带来的困境，也给行政法中规制领域的研究带来了新的挑战。

（二）从自我规制主体上

对于企业，其基于自身要求和利益倾向应当实施更严格、更为差异化、更有针对性的自我规制，来提高市场竞争力。如前述我国的《药品管理法》只规定了药品必须符合国家标准，但鼓励企业应当制定更加严格的标准。从某种意义上来讲国家标准是企业的最低要求，自我规制则不仅能让企业获取私人利益，也能实现规制目标。同时企业自身相对政府部门更加清楚采取何种规制措施能够达到发展目标，这样的规制模式将会让更多的企业加入自我规制的队伍当中。

对于行业协会，随着我国政企关系的重塑，政府、行业协会、企业之间的关系面临重构。李克强总理指出，“凡社会能办好的，应尽可能地交给社会力量承担，加快形成改善公共服务的合力。”[1] 行业协会是各企业组成起来的共同体，反映了市场各领域的整体利益，并且可以为政府提供真实信息和诉求，从而在规制治理中发挥重要作用。在立法上，我国广东、上海等多地已相继出台相关法规，为行业协会提供了活动基础，推进了行业协会的可持续发展，让行业协会的运行更加标准化。行业协会作为自我规制的重要主体在今后的行政法任务中，应强化自律作用，推出自律公约以外的其他规制工具，以应对复杂、多变的市场问题。

对于公众，虽然没有企业、行业协会的自律体系，但在自我规制中也可以发挥监督作用。公众在其所熟知的领域更加了解企业或行业协会的内部运行机制，并检举、揭发私主体的违法违规行为，能够客观、真实地反映当前治理形势。在陕西省、天津市、辽宁省等多地相继颁布的关于优化营商环境的条例中均提到了政府部门应当从社会公众中聘请监督员，协助开展相关工作。

（三）从新型技术参与上

人工智能、大数据、区块链、5G 等技术的创新和推广应用，为我国各行业的发展创造了广阔的空间，但也为政府带来了治理难题，既不能阻碍技术的发展，也不能让其肆意进入市场进而无法控制。

企业和行业协会作为市场活动的参与者，其对于技术的把控和熟练程度高于政府，对自身的管理具备了先天性优势，并且拥有事实上的处置权利，也弥补了政府规制中信息不对称的不足。如阿里巴巴在 2016 年通过大数据技术支持协助浙江政府采取“云剑行动”，破获众多要案，涉案金额达到 14 亿元。[2] 不久前，还利用算法技术和人工智能技术协助市场监管部门破获制假售假口罩案 10 余起。近期，各行业协会也陆续发布了《线下大数据行业自律公约》《新一代人工智能行业自律公约》《区块链行业媒体自律公约》等，为各行业内的成员设立了自我约束的条款，并传递出自我规制有效性的积极信号，也为未来外部监管提供参考。

[1] 田原，吕骞 . 李克强：凡社会能办好的尽可能交给社会力量承担 [EB/OL]. 最后访问日期 2020 年 2 月 10 日 .

[2] 阿里巴巴研究院 . 阿里“云剑行动”打假战果展 [EB/OL]. 最后访问日期 2019 年 12 月 29 日 .

知识链接：

一、“责任关怀”项目[1]

1984年美国联合碳化物公司（Union Carbide）在印度博帕尔（Bhopal）发生了化学事故，引起了公众抗议。该企业向公众表明它们并非对环境问题漠不关心，并且作为回应形成了“责任关怀”项目，直到1988年，美国化学品制造商协会（CMA）才执行了此项目。

根据“责任关怀”项目，美国化学品公司承诺维护某些与环境、健康、安全相关的项目，并约定了一系列约束生产、流通以及社群关系的行为守则。但是，这些行为守则较为宽泛，并且没有规定环境标准，而是企业为自身设定绩效目标，并确定如何实现这些目标。按照前文所述的规制框架，这些行为守则属于规定一般性方法的命令，或者说是基于管理的命令。

起初，那些未遵守规制命令的行为只会产生最低限度的后果。然而化学品制造商协会不断提升透明度，逐步加强信息在组织内部的流动，推动信息向公众流动。1996年，该协会开始向其管理委员会披露未采取充分合规举措的企业名单。自2000年起，化学品制造商协会开始向其所有成员披露各企业的合规排名信息。到了2002年，化学品制造商协会则要求，最迟至2007年，各成员必须完成对其环境、卫生与安全管理体系的第三方认证，并开始向公众披露其环境与安全记录。但对“责任关怀”项目有效性的研究则呈现出杂糅的结果。

有外国学者研究发现，在这个项目下，某些企业履行自己的义务比其他企业更认真。有些企业仅视这些行为守则为书面要求。还有学者曾对化学行业的有毒物质排放的报告进行过一项统计分析，结果表明，相对于那些不受“责任关怀”项目约束的化学工厂而言，化学品制造商协会的成员企业在削减污染物排放方面，进程显得更为迟缓。这或许与实际情况密不可分，即加入化学品制造商协会的企业在其加入之前，就有着相对更高的排放量，然而从现有研究文献来看，“责任关怀”项目似乎未能令环境有任何实质性的改善。

二、核电运营研究所[1]

在1979年发生三哩岛事故后不久，美国核工业领域的重头企业采取措施，成立了私人性质的规制组织，即核电运营研究所。这个曾由不同“公共事业领地”构成的“分散化产业”决定联合起来，来应对共同的核能安全问题，该所一位创始人表示创立核电运营研究所是为了避免由联邦政府来运营核电站。

核电运营研究所的运作基础包含四种“规制规范”，即“绩效目标、标准、指南以及良好行为规范”，绩效目标包括了绩效检测活动应当优化核电站的可靠性与效率、应当对产业界运营的重要经验进行评判，并采取适当措施提升安全性和可靠性等诸多声

[1] 罗伯特·鲍德温，马丁·凯夫马丁·洛奇．牛津规制手册[M].宋华琳，李鸻，安永康，等，译．上海：上海三联书店出版社，2016.

明，良好行为规范则是该核电站的守则范本。但其并不为成员制定详细规则，而是采取开放性体系来管理，强烈反对以规则为约束的合规导向型方法。

核电运营研究所的检查人员通过实地考察运营实践以及解释其重要性，同时根据核电运营研究所的 417 份“重要运行实践报告”中的建议来对核电站进行评估，但检查记录不会公布。经评估后，检查小组提出改善意见，各成员决定并执行具体计划，核电运营研究所还给所有成员打分并公布完整的组织排名，以在同行业中形成一定的压力。此外，在组织成员之间还以匿名的方式对各组织成员进行相互评估，按照绩效目标的遵守情况，对各成员组织进行排名，但并不向公众和其他成员组织公开评估结果。虽然这样能保证行业规制者与成员之间进行坦诚对话，但提升透明度能够增加拒不守法者的压力，迫使其遵守规则。

自测题：

1. 行政机关自我规制的形成原因是什么？
2. 行政机关自我规制的实现方式主要有哪些？
3. 请谈谈对自我规制界限的认识。
4. 行政自我规制方式存在哪些局限？

第六章

行政规制的司法救济

【教学难点】

1. 司法的功能和限度。
2. 司法救济的门槛。
3. 法官在审查行政规制时的审查强度和深度问题。

【内容概要】

在现代法治系统中，司法系统（法院）负责对行政规制引发的纠纷加以解决。通过纠纷解决，法院一方面救济公民、法人或其他组织的合法权益，一方面促进行政规制最终效果的形成。司法裁判的终局性对个案的意义非同一般——决定公民、法人或其他组织权益的实现；对行政规制规则的解释、适用，促进规制目的实现，保障行政规制法律意义上的理性化也至关重要。

法官在审查行政规制时的审查强度和深度问题。

第一节 司法的功能和限度

行政规制是政府经常性、主动地对经济社会的干预。它不同于经济社会中自生自发的规范秩序对人类生活的调整，带有强烈的目的性。行政规制通过各种命令控制手段、经济工具或者公有制、民营化、特许等手段对经济社会生活施加深浅不一的直接或间接的影响，以达成特定目的，最终实现对自由市场弊病、社会不公的救治，对共同体价值的贯彻。这些规制手段必然对公民、法人或其他组织的权益造成影响，引发行政纠纷。在现代法治系统中，司法系统（法院）负责对行政规制引发的纠纷加以解决。通过纠纷解决，法院一方面救济公民、法人或其他组织的合法权益，一方面促进行政规制最终效果的形成。司法裁判的终局性对个案的意义非同一般——决定公民、法人或其他组织权益的实现；对行政规制规则的解释、适用，促进规制目的实现，保障行政规制法律意义上的理性化也至关重要。

一、司法的功能

功能通常指的是社会的某一部分对社会整体的作用。司法的最初作用是解决纠纷，消灭社会系统中的不安定、复杂性与偶在性。说得直白一点，就是消除烦心事，让社会中的达官贵人、贩夫走卒过安稳日子。有学者认为，司法的功能可以从“原初功能”与“衍生功能”角度观测。前者指的是司法的“本质功能”，后者指的是“目的功能”。人类是灵活的动物，并不会被制度困死，相反制度会成为其“工具”。于是，社会就把司法玩出了新花样：“维护法律与规则创设”“权力制约与权利保障”“社会控制与政策推进”。[1]后来，孙笑侠教授精确地将司法功能归为：“法理功能”——“辨别是非、释法补漏、维权护益、控权审规、定罪量刑”，以及“社会功能”——“定纷止争，缓解社会矛盾、促进社会经济、引领社会风气、法治秩序建构、政治困境解决”。[2]

司法是现代国家权力之一，直接获得了国家力量（暴力）的支持，并实现高度的组织化，司法获得充足的物质力量来解决纠纷。不过，一个仅有暴力系统支撑的组织并不能完全解决纠纷，它还需要权威（合法性）——争讼双方，以及社会第三方对它的接受和认同。合法性的来源首先是法院的组织规范和实施规范的性质——要么是天理人情（在西方就是宗教、自然法），要么是人民的同意（民主）。这些规范保护设立法院的组织规范（宪法、法院组织法）以及其他各种实体法、程序法。其次，它要通过

[1] 蒋红珍，李学尧．论司法的原初与衍生功能 [J]. 法学论坛，2004（2）:92.
[2] 孙笑侠．论司法多元功能的逻辑关系——兼论司法功能有限主义 [J]. 清华法学，2016（6）:12.

司法活动的“绩效”为合法性背书。司法的古老历史对应物“部落长老”就是一面依赖部落中的地位，一面仰仗时间成本累积出来的经验和知识，“妥善”地解决纠纷，在“有用性”上提供了权威（合法性）证明。最后，司法还会研发出一套意识形态，巧妙地制造出司法的权威。稍微回忆一下古代社会里的“神明”裁判之类的意识形态说辞，就会明白其中道理。现代司法的意识形态发明是：“法治万能”以及“法律技术化”。它认为所有的纠纷都可能通过技术化的方法——例如证明责任分配、程序设计与法律论证等——得到解决，从而法治无所不能。即便如此，现代司法仍然保留传统意识形态实施机制的某些成分，例如司法程序高度仪式化，以及对法庭构造、法官服饰的重视等。[1]

在中国的司法实践过程中，司法不但承担原初功能，也承担衍生功能，当然也一并承担了“法理功能”与“社会功能”。法官在审理裁判案件过程中通常会追求“法律效果”与“社会效果”相统一[2]。在社会转型时期，法官、法院注重“社会效果”，承担更多的“社会功能”也在所难免。宪法在国家结构的设计上采取“民主集中制”——人民法院必须对人民代表大会负责。这也在客观上使人民法院必须承受间接的社会压力和直接的民主控制。这导致法院以及法官对“社会效果”更为敏感。此外，最高人民法院在事实上既是“裁判法院”（trail court），也是“公共政策法院”（policy court）。[3]司法实际上成为国家治理的重要组成部分。因此，科学地平衡“法理功能”与“社会功能”，就是中国司法实践的关键哲学—政策问题。

党的十八届四中全会通过的《中共中央关于全面推进依法治国若干重大问题的决定》明确提出“保证公正司法，提高司法公信力”，“努力让人民群众在每一个司法案件中感受到公平正义”。这是政治系统对司法功能的基本界定。时任最高人民法院常务副院长的沈德咏大法官著文指出：“无论是刑事司法还是民事、行政司法，其核心工作和司法程序都应当围绕对公民和社会组织的权利保护为核心展开。……这就要求在办案中要尽可能贴近客观真实，确认权利性质，划分权利边界，在发现和确认事实真相的基础上，实现司法的理性裁判。”[4]《中华人民共和国行政诉讼法》是解决行政规制中产生的争议的主要程序规范。最高人民法院副院长江必新大法官在 2013 年撰文指出，《行政诉讼法》的修改要“确保权利救济的有效性”“强化行政诉讼的解纷功能”等建议[5]。2017 年修订的《行政诉讼法》第一条规定：“为保证人民法院公正、及时审理行政案件，解决行政争议，保护公民、法人和其他组织的合法权益，监督行政机关依法行使职权，根据宪法，制定本法。”争议解决、保护权益、监督行政成为行政诉讼法的三重功能。[6]可见，政治系统与法律系统做出了政治抉择：司法的功能聚焦在“权利保护”。

[1] 这其中精妙的关联性，请进一步阅读伯尔曼，法律与宗教专著 [M]. 北京：中国政法大学出版社，2003.
[2] 陈金钊 . 被社会效果所异化的法律效果及其克服——对两个效果统一论的反思 [J]. 东方法学，2012（6）：44-61.
[3] 侯猛 . 最高人民法院的功能定位——以其规制经济的司法过程切入 [J]. 清华法学，2006（7）:22.
[4] 沈德咏，曹士兵，施新州 . 国家治理视野下的中国司法权构建 [J]. 中国社会科学，2015（3）:52.
[5] 江必新 . 完善行政诉讼制度的若干思考 [J]. 中国法学，2013（1）：5-20.
[6] 有学者认为解决纠纷，保护权益的主观诉讼才是行政诉讼法的发展方向。请参阅：付荣，江必新 . 论私权保护与行政诉讼体系的重构 [J]. 行政法学研究，2018（3）：3-13.

二、司法的限度

所谓司法的限度，是指并非所有的纠纷都可以由法院通过司法活动解决，司法的“法理功能”与“社会功能”应当处于合理的平衡地位。司法存在限度的原因大体可以归结为：法律规范缺陷；制度限制与能力偏颇；民主政治的优势与安排。

（一）法律规范缺陷

法律规范缺陷主要表现为：“法律规范具有不完全涵盖性”——“规范与事实之间的涵摄关系无法一一对应”；“存在立法沉默现象”——“立法者……出于疏忽或故意，对特定事项和行为不作规定，保持沉默”；“法律规则具有模糊性”[1]；立法时过境迁与社会脱节，以至于与社会公认的正义观相左，或者完全于事无补等。正是由于这些固有缺陷，法院适用法律解决纠纷时，或面临“巧妇难为无米之炊”的困境，抑或面临执行法律就“洪水滔天”“万民愤慨”等严重不利后果。司法于此境地就只能“袖手旁观”或者冒险“法律续造”。

（二）制度角色与能力偏颇

法治与民主是不同的价值。法治最基本的要求是安定性与对先定约束的兑现，它主要通过与变化多端的民主隔离开来的法官在封闭程序中用专业方式达成。法官在制度上被要求成为中立第三方，消极居中地以“学者”的方式工作，因此法官是超然的现代精英，被视为法律帝国里的“国王”。法官的工作时空被彻底程序化和制度化，推理过程被构造为逻辑演算，可以事后复盘检校，以便兑付“理性担保”：任何理性并受过法学训练的人都会在同一时空和条件下作出同样的法律决定。司法更多地被赋予根据法律规范（预先制定好的），在程序的有限时空中，经由直接相关当事人推动，根据程序裁剪的事实，逻辑地作出针对过去特定事实的决定。这就与民主广泛参与的针对未来的决定产生了根本的差异。法官与民主程序中的政治家、行政程序中的公务员的制度角色因而也泾渭分明了。法官的制度分工限制了其知识和技能的范围：他们主要是“关于证据的知识与技术、关于解释的知识与技术、关于推理的知识与技术，还有关于程序的知识与技术”的专家。这些知识与技能既是法官的“专业性”的表现，也是法官的“缺陷”——他无法处理超出这些知识与技能的纠纷。一旦纠纷涉及关键性的公共利益，涉及利益集团利益的复杂平衡，涉及所谓的政治哲学问题，法官就无法专业地解决这些问题。因此，司法需要有自知之明的“自制”。典型的如美国最高法院的“政治问题”不裁判。

（三）民主政治的优势与安排

现代宪法通常对民主与司法做出了制度性的安排。通常公共事务安排、公共资源的分配、重大政治选择与决策等公共议题安排在民主程序中解决。例如普遍规则（法律）

[1] 王籍慧. 论司法的限度 [D]. 长春：吉林大学，2018：56-58.

的制定、公共政策的形成、核心公共官员的任免、重大公共事务的决策等，都安排议会或者权力机关通过开会投票的方式确定。这些问题被富勒称为“多中心问题”[1]。而在涉及个人权利、个人人格的形成发展，即涉及个人自决等领域中的决定通常要通过司法做出。它的规范表达是宪法上形成立法机关（议会）与司法系统（法院）的权限界分。不过有时候，立宪者会将司法的主管范围授权给立法者通过立法确立。而这个立法者恰恰是宪法下的民主机关。而法院围绕着“个人权利”裁判时，其带来的影响往往超出个人权利问题，它可能影响到政治立场抉择、公共利益的分配、利益集团利益关系的调整。这些意识形态、利益分配、关系调整都会通过各种方式对司法的裁判形成影响。事实上民主与司法形成了竞争关系。在现代民主社会，民主程序（立法）所具备的更大的资源调配能力、更高的政治合法性、更强的信息能力和制度设计能力，都会形成相较于司法的优势地位。司法通常会尊重这个民主安排，采取“就事论事”的方法，对有限度的纠纷做最小限度的处理。

三、司法限度的实现技术

司法需要将功能上的有限性转化为可操作的技术规则。这些规则围绕着解决的中心问题，形成三个不同的制度：一是受案范围制度；二是审查标准制度；三是判决方式制度。受案范围解决的是哪些纠纷可以被受理。审查标准解决的是受理的纠纷法院应当在何种程度上进行审理，也可以说是法官介入纠纷的深度。判决方式解决的是法院可以提供何种形式和内容的纠纷解决方案。具体到为行政规制产生纠纷提供救济的行政诉讼上，可以将之具体化为行政诉讼的受案范围与起诉要件问题，行政诉讼举证责任、证明标准和法律解释，以及行政诉讼的判决方式。而事实上，这三者之间有着一条逻辑链条：受案范围——案由——审理方式——判决形式，也就是整个诉讼程序的展开围绕着行政诉讼的对象——具体的行政规制行为。对行政规制行为类型、性质和构成要件的掌握就是这个逻辑链条的起点。

司法限度制度化、技术化既是对法官的戒备也是对法官的激励。功能的制度化，可以最小化法官扩大诉讼受案范围的行为，保持司法的“法律属性”，防止司法的“政治化”；当然，它也可以激励法官在应当受理的范围内尽可大胆处置。制度化为法官拒绝受理或者积极受理相关争议提供了理由，并在这个意义上发展出关于受案范围和起诉要件等一系列教义学，方便展开法律论证表明司法决定的“科学性”与“合法性”——受理 / 不受理决定是按照法律思维理性做出的。制度化也是立法者的安排，保证了民主与司法分工的落实，划定双方活动的界限，为双方的预期提供了操作性保障。对当事人——行政主体和相对人、相关人——而言，他们也可以更为方便、准确地评估

[1] LON. L. F, KENNETH I. W, The Forms and Limits of Adjudication[J]. 92:2 Harvard Law Review, 1978（353）:393-395. 其具体内容可以参阅请参阅王籍慧，论司法的限度 [D]. 长春：吉林大学，2018：74.

行动策略，选择行动方案，尤其是相对人、相关人的权利救济也有了可靠的衡量标尺。于是，司法限度制度化和技术化在法律系统中被持续生产出来，并被视为法学的核心知识之一。

从行政规制的系统看来，行政规制的目的的实现，以及对行政规制异化监控都需要注意到规制的司法救济问题。而从人权保障的角度来看，司法对行政规制的规范是对人权和人类天然秩序的某种更自然的维护。因此，行政规制的司法救济的研究要在行政规制的正确性与人权保障的最大化之复眼观测下展开。这当然意味着这两个系统之间的互相“影响”和“利用”。

第二节　司法救济的门槛

行政规制司法救济门槛主要涉及三个问题：受案范围、管辖与起诉要件。受案范围是立法者对行政纠纷解决的分工，以及对行政、司法功能的合理安排，与宪法上权力功能正确性原理有紧密关系。管辖解决的是法院系统内部的受案分工问题，立法者对此多有原则性安排，法院系统内部有诉讼规则加以具体化。诉讼要件[1]，是法院做出判决的程序性条件，它通常涉及当事人适格、诉的利益、起诉期限、法院管辖权等问题。诉讼要件的实质是解决当事人提出的诉的程序合法性问题。只有在这个基础上，法官才可能做出相应的判决。

一、行政规制与行政诉讼的受案范围

行政诉讼的受案范围明确规定在《行政诉讼法》第十二条与第十三条。通常认为第十二条是正面肯定，第十三条是反面否定，第十二条的第十二项以及第二款是兜底条款。

兜底条款是这样规定的：“认为行政机关侵犯其他人身权、财产权等合法权益的”，以及“除前款规定外，人民法院受理法律、法规规定可以提起诉讼的其他行政案件”。前者构成了兜底条款的“主观条件”，后者则是“客观条件”。主观条件意味着公民、法人或者其他组织认为行政机关侵犯合法权益的行政行为就在受案范围之内。关键是“合法权益”怎么理解？从规范语句“其他人身权、财产权等合法权益”看，合法

[1]　起诉要件是法院是否受理该争议的条件，而诉讼要件则是当事人提出的诉的程序合法性问题。二者有区别，但又紧密联系。我国的诉讼法学界接受了这两个概念的理论区分，但立法者在制定诉讼法时，却没有将两者区分开来。结果是本应当在案件受理后，在诉讼程序中审查的诉的合法性，在受理前就被审查。造成了立案门槛过高。这个问题随着立案登记制的推行已经解决。

权益受到“人身权、财产权等”的限定。在逻辑上有两种解释方案：“等内等”与“等外等”。“等内等”指的是合法权益必须和“人身权、财产权”类似是经典的自由权（第一代人权），而并非政治权利、社会权利以及获得权利救济的权利等。“等外等”指的是所有为法律肯定的，甚至值得保障的权利和利益。司法实践采用的是后者。[1] 这里的客观条件则是肯定了全国人大及其常委会通过制定法律，国务院通过制定行政法规，有权的地方人大及其常委会通过制定地方性法规扩张行政诉讼法的受案范围。在规范意义上，甚至可以进一步阐释为：全国人大允许国务院、地方有权人大及其常委会在相应范围内扩张受案范围，改变行政与司法之间的分工制约关系。

第十三条是对受案范围的反面否定[2]。通常被概括为：国家行为（第一项）[3]；行政规定（第二项）[4]；内部人事管理行为（第三项）[5]；终局行政决定（第四项）。军事外交活动是典型的国家行为，其追求的是国家利益，而非提高市场分配效率、保障分配正义、贯彻共同体价值，显然不是行政规制行为。内部人事管理行为是内部行政行为，通常是对公务员的法律地位的处分，不是对市场、社会施加的持续干预，也不是行政规制。终局行政决定在我国法律体系中存在的也较少，原则上限于“涉及国家安全的行为”或者“机构内部的行为”。[6] 这也与行政规制无涉。唯行政规定中相当一部分是行政机关进行行政规制的手段，例如金融政策、产业政策、价格干预、行政许可标准等，立法者将之放逐在司法救济之外。一般意义上，通常认为行政规定涉及政策问题，且与公民、法人或其他组织的合法权益没有直接关联，不允许司法加以处理，而是委托给民主政治过程。在上述领域中，行政机关往往得到了法律的裁量授权，相应的行政规制具有高度的专业性、紧迫性、全局性和风险性，法官不能尽职“审判”。不过，根据上述行政规定做出的影响公民、法人或其他组织权益的行为须接受司法审查，但法院审查的对象是后续行为而非行政规定，且只在有限条件下附带审查特定范围内的行政规定[7]。

第十二条是对受案范围的正面肯定。通常可归纳为：行政处罚；行政强制（包括强制执行与强制措施）；行政许可；行政确权；行政征收、征用以及补偿决定；行政机关不履行法定职责（行政不作为）；行政侵犯经营自主权、农村土地承包经营权、农村土地经营权（行政侵权）；行政垄断；行政机关违法要求履行义务（行政命令）；行政给

[1] 何海波 . 行政诉讼法 [M].2 版 . 北京：法律出版社，2016：174.

[2] 根据最高人民法院关于适用《中华人民共和国行政诉讼法》的解释（2017 年 11 月 13 日最高人民法院审判委员会第 1 726 次会议通过，自 2018 年 2 月 8 日起施行）法释〔2018〕1 号，明确了十种行为不在受案范围之内。详见该解释的第一条。这也是反面否定的构成内容。

[3] 国家行为，是指国务院、中央军事委员会、国防部、外交部等根据宪法和法律的授权，以国家的名义实施的有关国防和外交事务的行为，以及经宪法和法律授权的国家机关宣布紧急状态等行为。

[4] 行政规定是指行政机关针对不特定对象发布的能反复适用的规范性文件。

[5] 内部人事管理行为是指行政机关作出的涉及行政机关工作人员公务员权利义务的决定。

[6] 江必新，梁凤云 . 行政诉讼法理论与实务：上卷 [M].2 版 . 北京大学出版社，2011：267.

[7] 《行政诉讼法》第五十三条：公民、法人或者其他组织认为行政行为所依据的国务院部门和地方人民政府及其部门制定的规范性文件不合法，在对行政行为提起诉讼时，可以一并请求对该规范性文件进行审查。前款规定的规范性文件不含规章。

付；行政合同。这些行为都可以用来实现某规制目的，因此这些行为都是行政规制中可被司法审查的。例如，行政合同涉及民营化等经济性规制；行政垄断违反竞争中性原则，是典型的非法市场规制手段；行政给付、行政征收（税、费）都可能成为行政规制的诱导手段（经济工具）；行政命令、行政侵权都可以用命令—控制方式干预市场经营活动；而行政许可更是经典的行政规制手段；行政处罚、行政强制就更不在话下了。

从逻辑上看，只要行政规制的措施不在“反面否定”之内，而在“正面肯定”与“兜底条款”之内，就在司法审查的射程之内。其背后的机理可从两个角度总结：“权利保障”与“权力分工”。只要行政规制措施侵犯公民、法人或其他组织的重要合法权益，且该措施在分工意义上能够被司法审查，那么该措施就处于行政诉讼的受案范围之内。因此，受案范围可以被视为是以“权利保障”与“权力分工”为双焦点的椭圆构造。此外也可从中发现，法院更多是从规制措施的形式合法性，以及措施的权利影响出发来进行司法审查。司法对行政规制的目的并不是特别挂怀，其对行政规制效果的影响是客观参与，而非主动的带有目的性的参与。因此，司法、法院、法官被视为权利和正义的守护神，而并非集体目标的实现者。

二、行政规制救济的司法管辖

管辖是法院系统内部对第一审案件的职权分工。此后的二审、再审都建立在一审基础上。当事人可以借助管辖规则确定具体受理案件的法院——告状有门。一般而言，管辖可以分为级别管辖和地域管辖。但伴随着行政诉讼改革进程，出现了专门法院（庭）审理案件的情形。

级别管辖解决的是哪一级法院管辖第一审案件。根据《行政诉讼法》的规定，原则上一审案件由基层人民法院管辖（第十四条）。中级人民法院管辖：对国务院部门或者县级以上地方人民政府所作的行政行为提起诉讼的案件；海关处理的案件；本辖区内重大、复杂的案件；其他法律规定由中级人民法院管辖的案件（第十五条）。高级人民法院管辖本辖区内重大、复杂的第一审行政案件（第十六条）。最高人民法院管辖全国范围内重大、复杂的第一审行政案件（第十七条）。在这三条级别规定中，有“重大、复杂”等不确定性概念，它们都与价值立场有关，需要解释。最高法院明确解释第十五条中的“重大、复杂”为：社会影响重大的共同诉讼案件；涉外或者涉及香港特别行政区、澳门特别行政区、台湾地区的案件；其他重大、复杂案件。它不过明确了两种情形，事实上通过各省市法院内部的诉讼规则，重大、复杂的含义不断变化，这些内容需要在法律实践中掌握。另外，通过管辖权移转，管辖权可以在级别之间向上流动。这被规定在第二十四条中。这充分表明了法院在确定自己内部管辖分工中的优势地位。

地域管辖解决的是由哪个地方的法院管辖第一审案件。《行政诉讼法》第十八条明确了地域管辖的一般规定：行政案件由最初作出行政行为的行政机关所在地人民法院管辖。经复议的案件，也可以由复议机关所在地人民法院管辖。较为特别是，该条第二款授权高级人民法院在经最高法院同意的情况下，可以指定跨区域集中管辖法院。第十九条、第二十条规定了特殊地域管辖的情况：限制人身自由的行政强制措施以及不动产案件。前者可以选择在原告所在地[1]或者被告所在地人民法院起诉；后者则只能在不动产所在法院起诉。存在选择管辖时，第二十一条做了明确规定："两个以上人民法院都有管辖权的案件，原告可以选择其中一个人民法院提起诉讼。原告向两个以上有管辖权的人民法院提起诉讼的，由最先立案的人民法院管辖。"此外在出现管辖错误的情况下，可以按照第二十二条移送管辖。在发生管辖障碍或者管辖争议时，可以按照第二十三条由上级人民法院指定管辖。

关于特别法院（庭）的管辖权问题。原则上，行政庭只设立在普通法院，行政案件也只能由普通法院审理，而不能由特别法院如海事法院、军事法院等审理，通常也不能由基层法院的人民法庭（综合法庭）管辖。但是随着司法改革的进程，跨区域管辖法院往往被指定给了铁路运输法院（专门法院）。而新设立的知识产权法院，也会集中处理知识产权行政案件。这样专门法院不管辖行政案件的一般原则就出现了裂隙。而最高法院的巡回法庭在各地也主要处理行政案件，人民法庭（综合法庭）也在某种意义上审理行政案件。

就行政规制的救济而言，行政规制对市场活动进行宏观调控和市场规制，对公民、法人或其他组织的权益产生影响的行为通常都是比较复杂和专业性的，因此对相关争议的管辖尽可能地提高审级，让更有能力的法院处理就是合适的。此外，某些行为通常是中央部委作出，这时相应的管辖法院就会密集分布在北京的各级法院。

三、行政规制救济的诉讼要件

诉讼要件是当事人诉的程序合法问题。在逻辑上可以将之分解为当事人适格问题——当事人是行政纠纷的利害关系人；法院管辖权问题——当事人的诉属于受理法院管辖；起诉期限问题——当事人在法定期限内提出了诉；诉的利益——有通过法院裁判解决的必要性和实效性。其中管辖问题，已经处理，不再赘述。而诉的利益，通常指向权利保护的利益，也就是法院有能力有效率地保护当事人的权利，以实现法治的承诺。当事人适格则是进行这一判断的前提。这些问题的判定和实体法律关系有着密切关系，在行政诉讼中，这些问题的判定就与公法权利、保护规范理论紧密联系在一起。

当事人适格，指的是原告系与行政行为有利害关系的公民、法人或其他组织，被告是做出这一行政行为的行政主体。对原告而言，涉及《行政诉讼法》第二十五条（诉

[1] 根据司法解释，原告所在地包括原告的户籍所在地、经常居住地和被限制人身自由地。

权规定），以及第二条（主观条件：认为权益受行政行为侵犯）和第四十四条与第五十条（操作性条件）。但在教义学上，判断的关键是查明行政行为侵犯的合法权益是否存在？立法者从“权利”“合法权益”转向了“利害关系”：“行政行为的相对人以及其他与行政行为有利害关系的公民、法人或者其他组织，有权提起诉讼。”（第二十五条）利害关系可以做非常宽泛的解释，这使法院受理案件的门户大开，在概率上大大提高了对当事人权益的周全保护。但必须意识到法院的功能和处理案件的能力有限，这就必须精准的识别最需要保护的对象。此时就涉及了诉的利益——必要性与实效性问题。中国的法院系统[1]开始尝试运用“公法权利”及其判定理论“保护规范理论”来更为合理和精准地把握“利害关系”：[2]“只有主观公权利，即公法领域权利和利益，受到行政行为影响，存在受到损害的可能性的当事人，才与行政行为具有法律上利害关系，才形成了行政法上权利义务关系，才具有原告主体资格（原告适格），才有资格提起行政诉讼”，而公法权利的判断则要借助保护规范理论：“即以行政机关作出行政行为时所依据的行政实体法和所适用的行政实体法律规范体系，是否要求行政机关考虑、尊重和保护原告诉请保护的权利或法律上的利益（以下统称权益），作为判断是否存在公法上利害关系的重要标准。”[3]保护规范理论要求法官体系性的解释法律，以识别是否存在公法权利。只要公法权利受到行政行为影响，公民、法人或其他组织就是适格的原告，也具有诉的利益。适格的当事人，还包括必须有明确、正确的被告。按照学者的分析，适格被告的判定有三个因素需要审查：“第一，被告应当是机构，而非个人或国家；第二，被告应当是依法成立、具有行政主体资格的机构；第三，原则上，对外作出行政行为的机构是被告。”[4]

起诉期限，原告行使诉权的期限，超过这一期限，起诉法院不予受理，受理了也会驳回起诉。这意味着起诉期限一过，行政诉权消灭。就程序看，起诉期限存在的意义在于催促当事人尽快对不满意之行政行为诉讼，以便法院在证据、事实方便和可能收集形成的情况下，尽快处理纠纷。就实体而言，它起到了落实行政行为确定力的功能，让行政行为稳定下来，为社会提供稳定预期。现行《行政诉讼法》第四十六规定了行政作为的起诉期限：“公民、法人或者其他组织直接向人民法院提起诉讼的，应当自知道或者应当知道作出行政行为之日起六个月内提出。 因不动产提起诉讼的案件自行政行为作出之日起超过二十年，其他案件自行政行为作出之日起超过五年提起诉讼的，人民法院不予受理。”又可分为当事人知道行政行为（6个月），当事人不知道行政行为的期限（20年或5年）。第四十七条规定了行政不作为的起诉期限：“公民、法人或者其他

[1] 关于法院系统对此的明确解释，请阅读最高人民法院关于适用《中华人民共和国行政诉讼法》的解释（2017年11月13日最高人民法院审判委员会第1726次会议通过，自2018年2月8日起施行）法释〔2018〕1号第三部分“诉讼参加人”。

[2] 赵宏．原告资格从“不利影响”到“主观公权利”的转向与影响——刘广明诉张家港市人民政府行政复议案评析[J]. 交大法学，2019（2）：179-192.

[3] 刘广明与张家港市人民政府再审行政裁定书，中华人民共和国最高人民法院行政裁定书（2017）最高法行申169号．

[4] 何海波．行政诉讼法[M].2版．北京：法律出版社，2016：204.

组织申请行政机关履行保护其人身权、财产权等合法权益的法定职责，行政机关在接到申请之日起两个月内不履行的，公民、法人或者其他组织可以向人民法院提起诉讼。法律、法规对行政机关履行职责的期限另有规定的，从其规定。公民、法人或者其他组织在紧急情况下请求行政机关履行保护其人身权、财产权等合法权益的法定职责，行政机关不履行的，提起诉讼不受前款规定期限的限制。”第四十八条规定了起诉期限的“扣除”和“延长”：扣除者是因为存在当事人不能克服的不可抗力等情形（不能归结为个人的原因），相应时间必须扣除；而延长者则是因为自己原因，在障碍消除十日内提出，是否批准要看法官裁量。不过此处要指出，立法者似乎采用了最广义的起诉期限，所有行政行为都包含在内。而事实上，无效行政行为通说认为不存在诉讼期限的限制。从立法材料看，立法者有意让司法者对该问题进行探索。[1] 至于有学者认为，借鉴比较法的成果，应当将起诉期限仅限于撤销诉讼，我们此处不再讨论，但请注意司法实务、法学研究的发展。

第三节　司法救济的方式

行政规制纠纷一旦越过司法救济的门槛，被相应法院受理，即完全处于诉讼控制之下。通常在经过庭前程序之后，就进入开庭审理阶段。在其中按照法庭调查、法庭辩论和法庭评议判决的具体步骤，最终法院可以对诉讼标的——行政行为的合法性——作出判决。在这些程序中法官紧盯审查要素——行政主体、适用条件、事实根据、行政程序、处理结果[2]。审查的程序和要素学界都研究的较为透彻，此处不再赘言。这里只强调和讨论两个特殊问题：法官在审查行政规制时的审查强度和深度问题（司法审查标准问题），以及最终法官如何选择恰当判决形式问题（判决方式问题）。

一、司法审查标准问题

司法审查标准问题解决的是司法审查的强度和深度问题。行政诉讼中的司法审查本质上是“复审”，是对一个生效的行政决定的再次审查，实际上就涉及了行政权与司法权之间的分工关系。现代宪法确立的国家权力分工制约监督的原则，其中既有权力制衡保护自由的考量，同时也有权力功能正确性的考量。司法审查因此就要越过权力分工的界限，来审查司法并不擅长领域中的事务。这必然意味着某种限度的存在。

[1] 刘春 . 确认无效诉讼起诉期限的司法填补 [J]. 行政法学研究，2019（3）：123-133.

[2] 何海波 . 行政诉讼法 [M].2 版 . 北京：法律出版社，2016：259.

从人类司法经验上看，司法通常对行政在经济领域中的规制行为给予较大的尊重。行政规制无论是社会性规制还是经济性规制，都是为了提高市场的分配效率，减少市场造成的社会福利损失，本质上是为了公共利益的增值。从法律上看，这些权力往往得到宪法、组织法或者作用法的授权，并具有较大的裁量空间。从政治上看，这个领域中公共利益的最终评价，也高度依赖民主过程，并没有完全固定的评价规范，供法官适用。从技术上看，经济领域中的行政规制必须知晓相应规制领域的信息、知识，懂得其中的规律机制，并能够设计合适的技术手段达到相应的目的。[1] 显然这些也是法官所欠缺的。因此，对经济领域中的规制行为的司法审查给予很大的尊重，对行政规制的法律解释、事实认定，措施选择的恰当性都采用“合理性标准”：只要行政规制主体能够用证据证明当时采取那样的规制措施是说得过去的（reasonable）就可以了。说得直白一点，法官必须站在行政当时的立场上来评判，而并非用法官事后的个人观点来评价。但这并非意味着司法对行政规制的放任。法官是法律专家、程序专家、权利保障专家。司法仍然可以在法律解释[2]、程序要件[3]以及行政规制的人权[4]影响方面采用严格标准，也就是说法官必须按照司法系统中发展起来的知识、标准和教义体系对行政规制的上述方面做出自己的评价。

一般来说，法律适用活动的基本形态是涵摄，也就是将案件事实纳入法律规范的构成要件中的“要件事实”，从而发生相应的“法律效果”。具体到行政活动中，第一个阶段存在“判断余地”问题，后一个阶段存在“行政裁量”问题。在判断余地中，司法对行政的事实认定与事实涵摄都会给予尊重。这种情形通常发生在构成要件中存在“不确定性概念”，而立法将对这些概念的涵摄、判断交予行政自由裁量的情况下。具体而言，行政的经济规制活动中，存在大量的此类情形。例如，根据《中华人民共和国产品质量法》对商品或服务作“引人误解”的虚假宣传需要被处罚，其中的“引人误解”就是不确定性概念，此处就存在市场监管部门的“判断余地”。就经济的行政规制而言，通常认为涉及下列决定情形中，存在“判断余地”：高度属人性决定——例如个人能力；多元利益代表或者专家组成委员会作出之决定；独立职权委员会作出之决定——例如证券监督委员会；预测性与评估性决定——例如货币政策之决定。而在法律效果的做出与否（决定裁量）、选择何种效果上（效果裁量），即行政裁量问题上，法院的司法审查也仅限于“裁量越权”“裁量怠惰”“裁量恣意”“裁量收缩”等合法性控制情形。尽管通说认为，对行政裁量可以运用比例原则加以审查，但对“适当性”“必要性”等事实要素仍然要给予行政主体尊重。

审查标准具体表现在“证明责任分配”与“证明标准”上。证明责任分配指的是当作为裁判基础的法律要件事实真伪不明时，由此而来的不利后果由谁承担。证明标准

[1] 吴英姿．司法的限度：在司法能动与司法克制之间 [J]. 法学研究，2009（5）:124.

[2] 法律解释，虽然不能离开案件事实进行，但通说认为法官对法律的解释优于行政主体的解释，因此行政主体的解释必须接受法官的严格审查。

[3] 行政程序是任何行政活动都必须具有的形式要求。法官会对有明文法律规定“法律程序”严格审查。即便没有明文规定，通常认为行政行为也必须遵循“正当程序”原则的基本要求。法院仍然会对这些程序要件进行必要的审查。有学者认为，这里的行政程序也包括内部程序，本书对此持保留态度。

[4] 人权，这里主要指行政法上的公法权利。参见王本存．论行政法上的公法权利 [J]. 现代法学，2015（3）：57-67.

是法院在行政诉讼中认定案件事实所要达到的证明程度问题。根据《行政诉讼法》第三十四条的规定，被诉行政主体应当对行政行为的证据、依据的规范性文件承担举证责任。法律将绝大部分行政争议的证明责任分配给了行政主体。[1] 行政诉讼的证明标准通说认为是一个复合证明标准 [2]：合理根据标准——针对现场执法、行政调查启动、临时性强制措施；确凿证据标准——涉及人身自由、重大财产案件；优势证据标准——上述标准之外的所有行政案件。行政规制中的信息工具（价格、数量、原材料等标识）、标准（目标、性能、规格）、行政诱导（费、税、补贴）、行政许可、行政特许、公私合营等有相当一部分都处于优势、合理标准之中，当然也不排除存在确凿标准的情形。其中的基本原理，可用比例原则加以阐释：越是对当事人的重要权利施加更大影响的规制措施，行政程序的规格就越高，就越要接受更严证明标准的审查。

二、判决方式问题

法官在经过相应的诉讼程序，查清事实，找到法律依据之后，就必须对当事人的诉给出决定。在理论上，当事人的诉有三种类型：给付之诉、确认之诉与形成之诉。诉讼的对象的行政行为——包括法律行为（行政决定、行政合同）以及事实行为。原则上而言，行政诉讼兼具主观救济功能与客观监督功能。当事人的诉讼请求对法院的裁判的拘束力并不强，判决的方式主要取决于法院审查的情况。这时候，就要特别注意判决的针对性和有效性，以便真正发挥行政诉讼的功能。在非常粗犷意义上，将上述因素组合起来，具体见表 6.1。

表 6.1

	给付之诉	确认之诉	形成之诉
法律行为	履行判决、重做判决	确认无效 / 违法	撤销判决、变更判决
事实行为	给付判决、赔偿判决、预防判决 [3]	确认违法	——

此处我们只对重要的判决方式的使用条件做简要说明。至于驳回原告的诉讼请求判决，此处不做论说。

（一）撤销判决的适用条件

《行政诉讼法》第七十条有明确规定，此处不再赘述。较为复杂的是，撤销判决在什么条件下可以做出"附随判决"——"重新做出行政行为"。通常认为此处必须有公共利益、个人利益需要保障，且重新做出行政行为在事实和法律上是可能的，否则不能做出重做附随判决。一旦做出重做判决，法官是否需要在判决中对重新做出的行政行为做出明确的指示，例如具体的决定内容、作出的期限等，法律并未规定。但基于分工原则，法院似乎不能给出如此明确的指示。但被告负有一个法律作为的义务却是清晰的。

[1] 例外，可见《行政诉讼法》第三十八条。
[2] 虽然学界对复合证明标准这一体系达成共识，但具体的标准构成仍有相当争议，请读者明鉴。
[3] 预防判决，目前仅应用在政府信息公开行为上。若政府的信息公开行为侵犯商业秘密、个人隐私且不存在公共利益等法定事由的，当事人可以请求法院作出不允许政府公开相关信息的预防性判决。

被告应当按照行政程序规定作出新的决定。

（二）履行判决

履行判决是法院判决责令被告在确定期限内履行法定职责。根据《行政诉讼法》第七十二条的规定，其条件可以归结为：①原告申请，在被告依职权须主动作为的情况下，该要件不必要；②被告有处理该事务的法定职责；③被告不履行、拖延履行法定职责，且其辩护理由不成立。同样做出该判决时，被告履行法定职责在事实和法律仍有可能才行，否则就只能适用确认判决。

（三）给付判决

给付判决是法院判决被告履行一般给付义务[1]。根据《行政诉讼法》第七十三条的规定，其条件可以归纳为：①原告向被告提出申请；②被告负有相应的一般给付义务；③被告不予答复、拒绝或者拖延履行，且其辩护理由不成立。履行判决针对的通常是行政机关的事实行为，往往涉及原告的切身利益，应当明确规定给付期限和给付具体内容。

（四）变更判决

变更判决是法院代替行政机关变更行政行为内容的判决。这种判决显然是对分工原则的突破，因此被《行政诉讼法》严格限定在特定情形之中，该法第七十七条第一款规定："行政处罚明显不当，或者其他行政行为涉及对款额的确定、认定确有错误的，人民法院可以判决变更。"也就是说适用变更判决有两种情形：①行政处罚明显不当；②其他行政行为涉及对款额的确定、认定确有错误的。第一种情形确实突破了分工原则；第二种情形却是纯事实问题，对分工原则没有本质上的"破坏"。

（五）确认判决

确认判决可以分为确认违法判决以及确认无效判决。确认违法判决，《行政诉讼法》第七十四条做了明确规定，此处不再赘述。本质上，确认违法视情况判决——本来受诉行政行为应当被撤销，或者重做、履行，但是由于撤销对公共利益损害重大，或者对当事人权益没有影响，或者是事实行为，或者履行已经失去意义，才做出了适应新情况的判决。这种判决显然对当事人的权益救济，对行政机关的监督都是不利的，因此应该从严掌握。而确认无效判决，则是针对明显而重大违法的行政行为。《行政诉讼法》第七十五条规定："行政行为有实施主体不具有行政主体资格或者没有依据等重大且明显违法情形，原告申请确认行政行为无效的，人民法院判决确认无效。"这种行政行为的违法情形是如此明显，对一个普通人都昭然若揭，只是出于行政行为公定力的要求，法院作出一个权威的判决使之彻底在法律和事实上消失而已。

（六）行政协议判决

行政协议判决是针对行政协议争议所作出的判决。根据《行政诉讼法》第七十八条

[1] 一般给付义务，通常涉及的是事实行为，也就是给付金钱、财物等。

的规定："被告不依法履行、未按照约定履行或者违法变更、解除本法第十二条第一款第十一项规定的协议的，人民法院判决被告承担继续履行、采取补救措施或者赔偿损失等责任。被告变更、解除本法第十二条第一款第十一项规定的协议合法，但未依法给予补偿的，人民法院判决给予补偿。"大体涉及继续履行判决、补救判决、赔偿判决和补偿判决。民营化是重要的规制工具，此处特别指明此种类型纠纷的判决方式。

（七）行政赔偿判决

行政赔偿判决是判决行政机关赔偿因其行政行为导致原告人身权、财产权的损失。从当前的司法实践看，做出赔偿判决的条件是：①原告的赔偿请求已经过行政机关处理；②原告的赔偿请求合法证立。

知识链接：

内蒙古秋实房地产开发有限责任公司诉呼和浩特市人民防空办公室人防行政征收案

裁判要点：建设单位违反人民防空法及有关规定，应当建设防空地下室而不建的，属于不履行法定义务的违法行为。建设单位应当依法缴纳防空地下室易地建设费的，不适用廉租住房和经济适用住房等保障性住房建设项目关于"免收城市基础设施配套费等各种行政事业性收费"的规定。

相关法条：《中华人民共和国人民防空法》第二十二条、第四十八条。

基本案情：2008年9月10日，被告呼和浩特市人民防空办公室（以下简称"呼市人防办"）向原告内蒙古秋实房地产开发有限责任公司（以下简称"秋实房地产公司"）送达《限期办理"结建"审批手续告知书》，告知秋实房地产公司新建的经济适用住房"秋实第一城"住宅小区工程未按照《中华人民共和国人民防空法》第二十二条，《人民防空工程建设管理规定》第四十五条、第四十七条的规定，同时修建战时可用于防空的地下室，要求秋实房地产公司9月14日前到呼市人防办办理"结建"手续，并提交相关资料。2009年6月18日，呼市人防办对秋实房地产公司作出呼人防征费字（001）号《呼和浩特市人民防空办公室征收防空地下室易地建设费决定书》，决定对秋实房地产公司的"秋实第一城"项目征收"防空地下室易地建设费"172.46万元。秋实房地产公司对"秋实第一城"项目应建防空地下室5 518平方米而未建无异议，对呼市人防办作出征费决定的程序合法无异议。

裁判结果：内蒙古自治区呼和浩特市新城区人民法院于2010年1月19日作出（2009）新行初字第26号行政判决：维持呼市人防办作出的呼人防征费字（001）号《呼和浩特市人民防空办公室征收防空地下室易地建设费决定书》。宣判后，秋实房地产公司提起上诉。呼和浩特市中级人民法院于2010年4月20日作出（2010）呼行终字第16号行政判决：驳回上诉，维持原判。

裁判理由：法院生效裁判认为：国务院《关于解决城市低收入家庭住房困难的若

干意见》第十六条规定“廉租住房和经济适用住房建设、棚户区改造、旧住宅区整治一律免收城市基础设施配套费等各种行政事业性收费和政府性基金”。建设部等七部委《经济适用住房管理办法》第八条规定“经济适用住房建设项目免收城市基础设施配套费等各种行政事业性收费和政府性基金”。上述关于经济适用住房等保障性住房建设项目免收各种行政事业性收费的规定，虽然没有明确其调整对象，但从立法本意来看，其指向的对象应是合法建设行为。《人民防空法》第二十二条规定“城市新建民用建筑，按照国家有关规定修建战时可用于防空的地下室”。《人民防空工程建设管理规定》第四十八条规定“按照规定应当修建防空地下室的民用建筑，因地质、地形等原因不宜修建的，或者规定应建面积小于民用建筑地面首层建筑面积的，经人民防空主管部门批准，可以不修建，但必须按照应修建防空地下室面积所需造价缴纳易地建设费，由人民防空主管部门就近易地修建”。即只有在法律法规规定不宜修建防空地下室的情况下，经济适用住房等保障性住房建设项目才可以不修建防空地下室，并适用免除缴纳防空地下室易地建设费的有关规定。免缴防空地下室易地建设费有关规定适用的对象不应包括违法建设行为，否则就会造成违法成本小于守法成本的情形，违反立法目的，不利于维护国防安全和人民群众的根本利益。秋实房地产公司对依法应当修建的防空地下室没有修建，属于不履行法定义务的违法行为，不能适用免缴防空地下室易地建设费的有关优惠规定。

自测题:

突发重大公共卫生事件中，对个人数据进行广泛收集、整理和排查十分重要。涉疫人员信息披露应遵循何种规则，保持何种限度？当隐私权遭受过度干预，公民应当如何救济?

第七章

行政规制的前沿问题

【教学难点】

1. 了解应急法治的基本概念。
2. 探讨反垄断和解制度的立法完善。
3. 厘清政府公共警告的价值功能。
4. 掌握现代政府治理的根本目标。

【内容概要】

行政规制的内容具有一定时代性。时代变迁是行政规制发展的重要推力。改革开放以来，我国经济发展和各项社会事业取得举世瞩目的伟大成就，但是在经济社会发展过程中还面临不少问题。本章主要从行政规制的具体实践入手，对行政规制研究前沿问题进行一些基本阐释和探讨，一方面是希望通过本章的介绍，使大家能够对上述前沿理论有所了解，另一方面是希望以此来引导大家加强对行政规制前沿问题的关注，形成良好的研究视野。

第一节 突发事件与应急法治

一、应急法的概念与调整对象

突发事件伴随着人类的出现而逐渐走向人们的视野。无论是生产力低下的古代，还是承载着发达的科学技术水平的当代，突发事件出现并没有停止过，并且伴随着种类变化的脚步而不断升级。由此，如何应对突发事件，是困扰古今中外各个时期的社会统治者的一个重点问题。针对这些突发事件，世界大多数国家都制定了关于突发事件应对的法律规范。尤其是在突发事件较多的国家，突发事件应对法律规范对于预防与控制这些随时可能出现的突发事件、保护可能遭受突发事件影响的社会各种权益具有重要的作用。我国法制建设起步较晚，直到改革开放以后，法制建设才逐步步入正常发展的轨道，我国突发事件应对的法律规范的制定问题直到 20 世纪 90 年代才被提上议程。然而，这些法律制度不足以预防突发事件的发生，以及在突发事件爆发后确保政府以最快的方式来维护公民的人身和财产安全，也没有对事后恢复与重建提供有效的法律基础。伴随着 2003 年 SARS 传染病的暴发引起了社会的恐慌，突发事件应急法律的制定与完善再次引起了社会各界人士的关注。仅有数十年短暂发展历史的我国突发事件应急法制在此过程中暴露出内容过于简单、体系不够健全、公民权利保障不足等诸多问题，从而如何完善我国突发事件应急法制成为一项重大且艰巨的历史使命摆在人们的面前。[1]SARS 病毒的暴发与扩散对我国突发事件应对法制的发展起到了史无前例的作用。

对于制定统一的突发事件应对法律，最初的构想是制定《紧急状态法》。在 SARS 病毒暴发过后，社会各界人士倡导制定一部统一的突发事件应急法律。2004 年宪法修正案第二十六条把“进入紧急状态”入宪后，更使得制定一部统一的突发事件应急法有了宪法上的制度依据。2003 年 12 月，全国人大常委会公布了十届全国人大常务委员会立法规划中包括了制订《紧急状态法》。然而，在我国整个法律体系中并没有《紧急状态法》，取而代之的是 2007 年 8 月 30 日第十届全国人民代表大会常务委员会第二十九次会议通过的《突发事件应对法》。具体的原因在于《突发事件应对法》更符合我国持续不断出现的局部的突发事件状况，而非出现极端程度的、对我国国家整体利益和社会公众利益造成非常严重损害的突发事件。由于现代交通、通信等科技手段在行政管理中的应用，多数突发公共事件都可以控制在普通行政应急管理的范围之内，一般不至于危害宪法制度。[2] 因此，从立法效益以及实用性来看，制定一部统一的《突发事件应对法》相对于《紧急状态法》具有优先性。

[1] 韩大元，莫于川．应急法制论——突发事件应对机制的法律问题研究 [M]．北京：法律出版社，2005：25-26.
[2] 参见从《紧急状态法》到《突发事件应对法》[EB/OL]. 最后访问时间 2014 年 4 月 30 日。

《突发事件应对法》总共7章、70条，具体内容包括预防与应急准备、监测与预警、应急处置与救援、事后恢复与重建、法律责任。这部统一的有关突发事件应对机制的法律对于后续的学者们进行这方面的研究奠定了基础。《突发事件应对法》规定的国务院建立全国统一的突发事件信息系统、国家建立健全突发事件监测制度、国家建立健全突发事件预警制度对于预防和控制突发事件的频繁爆发具有重要的意义，某种程度上可以有效地把突发事件遏制在萌芽阶段。

对于应急法的研究，应当在已有的理论研究成果的基础上，以有关应急法制的法律规范为依托，以应急法的整体构架为思路，以概念和调整对象、范围为基础而进行。应急法的内容十分庞杂，分为总论与分论。总论具体包括应急法的概念与调整对象、应急法的基本原则与主要特征、应急法的渊源与体系、应急法的性质与地位、应急法学的研究方法；分论具体包括自然灾害法律制度、事故灾难法律制度、公共卫生事件法律制度、社会安全事件法律制度、应急法律责任制度。

二、应急、突发事件与危机管理的概念

"应急"这个词在古代的一些书中就已经出现，其出处于宋朝周辉《清波别志》卷中："一值水旱，及起解稽违，不过借南库钱以应急耳"；叶圣陶《倪焕之》六："一向用男教师，只是不得已而思其次，是应急的办法。"应急在现代汉语词典的含义包括：应付急需、应付紧急情况；需要立即采取某些超出正常工作程序的行动，以避免事故发生或减轻事故后果的状态，有时也称为紧急状态，同时也泛指立即采取超出正常工作程序的行动；对于已经发生的重大事件进行相应的处理。本书研究的应急法中"应急"的概念应当是在突发事件（自然灾害、事故灾难、公共卫生事件和社会安全事件）发生前进行预防、发生后进行救助的应对办法。该概念的逻辑起点是重大突发事件，整个法律体系都是围绕着突发事件而展开。

突发事件需经历一定的时期和阶段，目前关于突发事件的阶段划分主要存在三种观点：一是划分为预警期、爆发期、缓解期三个阶段；二是划分为预警期、爆发期、缓解期和消退期四个阶段；三是划分为预警期、爆发期、高潮期、缓解期、消退期五个阶段。[1]《突发事件应对法》第三条对突发事件的定义是：突然发生，造成或者可能造成严重社会危害，需要采取应急处置措施予以应对的自然灾害、事故灾难、公共卫生事件和社会安全事件。对于突发事件定义的理解，可以从以下几点展开：

1. 紧迫性

现代社会科学技术发达，但重大突发事件依然频繁发生。甚至，由于技术的"双刃性"，一方面科学技术给人类生活、工作、学习、娱乐带来了巨大的便利与福利；另一方面，由于科学技术的破坏性，其也给人类带来了灾难，甚至是伦理道德的丧失，如克隆技术、代孕技术。科学技术一方面对一些突发事件的预防与阻止产生了不可磨灭的

[1] 陈维旭．突发事件应对法律问题研究 [D]．长沙：湖南师范大学，2008．

意义，但是另一方面其也使突发事件的种类变得多样化、事件的爆发频繁化、事件的破坏性加强化。因此，面对当代社会各种各样的突发事件危机，由于人们时刻承受着重大突发事件降临而带来的压力，人们的紧迫感变强。公众急需政府建立一个全国统一的突发事件应急信息系统，以采取积极的措施来预防可能发生的突发事件。政府应当通过多途径收集有关突发事件的信息，并且实现互联互通与信息融合，加强各部门之间的合作与交流，避免各自为政的现象发生。在突发事件爆发后，政府应当及时、高效率地处理可能对公众的人身、财产利益产生重大影响的突发事件。事后的恢复与重建对于受到突发事件危害的人们具有极其重要的作用，可以实现对其物质上与精神上的抚慰，因而，对其要求的时间上的紧迫性是不可避免的。例如《突发事件应对法》第四章“应急处置与救援”中多次提到了“立即”“迅速”等词汇，第五十九条第一款和第二款都提到了“尽快恢复”一词。可见，“紧迫性”不仅对于法律规范的制定具有重要的指导意义，实际上对于应急法的研究也具有框架性的引导作用。

2. 危害性

社会大众之所以对突发事件感到恐惧、力促政府机关采取有效的干预措施来应对之，根本的原因在于此类事件不同于一般的社会事件，其具有较大的社会危害性。影响之甚远、波及范围之广、持续时间之长、破坏性之大是其他事件所无法比拟的。目前，人们无法控制自然灾害的发生。自然灾害一旦发生，肯定会对周围的民众造成巨大的不可弥补的损失，甚至会剥夺他们的生命。如 1976 年的唐山大地震造成十几万人死亡，2008 年的汶川大地震也造成几万人死亡。其是人类面临的最大的自然敌人，人们对它束手无策，只能尽量预防它以及灾后进行救援。事故灾难相对于自然灾害来说，危害性较小，可对之进行预防。然而，其一旦发生也会造成较大的损失，特别是环境污染事故和生态破坏事故，其具有的破坏持久性以及不可挽回性等特征也引起人们的恐慌。至于公共卫生事件，主要危害的是公众的身体健康安全。尤其是近年来，食品安全事故（如苏丹红事件、阜阳奶粉事件、红心鸭蛋事件、三鹿奶粉事件、兰州自来水汞严重超标事件）的肆意爆发，造成大量的受害群众出现了生命健康的危险，进而已经引起了人们对食品安全的足够关注。一些重大的疫病疫情传染事件（如 SARS 病毒、H7N9 禽流感事件），曾经给全国公众带来了强烈的恐惧感。虽然至今，该传染病已经得到了彻底的根除，但是，该事件给人们留下的心理阴影和伤疤永远不会被抹平。社会安全事件，不仅会严重影响人们的生命、财产安全，更会破坏社会秩序，造成社会不稳定。在整个突发事件的性质、特征中，巨大的危害性是最主要的，也是最核心的。为了应对这些突发事件的危害，政府必须采取系统性的事前预防和事后拯救措施，以把危害性降低到最小的幅度。

3. 频繁性

正如前文所说，科学技术既降低了某些突发事件的发生频率、增加了人类预防和控制突发事件的能力，也增加了某些突发事件的爆发频率和突发事件的种类（如食品安全事故的大范围的频繁性的爆发，交通运输事故由于科学技术的提高而产生，在近现代以前，交通运输事故基本上不会出现）。近些年来，由于人们对环境的破坏，导致自然灾害爆发的频率越来越高，全世界范围内每年发生较大的自然灾害事件越来越频繁。一方面由于自然原因，但另一方面人为的原因也不可小觑。为了预防或降低突发性事件频繁出现，完善突发事件的应对机制、加强法律的科学性制定非常重要。面对频繁性的压力，政府应当有所作为，作为社会成员的一分子的公民个人亦应当承担起其应负有的义务与责任。

4. 不确定性

突发事件引起人们广泛重视的一个重要原因就是其具有发展态势的不确定性特征。无论是自然灾害、事故灾难、公共卫生还是社会安全事件，一旦爆发，其发展趋势是不被人们所掌握的。由于人们不能有效地控制它的发展趋势，致使人们承受着不确定危害的风险。事态是否能够得到控制以及在多大程度上能够得到控制具有不可预见性。政府只能采取有效的措施来控制事件的发展态势，但不能准确地界定该控制措施的效果大小。公众也只能相信政府的行政措施，因为他们没有其他办法来制止这种不确定的突发事件。然而，在政府有效的行政措施的实施以及科学技术的辅助下，突发事件态势发展的不确定性可以有限度地收缩即不确定性转化为有限度的确定性。如地震灾害的发展态势，我们无法清楚地预料到。但是在科学有效的行政措施以及发达的科学技术共同作用下，可以降低地震所带来的损害程度。因此，在有限度的范围内，地震的危害性具有可预测性。因此，不确定性只是相对而言的。政府应通过一整套系统的针对突发事件的解决方案，尽最大可能性确定化突发事件的发展态势。

危机管理，即研究危机事件的发生、发展、变化的规律，并针对危机不同阶段的特点，采用切实可行的对策和行为，在较短的时间内，以较少的资源避免或减轻危机所带来的威胁和恶化的管理；同时，是对危机的防范、预警、化解和善后的全过程的控制。[1]危机管理的作用对象是突发事件，旨在最大化地降低突发事件给国家、社会以及公民个人带来的损失。危机管理是由一系列特定阶段组成的，针对突发事件发展的不同时期与阶段而以不同的方式与手段作用之。危机管理的主体是多元的，以政府机关为主导，社会组织以及公民个人担负起协同政府的角色。因为政府机关具有这方面强大的人力、物力、财力以及专业知识方面的优势，且突发事件的危机管理是政府法定的社会管理职责。社会组织以及公民个人协助政府部门采取危机管理措施，以达到多元治理的效果。危机管理的目的实际上也是将突发事件的不确定性转变为有限度的确定性，以较少的资源消耗来最大限度地避免可能发生的危机恶化现象与损害扩大化的可能。

三、应急法的概念界定

由于学术界对应急法的研究并不多，导致对应急法进行概念界定的理论也并不多

[1] 蔡戈异. 我国应急法制完善研究 [D]. 上海：上海交通大学，2008.

见。莫于川教授没有使用应急法的概念，而是将突发事件应急法制定义为关于突发事件引起的公共紧急情况下如何处理国家权力之间、国家权力与公民权利之间、公民权利之间的各种社会关系的法律规范和原则的总和。[1] 韩大元、莫于川在《应急法制论——突发事件应对机制的法律问题研究》一书中认为突发事件应急法制是指一国或地区针对如何应对突发事件及其引起的紧急状况而制定或认可的各种法律规范和原则的总称。[2] 有的学者使用了紧急状态法制的概念。如莫纪宏教授认为紧急状态法律制度通常包括紧急状态的确认和宣布制度、政府的行政紧急权力制度、公民在紧急状态时期的法律义务制度、应急预案制度、应急指挥制度、应急指挥机构、应急的法律责任制度。[3] 郭春明认为紧急状态法律制度指对国家在应对威胁其生存的紧急情况时所采取的一系列与正常状态下的民主宪政的一般原则及实践所不同的关于国家紧急权力行使的方式、程序、原则以及人权保障与人权克减的手段和界限的法律制度的总称。[4]

通过对上述学者有关突发事件应急法制与紧急状态法律制度的概念的阐述，本书总结了学者们的一些主要观点的基本内容。莫于川教授强调的是在突发事件发生时，权力与权利的界定、分配，以及实施而产生的法律关系。确实，在突发事件发生前、发生时以及发生后，政府需要积极地介入以及进行干预。在突发事件发展的一系列阶段，政府需要根据不同的阶段而实施不同的应对措施，只有阶段性的针对性措施，才会尽可能地降低突发事件的破坏力。这会涉及各个行政机关之间的权力分配问题，包括上级机关与下级机关、不同政府部门之间的权力分配。衡量权力分配的恰当性的一个基础性标准就是是否能够效率性地处理突发事件，维护国家、社会以及公众的权益。在应对突发事件时，社会组织以及广大群众也是一支不可忽略的力量。如《突发事件应对法》第三十条规定各级各类学校应当把应急知识教育纳入教学内容，对学生进行应急知识教育，培养学生的安全意识和自救与互救能力。第三十四条规定国家鼓励公民、法人和其他组织为人民政府应对突发事件工作提供物资、资金、技术支持和捐赠。由此可见，政府非常重视突发事件应对机制中社会组织以及公众积极参与的重要性，这一环在整个措施链条中占据了重要的地位。在突发事件实际发生时，他们是首要的应对人员，而政府却是后来的应对者。并且，在整个突发事件的发展阶段，社会组织以及公民个人都会充分发挥自己在突发事件应对中所享有的权利，积极地配合政府的应对措施。因此，政府权力与社会组织以及公民权利之间、权力与权利之间的分配与界限的界定在应急法的制度体系中享有一定的重要位置。只有正确地处理二者之间的关系，才能避免在应对突发事件时，社会各种力量尤其是政府部门之间互相推诿的状况发生，避免应对措施效率的弱化。

韩大元、莫于川在《应急法制论——突发事件应对机制的法律问题研究》一书中对该概念的界定实际上是对第一种概念的抽象化。“如何针对突发事件”与“如何处理

[1] 莫于川. 公共危机管理的行政法治现实课题 [J]. 法学家，2003（4）：117.
[2] 韩大元，莫于川. 应急法制论——突发事件应对机制的法律问题研究 [M]. 北京：法律出版社，2005：27.
[3] 莫纪宏. “非典”时期的非常法治——中国灾害法和紧急状态法一瞥 [M]. 北京：法律出版社，2003：95-101.
[4] 郭春明. 论我国紧急状态法律制度的完善 [C]// 中国人民大学宪政与行政法治研究中心 . 宪政与行政法治研究——许崇德教授执教五十年祝贺文集 . 北京：人民大学出版社，2003：17.

权力与权利之间[1]的各种社会关系”实际上是同一种意思，前者是对后者的抽象化。因为，处理突发事件主要针对的是权力与权利之间的界限界定，什么样的权力以及权利的拥有者就该利用什么样的措施来应对突发事件。第一种概念较第二种概念更加突出了应急法制的主要目的，以及主要的调整对象。莫纪宏教授对紧急状态法律制度所包括的内容的界定看起来似乎有很多内容，但若是经过仔细地分析，实则是关于政府的权力与公民的权利问题。这些制度的运行需要借助政府权力的介入以及公民权利的行使，否则这些制度也只是一纸空文而已，无法付诸实施。因此，看似是规定了这些制度，实则是规定了政府权力与公民权利的利用问题。郭春明对于紧急状态法律制度的定义所做的界定与其他几位学者存在一个重要的不同方面，即其强调了人权保障的要求。突发事件危害的主体包括国家、社会以及公民个人。首先，对于受害方的公民个体而言，应对措施旨在降低公民个人受到的损失，维护公民个人的权利与利益。“以人为本”是政府在应对突发事件时所应该遵循的一项重要的行政理念。其次，对于侵害方而言，政府以及社会各界人士在处理突发事件时，亦应当维护其合法权益。政府不应“以恶制恶”的方式对待之，而应当“以法制恶”。因此，人权保障在此领域上升到确实尊重与保护侵害方的基本人权的高度，避免受到政府机关以及社会各界人士不法的侵害。否则，突发事件的影响将一直徘徊在社会当中，永无止境。本文非常赞同其对紧急状态法律制度的这一解释，但是对之所认为的在突发事件下要求的民主宪政与在正常状态下的民主宪政有所不同的观点不敢苟同。民主宪政是一个普世的价值理念，无论在什么情况下，其都不应当有所改变。可能是在突发事件下实现民主宪政的方式与在正常状态下实现民主宪政的方式或途径有所不同，但是其基本原则都是一样的，而不应有所区别。

综上所述，本书对应急法的定义界定为：关于在突发事件发展的不同时期，在民主宪政原则的指导下，基于人权保障的目的，政府、社会组织以及公民个人采取措施应对之，而形成的有关政府权力之间、政府权力与公民权利之间以及公民权利之间的社会关系的一系列法律规范的总称。

四、应急法的调整对象

无论是民法、刑法抑或是行政法，整个法律体系的内容都包括调整对象与调整范围。其是整个部门法的基础与前提，亦承担了一个掌舵者的角色，清楚地把握一个部门法的调整对象相当于抓住了整个部门法内容的研究方向。应急法也不例外，亦应有自己的调整对象。

（一）基础性的调整对象——突发事件

突发事件当之无愧成为应急法的调整对象之一。因为，整个应急法的法律体系都是以突发事件为基础而构建起来的，其是应急法大厦的根基。我国现有的突发事件法律体系主要由以下几个部分组成：战争状态法、一般的紧急状态法、恐怖性突发事件法、骚

[1] 由于方便本章的论述，本章所提到的权力与权利之间的关系包括权力与权力之间、权力与权利之间、权利与权利之间的关系。

乱性突发事件法、事故性突发事件法、灾害性突发事件法。[1]而《突发事件应对法》第三条明确规定了突发事件包括自然灾害、事故灾难、公共卫生事件和社会安全事件。因此，根据该法的规定应急法的调整对象是由自然灾害（包括气象灾害、地震灾害、地质灾害、海洋灾害、森林草原灾害）、事故灾难（安全生产事故、交通运输事故、公共设施设备事故、环境污染事故、生态破坏事故）、公共卫生事件（疫病疫情、食品安全、职业危害、动物病情）和社会安全事件（重大刑事案件、恐怖袭击事件、经济安全事件、涉外突发事件、群体性事件）组成的整个突发事件体系。

除了上文所说的突发事件具有紧迫性、危害性、频繁性以及不特定性这四个特征外，实际上由于突发事件的特殊性，导致政府机关必须采取非常专业性的措施来应对之。突发事件的四个领域都具有特定性特征，导致政府的行政人员必须具备各个领域的专业性知识。如政府欲有效地应对地震灾害，必须具备掌握地震方面知识的专业人才，其必须了解该次地震震源在哪里、地震深度是多少、地震波及的范围有多大。又如在食品安全领域，食品安全监管机关包括工商局、卫生局、食品药品监督局以及质监局。每个部门针对特定的管辖领域都拥有大量的专业性行政人员，通过对食品安全进行风险监测与评估，并且在其基础上制定食品安全国家标准和地方标准、对食品生产经营者生产销售的食品进行日常的食品检验、对食品安全事故进行处理以及由各个监管部门在法律规定的范围内公布食品安全信息，以对食品安全实行全程有效监管。这些不同的监管流程需要各个部门的专业性人才进行，专业性人才的缺失将导致食品安全监管工作无法正常进行。专门性作为突发事件内在的相似性，肯定了其具有的特殊性。由于突发事件所具有的专门性特征，致使应急法体系特别是应急法律制度也具有专业性特征。

（二）上升性的调整对象——权力与权利之间的关系

突发事件是应急法的基础性调整对象，整个应急法是根据广泛性、多样性的突发事件而展开的。但是，在应对突发事件时，我们应在民主法治理念的指导下，正确处理好各种权力与权利之间的关系，以保障人权。因此，本书认为在应对突发事件时而发生的权力与权利之间的关系问题亦是应急法的调整对象。

由于突发事件的特殊性以及巨大的社会危害性，在该领域，政府权力的优先性与公民权利的受限性被淋漓尽致地展现出来。政府权力的优先性有以下两层含义：在应对危机的过程中政府权力优先于公民权利，也即在突发事件应对过程中特别是紧急状态处置过程中政府可以限制、暂停某些公民基本权利的行使；[2]政府权力在个别情况下优先于法律，即“在某些特殊的紧急情况下，出于国家安全、社会秩序或公共利益的需要，行政机关可以采取没有法律依据的或与法律相抵触的措施”。[3]确实，政府机关在应对紧急危机时，为了公共利益的需要，其必须能够采取限制公民权利行使的措施，防止危机的扩大化。如在非典期间，政府机关可以将有发热、感冒迹象的公民进

[1] 具体内容详见韩大元，莫于川．应急法制论——突发事件应对机制的法律问题研究[M]．北京：法律出版社，2005：244-251.

[2] 韩大元，莫于川．应急法制论——突发事件应对机制的法律问题研究[M]．北京：法律出版社，2005：34-35.

[3] 罗豪才．行政法学[M]．北京：北京大学出版社，1996：30.

行隔离治疗。一方面，可以对被隔离者进行治疗，保护其生命健康权利；另一方面，可以防止非典病毒的扩散。再如，在抗洪救灾时，政府可以强制征用公民的财产，以保证防洪措施的顺利进行。可见，在强大的公权力抑制下，公民的权利可能会受到合法的限制。这是由突发事件的紧迫性所决定的，从某种程度上来说，这似乎也是法律所赋予公民的特殊义务。

但是，无论如何，这不是政府机关肆意侵害公民权利的理由，不是政府机关不遵守民主法治原则的理由，不是政府机关在合法限制公民权利时不遵守法定程序的理由。公民权利受到政府的限制并不意味着权衡政府的权力与公民权利之间的关系成为不可能。虽然政府限制权利的目的在于维护岌岌可危的公共利益，但是权利的限制应当在法定的行政程序中进行才具有合法性，公共利益也不能凌驾于个人权利之上而肆意侵害公民的权利。公民的权利受到限制时，在特定的情况下政府需要对其予以适当的补偿。权力与权利并不总是相对立的，关键在于政府怎么看待权力与权利之间的关系。在此领域，基于民主法治原则下的人权保障要始终处于不可动摇的指导性地位。权利的限制必须不违背合理性原则的要求即权利的限制应当能够维护公共利益；在众多能够满足公共利益需要的手段中，政府应当选择对公民权利产生最小限制的手段；政府机关对公民权利的限制不能超过实现行政目的所追求的公共利益，两者之间必须平衡。

（三）具体性的调整对象——紧急情况下的法律关系

应急法学调整的对象是紧急情况之下的法律关系。“法律关系是法律在调整人们行为的过程中形成的权利、义务关系。”[1] 紧急情况下的法律关系包括事前预防性法律关系、事中处置性法律关系和事后处理性法律关系。事前预防性法律关系是指在公民、法人和其他组织在阻止即将到来的损害过程中所形成的权利和义务关系。例如《突发事件应对法》第三十七条规定：“国务院建立全国统一的突发事件信息系统。县级以上地方各级人民政府应当建立或者确定本地区统一的突发事件信息系统，汇集、储存、分析、传输有关突发事件的信息，并与上级人民政府及其有关部门、下级人民政府及其有关部门、专业机构和监测网点的突发事件信息系统实现互联互通，加强跨部门、跨地区的信息交流与情报合作。”事中处置性法律关系是指政府和社会在应对已经发生的突发事件中所采取各种处置措施以及在此过程中所形成的权利和义务关系。《突发事件应对法》第四十八条规定：“突发事件发生后，履行统一领导职责或者组织处置突发事件的人民政府应当针对其性质、特点和危害程度，立即组织有关部门，调动应急救援队伍和社会力量，依照本章的规定和有关法律、法规、规章的规定采取应急处置措施。”事后处理性法律关系是指突发事件的威胁和危害得到控制或者消除后，公民、法人与其他组织在采取后续处理措施过程中所形成的权利和义务关系。例如，《突发事件应对法》第五十八条规定：“突发事件的威胁和危害得到控制或者消除后，履行统一领导职责或者组织处置突发事件的人民政府应当停止执行依照本法规定采取的应急处置措施，同时采

[1] 张文显．法理学 [M]．北京：法律出版社，1997：158．

取或者继续实施必要措施，防止发生自然灾害、事故灾难、公共卫生事件的次生、衍生事件或者重新引发社会安全事件。”

总之，应急法的调整对象是以突发事件的多样性为基础，上升到政府权力与公民权利之间的关系，以紧急情况之下的法律关系为具体对象。换言之，应急法的调整对象具有三个层次：突发事件是基础性调整对象；政府权力与公民权利之间的关系是本质性调整对象；紧急情况之下的法律关系是应急法的直接调整对象。

第二节　反垄断和解制度中相对人利益保护

企业的垄断行为屡遭诟病，常常被人们认为是影响经济效率的重要因素，同时还伴随着一系列的负面影响。国家通过制定《反垄断法》来消除垄断，维护市场秩序，促进了社会主义市场经济的稳健发展。《中共中央关于全面推进依法治国若干重大问题的决定》亦明确指出：“依法加强和改善宏观调控、市场监管，反对垄断，促进合理竞争，维护公平竞争的市场秩序。”在反垄断和解制度中，由于现行法律规定上的一些不足，致使反垄断和解制度的实施过程中存在执法风险，导致相对人合法权益的维护陷入困境。加强对反垄断和解制度中相对人利益[1]的保护有助于实现和解制度的预设目标，增强执法部门与企业间的互动、互信，从而营造一种更和谐的市场治理状态。本书通过立法、行政以及司法三个角度提出完善相对人利益保护的路径，给有关部门提供参考意见。

一、反垄断和解中相对人利益保护的立法完善

在我国现有的法律规范中，全国人大及其常委会制定的法律适用范围最为宽广。法律规定的内容必须原则、抽象才能保证其适用的广泛性以及有效应对行政执法内容的复杂性。在立法实践中，法律常常对行政领域事项只做出一些原则性的规定，行政机关具有一定的自由裁量权。虽然行政机关可以根据具体个案的情节自由裁量权力行使与否及其方式、程序，对相对人权利保护的程度也可能有所不同，也即行政机关具有决定裁量与选择裁量自由、构成要件裁量与结果裁量自由。行政机关在运用行政裁量权时应秉承公正理念，做到同等情况同等对待。在行政自由裁量领域，垄断情节相同或类似的涉嫌企业如若被明显地给予不相同的对待，可能会导致执法目的实现受挫的不良后果。在现实行政执法中，“行政相对人的权利保护会出现一种失衡的状态，即行政主体在履行保

[1]　本书所称相对人利益维护的出发点是相对人的合法利益，但最终目标在于防止执法机构可能存在的滥用职权，过度执法的风险，从而减弱反垄断制度以及和解制度的价值追求。因此，本书的研究目的是通过完善相对人利益的保护措施从而增强和解制度的可实施性以及价值目标实现的可能性。

护行政相对人权利义务的过程中所表现出来的不平衡状态”[1]。根据我国现行法律的规定，在反垄断和解领域可能会出现三种属性相同的相对人权利保护失衡的现象，即执法机构对垄断情节相同的企业进行调查程序与和解程序的并存；执法机构对垄断情节相同的企业施加轻重程度不同的承诺内容并存；执法机构对垄断情节相同的企业在和解程序中恢复调查程序与否并存。此种失衡会在一定程度上可能损害相对人的信赖利益，降低反垄断和解制度的制度效能，并可能会导致和解制度的预设目的难以实现。

（一）《反垄断法》第四十五条第三款的立法瑕疵

检视《反垄断法》第四十五条第三款，在三种情况下，反垄断执法机构应当恢复调查，即“经营者未履行承诺的；作出中止调查决定所依据的事实发生严重变化的；中止调查的决定是基于经营者提供的不完整或者不真实的信息作出的”。这三项内容存在一些不确定性法律概念和可以被解释的法律概念。基于行政的首次判断权理论，反垄断执法机构享有首次对这些概念作出解释的权力。这是为了保证行政机关能够有效应对各种不同的、复杂的行政事务的必然举措，也是能动型政府、塑造自由政府建设的必然考量。考虑到行政裁量权被滥用的可能性，对于这些法律概念可以作限制性解释，以把裁量权的行使控制在一定的范围之内，以免其走入权力的“红灯区”。相关机关在遵循法律明确性原则之下，可以针对此制定裁量基准或解释性行政规则，强化该条文内容的可实施性以及公民对其的可预测性，从而避免反垄断和解过程中可能出现的裁量权利用的随意性和主观性。这正如戴维斯教授所认可的，“当立法机关赋予不具备标准的裁量权时，行政官员应当制定标准，然后如果情形许可，应当通过原则和规则进一步限定自身的裁量”[2]。一方面，对该款作出限制性解释有利于破除执法机构对企业设定的压力导致企业怠于向法院起诉；另一方面，基于信赖保护原则的要求，防止执法机构违约。实际上，我国新《行政诉讼法》也在变相强调执法机关的行政规则的自我创制功能，《行政诉讼法》第五十三条第一款明确规定：“公民、法人或者其他组织认为行政行为所依据的国务院部门和地方人民政府及其部门制定的规范性文件不合法，在对行政行为提起诉讼时，可以一并请求对该规范性文件进行审查。”该项规定的第一层含义是强调行政机关要提高制定规范性文件的能力，保证规范性文件的合法性；更深层次的含义则是引导行政机关加强对现有法律规范中原则性条款的细化工作[3]，更好地做到依法行政的要求。因此，当前应当进一步完善《反垄断法》第四十五条第三款的细化工作。

（二）《反垄断法》第四十五条第三款的细化

就《反垄断法》第四十五条第三款第一项内容而言，何为未履行承诺是值得我们思考的问题。根据字面意义上来说，未履行包括基本上不履行、部分未履行以及基本上

[1] 关保英．论行政相对人权利的平等保护 [J]. 中国法学，2002（3）：16-25.
[2] 肯尼斯·卡尔普·戴维斯．裁量正义 [M]. 毕洪海，译．北京：北京商务印书馆，2009.
[3] 因为法律条款如过于原则，执法的法律依据会显得不充分；如果依法细化现有法律的原则性条款，执法工作就更加于法有据。

履行、轻微的未履行。若对之不加以层次上的区分及解释，完全适用同样的后果——执法机构恢复调查程序，将产生有违公平的嫌疑。本书认为：当作出承诺的企业在限定的期限内基本上不履行和解协议时，执法机构可以恢复调查程序；当作出承诺企业部分未履行时，应当区别对待：企业不完全履行无正当理由的且若执法机构不立即恢复调查程序，将对公平竞争的市场秩序造成重大影响时，执法机构可以立即恢复调查程序；反之，执法机构应当给企业一定期限的宽限期，允许其在宽限期内完全履行承诺。当作出承诺企业基本上履行和解协议、只存在微小的内容未履行时，若未履行部分对消除垄断行为后果不产生影响，执法机构可以以终止调查程序代替恢复调查程序。

就《反垄断法》第四十五条第三款的第二项内容而言，何为“重大变化”是需要进一步明确的。“重大变化”是一个不确定性法律概念。对于该概念的理解，我们可以借鉴合同法上的情势变更原则以及《行政许可法》第八条规定的信赖保护原则。首先，执法机构依据的事实是“客观情况”，而不是主观臆断的、猜想的事实；其次，应根据公共利益的需要，公共利益的维护是执法机构决定恢复调查程序的主观目的；再次，“重大变化”的立足点在于对公平的市场经营秩序造成严重破坏或对消费者群体的利益造成严重损失；最后，这种重大变化是双方当事人在和解协议订立时所无法预见的，且不是由于执法机构的过错造成的。有必要严格限制执法机构对此项规定的扩大性解释，避免行政裁量权的滥用。

就《反垄断法》第四十五条第三款的第三项内容而言，我们需要对“不完整或不真实”概念作出界定。首先，我们应当区分不完整以及不真实信息的严重程度。若属于严重的不完整以及不真实的信息，执法机构可以重新启动调查程序。其次，若情况轻微，再来审视企业有无故意欺骗行为。若企业存在故意欺骗行为，那么可以继续恢复调查程序；若企业由于过失提供不完整以及不真实信息，完全不具备欺骗性质，那么执法机构可以要求企业在一定期限内提交完整以及真实的信息。执法机构基于补充的信息，在公正无私的理念指导下，再来决定是否恢复调查程序。

二、反垄断和解中相对人利益保护的行政程序修正

（一）建立和解说明制度和公众评论制度

“和解说明制度指执法机构对各种情事进行解释说明的制度，如解释说明被执法者的不良行为及其允诺，执法机关对不良行为的处理意见以及和解对竞争的影响。”[1]公众评论制度是指执法机构将和解协议的内容向社会公布，由公众对和解协议的内容、订立程序的合法性、合理性进行评论，然后提出评论意见的制度。根据外国的实践经验，和解说明制度与公众评论制度旨在监督执法机构与企业之间签订的和解协议，更好地维护社会大众的利益。然而，这两个制度不仅具有防止行政机关进行权力寻租的功效，而且具有保护第三人合法利益的作用。和解说明制度是公众评论制度的前提，公众评论制

[1] 王炳．反垄断执法和解的制度机理[J]. 安徽大学学报：哲学社会科学版，2010（2）：117-125.

度是对和解说明制度的升华与完善。《工商行政管理机关查处垄断协议、滥用市场支配地位案件程序规定》第十七条的规定具有和解说明制度的影子与雏形。[1] 但其没有规定和解协议应当向社会公开，也没有规定公众评论制度。可以根据我国的司法体制、行政体制的实际情况对这两种制度加以吸收和借鉴。

我国宪法明确规定："人民法院依照法律规定独立行使审判权，不受行政机关、社会团体和个人的干涉"，但法院的审判活动并不可能完全与"民意"无关。制度化的司法民意是司法审判的重要参考因素。事实上，最高人民法院于 2009 年出台《关于进一步加强民意沟通工作的意见》以便有效实现民意与司法的良性互动。和解说明制度与公众评论制度的配合可以有效地保护相对人的合法利益。在发达国家，执法机构有义务将和解协议及其说明向社会公布（包括利害关系人），公众可以对和解协议进行任意评论，公众的评论意见是司法机关判断和解协议正当与否的重要因素。对此，我国相关法律可以进行转换性吸收。相应地，执法机构对公众的评论意见就会更加重视。当公众认为执法者明显背离合法性行政、合理性行政以及和解协议的内容明显损害了涉嫌垄断企业的利益时，公众就会反对这个和解协议。公众的反对可能导致法院最后认定和解协议违法进而宣布撤销或无效。这对于执法机构的权力滥用具有强大的抑制作用，和解协议的内容将会变得合理与公平。

（二）建立第三方评估程序

应当完善行政相对人在反垄断和解过程中的程序性制度，通过程序的规范来保证其受到公平和公正的待遇。《反垄断法》第四十三条规定："被调查的经营者、利害关系人有权陈述意见。反垄断执法机构应当对被调查的经营者、利害关系人提出的事实、理由和证据进行核实。"当然，如果当事人提出的事实、理由或证据成立时，反垄断执法机关必然会采纳，但是，当双方出现分歧时，当事人的陈述、申辩的效果往往难以得到保证。因此，在陈述、申辩环节还应当引入第三方评估程序。执法机关可以制定体现公开、公平、公正的第三方评估制度，明确第三方评估机制的适用范围（例如，规定可能对行政相对人造成巨额经济损失或难以挽回的损失的反垄断调查允许相对人提出第三方评估申请）、评估机构成员构成（可以由利益相关者、专业机构、专家学者组成）以及程序性要求（例如，行政相对人的第三方评估请求应当在陈述、申辩未被采纳的当日提出），从而使执法过程更具公共理性，全面保障行政相对人的陈述、申辩权。

三、反垄断和解中相对人利益保护的司法协力

执法和解是行政契约的一种表现形式。根据我国《行政复议法》和《行政诉讼法》的规定，行政合同（行政协议）没有明确地被纳入行政复议和行政诉讼的受案范围。然而，在实践中，"当政府不履行行政合同时，根据行政合同具有的特别管辖特征，行政

[1] 第十七条……中止调查决定书应当载明被调查经营者涉嫌违法的事实、承诺的具体内容、消除影响的具体措施、时限以及不履行或者部分履行承诺的法律后果等内容。

相对人通常的做法是向法院提起行政诉讼；对于具有私法性质的政府采购等形式的合同纠纷，相对人提起民事诉讼可以有效解决问题”[1]。新的《行政诉讼法》第十二条第一款第十一项以及《关于适用〈行政诉讼法〉若干问题的解释》第十一条实际上肯定了和解协议的可诉性（虽然该法及其司法解释没有明确规定和解协议的可诉性，但其兜底条款实际上把和解协议的内容纳入在内）。然而如上文所述，由于存在执法机构撤销和解协议时，涉嫌企业怠于向法院起诉的可能以及即使相对人向法院提起撤销之诉，但毕竟这属于权利被侵害后的事后救济，相对人的权利可能已经遭受无法挽回的损失，这二者的联结不利于相对人的权利保护。因此，有必要探索其他的能够给予相对人权利提供足够保护的救济措施。

（一）肯定相对人享有针对和解协议内容提起行政诉讼的权利

根据传统行政合同诉讼的特征，企业不能仅以和解协议的内容不合理为由向法院提起行政诉讼。其原因在于法院认为当事人的权利并未因合同内容的不合理而遭受侵害。但行政合同是双方当事人基于不平等的法律地位而签订的具有隶属关系性质的公法合同，法律可以适当赋予企业对和解协议的内容提起行政诉讼的权利。但是，在这里，基于有限司法审查原则，行政机关裁量权的行使应达到任意、滥用的程度，“严重侵害”已经达到“明显不当”的程度，才属于实质意义上的“违法”状态，从而避免法院对行政机关权力运行的过度干涉。实际上，这也是涉及比例原则的问题。根据新的《行政诉讼法》的立法理念，只有当行政裁量权的行使明显不符合比例原则时，法院才有介入的权力。提起诉讼的时间可以是在和解协议订立后履行前，也可以是在和解协议履行过程中。但是，应当符合《行政诉讼法》的基本起诉期限的规定。在不同的起诉阶段，企业所基于的目的可能并不相同。在履行前提起诉讼是为了期待法院判决协议的内容明显不当，从而撤销或变更和解协议，以避免执法机构在和解协议签订阶段出现侵犯意思自治权等合法权益的现象；在合同履行过程中起诉的目的可能是延长和解协议的履行期限，也可能是期待执法者能够减轻自己所承担的协议上的义务。

（二）建立预防性行政诉讼制度

当执法机构违约、撤销和解协议，从而恢复反垄断调查时，即使相对人在事后的诉讼中胜诉，但其已经遭受了无法挽回的损失（其商业信誉降低，可得营业利益受到损失，而这都被排除在行政赔偿的范围之外）。通过建立预防性行政诉讼制度，并对其运行程序进行设计，可以事前保护涉嫌垄断企业的合法权益。由于预防性行政诉讼是在行政机关作出行政行为前赋予企业向法院起诉，请求禁止行政机关作出某种行为的制度，旨在弥补传统行政诉讼制度的不足。其辅助性的性质决定了应当对其予以严格地限制，避免法院过度干预行政判断与决定、防止相对人恶意利用预防性行政诉讼来达到拖延行政权力行使的目的以及预防传统行政诉讼模式沦为形式之危险。鉴于此，本文将预防性行政诉讼定义为“为了避免行政行为给行政相对人权益造成不可弥补的损害，在行政机

[1] 杨建顺 . 行政规制与权利保障 [M]. 北京：中国人民大学出版社，2007.

关作出行政决定前，行政相对人有充分的证据证明行政机关将要作出对自己不利的行政决定且事后救济不足以满足其权益救济的需求时，其可以诉诸法院审查即将作出的行政决定的合法性以阻止其暂时实现或使行政机关变更即将作出的行政决定的一种事前诉讼模式”[1]。当涉嫌垄断企业有充足的证据证明执法机构可能违约导致其合法权益遭受不可弥补的损失，其可以向法院提起禁止执法机构违约、恢复反垄断调查之诉。

第三节　风险社会中的政府公共警告

社会的发展与问题总是相伴相随。自工业革命以来，科学技术从未停下前进的脚步，不断革新的科学技术，使人类的活动半径扩大、活动内容增多、活动频率增高，整个人类社会生活发生了巨大的变迁。与此同时，人类所面对的风险由传统性向现代性转变，风险结构从自然主导的自然风险演变为人为主导的社会风险，风险事件的波及范围不断扩大，发生频次日益增加，人类的生存和发展面临着严重的威胁。近年来，接连发生的地质性灾害事件、环境污染事件、消费安全事件、突发卫生事件显示人类社会已迈入风险社会。当人类社会进入全球化的风险时代时，人类个体在这个时代显得十分渺小，生命、身体健康和财产安全已全然不由自己掌握。面对当前频频发生的各种消费安全事件，人们除了承受各种灾祸摧残，别无他法。在这个时候，人们就希望公权力能够补正独立个体在防范风险上的不足，期待一种以公权力为基础的制度能够有效地为人们提供生存上的照顾。政府公共警告是一种新兴的公共治理方式，完善的政府公共警告制度能够起到风险预防与阻截作用。

一、现代公共警告兴起之原因

（一）风险无处不在

“风险”一词在我们生活中使用频率较高，它表示一种不确定性和损失的可能性。自从进入工业化时代，人类就开始了风险社会的历程，人们将会遇到越来越多的风险。随着经济全球化和现代化深入，当代社会已完完全全成为一个风险社会，在这个社会里，风险不仅无处不在，而且它的到来变得毫无征兆，让人防不胜防。与传统社会的风险相比，现代社会的风险无疑更具复杂性和破坏力，其来源是多方面的，有自然风险、经济风险、技术风险、政治风险、法律风险，并且风险传播呈现全球化的趋势，它能在短时间内传播至全球各地，造成大量的人员伤亡和财产损失。例如，2003 年发生的“非

[1]　徐信贵，康勇 . 论食品安全领域权利救济的预防性行政诉讼 [J]. 重庆理工大学学报：社会科学版，2015（3）：58-63.

典”疫情，造成了全球性的恐慌。“人类的工业化进程中自我孕育出来的风险有着明显的社会化特征。这种社会化的特征，使得具有强大威力和潜在风险的现代科学技术之负面影响所造成的巨大风险，已经不可避免地成为一个政治问题。”[1]如何抵御各种风险成为世界各国的共同课题，公共警告正是在这个情势下发生的。

（二）理念变迁与理论发展

社会理念的变迁，是诱发一项制度产生的内在力量。在资本主义社会发展初期，社会大众对封建主义仍心有余悸，整个社会强调个人本位和自由主义，提倡管事最少的国家，政治国家与市民社会之间存在巨大的隔阂，政府的职能极度萎缩，乃至出现了无政府主义，这引发了一系列的新问题，于是人们开始深刻反思政府在整个社会发展中应扮演的角色，并认为政府的工作职能应体现以人为本、永续发展的核心价值，发挥国家有限资源的最大效益，维系国民的生存与福祉。

1. 公共服务理论

法国公法学者莱昂·狄骥认为，19 世纪下半叶以后，政府的功能已由战争、治安与司法向公共服务转化，政府必须使用它们所拥有的力量服务于公众需要，公共服务是现代国家的基础；并将公共服务定义为那些政府有义务实施的行为，任何因其与社会团结的实现与促进不可分割、而必须由政府来加以规范和控制的活动，就是一项公共服务，只要它具有除非通过政府干预，否则便不能得到保障的特征。[2]在 19 世纪下半期，资本主义社会正处于自由竞争阶段向垄断阶段的转变过程，传统的政府职能已无法适应社会的发展和社会大众的需求，行政管理内容和手段需要进行一定的变革。狄骥的公共服务理论与这种变革要求相契合，因此，他的公共服务理论很快为人们所认同，并迅速向欧洲其他国家扩散。受此影响，欧洲许多政府逐渐开始更新行政管理理念，调整活动方式和扩大行政管理职责的范围。现代公共警告制度的兴起与公共服务理论的提出有密切关联。公共服务理论的发展促使许多政府开始使用非权力性的行政管理手段——公共警告有助于防御各种公民个体所无法预知的风险，以减少整个社会的人身伤亡和财产损失。

2. 生存照顾理念

德国著名行政法学家厄斯特·福斯多夫（Ernst Forsthoff）在 1938 年发表了“当成是服务主体的行政”一文，提出了“生存照顾”理念，认为：“就‘生存负责’之发展而言，个人之自由应该用在负责个人的生存之上，亦即个人应运用自己之自由权利，来谋取自己的幸福。这种‘个人生存负责’制度的可行性有其‘前提’要件，那便是个人必须可以自己于所掌握的生存空间内获得生存之保障，然而这个前提在资本主义发展到第二个阶段时便不复存在了。这时必须将个人生存负责的责任转移至政治权力拥有者，即国家与党，任何一个国家为了维持国家稳定，就必须提供人民生存之照顾，国家唯有提供生存照顾，确保国民的生存基础，方可免于倾覆之命运。”[3]福斯多夫的生存照顾理

[1] 薛晓源，周战超．全球化与风险社会 [M]. 北京：社会科学文献出版社 2005：65.
[2] 莱昂．狄骥．公法变迁，法律与国家 [M]. 郑戈，冷静，译，沈阳：辽海出版社，春风文艺出版社，1999：12-13，50-53.
[3] 陈新民．公法学札记 [M]. 台北：三民书局，1993：61-63.

念将国家行政任务的重心调整至服务行政之上，和狄骥的公共服务理论一样，福斯多夫强调，当个人之力无法达到照顾自己之时，国家的公权力必须介入，以保障公民基本的生存条件，这为随后德国公共警告制度的兴起奠定了一定的思想基础。

3. 知情权理论

知情权理论具有两个方面的内容，一种是指市场经济活动中，消费者的知情权，另一种是在行政活动中，民众对政府信息的知情权。消费者的知情权，是指导消费者享有知悉其购买、使用的商品或接受的服务的真实情况的权利，它是消费者最基本的权利之一。消费者知情权强调的是商品生产者或销售者与消费者之间的一种商品（服务）信息的传递，然而在实际市场交易活动中，商品（服务）的信息由商家（制造商和销售商）到消费者之间传递并不会像想象中的那么顺利，它会因为各种各样原因中断。以追求利润为目标的商家很可能会提供虚假的信息，拒绝或延迟提供有害商品的信息。在这种情形下，消费者如果没有及时得到准确的商品信息，则可以导致其权益受到巨大损害。然而消费者自身在这一信息传导的过程中往往会显得无能为力，他们自身无法使这个信息流恢复正常流动。这时候作为市场活动监督者的政府就必须介入，从而实现消费知情权的补正。这种补正可以是政府利用公权力促使商家恢复正常的信息流，也可以是政府将自己掌握的信息直接传递到消费者。对政府信息的知情权是知情权理论在政治领域的映射，在以往，政府的信息是"以不公开为原则，以公开为例外"，民众对于政府信息并没有知情权，然而随着社会的发展，人们也开始形成这样的观念，即政府从民众那里获得税收与管理权，那么它也就具有向民众提供行政活动信息的义务，以满足民众对行政事务的知情权。民众的需求和政府信息公开理论的不断发展促进许多国家开始了相应的变革活动。目前，世界大多数国家都制定了政府信息公开方面的法律法规。从某种意义上说，知情权理论是公共警告制度的直接性理论。

（三）科技力为其提供了可能性

第二次世界大战后，自然科学取得了突飞猛进的发展，科学技术取得了长足的进步，为公共警告的实施提供了技术上的支持。

1. 风险侦测技术

风险预测是公共警告制度的核心环节，"巧妇难为无米之炊"，如果没有可靠的侦测手段和准确的风险信息，政府亦不可能对公众发布准确警告。实际上，人类在很早以前就开展了对风险的预测活动。早在 1800 多年前，我国的著名科学家张衡就发明了"候风地动仪"预测地震灾害；此外，还有许多通过天气或自然灾害的长期观察，形成了一些预测自然灾害的谚语，例如，"北风冷，台风循（遁）""天晴日暖，碧空晴净，忽见黑云如缕，宛如长蛇，横亘空际，久而不散，势必地震"。然而，这些预测手段缺乏精确性，风险信息的可靠程度往往不高，如果政府以这些方式收集的风险信息为依据，发布公共警告，不仅达不到帮助社会大众躲避风险的功能，而且会引发许多的问题。随着第三次科技革命的到来，人类在科学技术上取得巨大进步，人类的知识体系也不断完

善，对各类风险的预测能力大大提高，例如通过卫星云图准备预测未来一周的天气情况、构建预报预警模型，开展地质灾害暴雨监测预报预警服务。

2. 信息传播技术

信息传播技术对于人类的生存和发展起着重要的作用，推动着人类文明的进程。在远古时代，人与人之间的信息传递主要通过结绳记事、甲骨刻字、烽火传讯等方式实现。随着印刷术的发明，人类开始进入印刷传播时代，信息的传播效率有了很大的提高，但有时仍然无法实现信息的实时接收。然而在这种信息传播条件下，公共警告并无实施的可能性。公共警告从某种意义上说，是一种危机信息的传播，如果没有良好的传播技术，即使拥有高科技的预测手段，政府也无法将监测到的危机信息及时传递至社会大众。

1895 年后，意大利科学家马可尼发明了无线电引发了通信革命，广播和电视的相继诞生则标志着人们进入了电力传播时代，信息传递基本上实现了实时化。而电子技术的发展，互联网的出现，则开启了人类信息传播的新纪元。它不仅可以实现信息的实时传播，而且突破了原有传播技术的单向性限制，人们在网络上实现有效的信息互动，一个 IP 就是一个信息中心，可以及时向外传播信息，发挥其信息告知功能。现代传播技术的不断成熟，为公共警告的广泛实施提供了可能。

二、公共警告之概念及特征

（一）公共警告之概念

根据现代汉语词典的解释，警告具有三层含义即“①提醒，使警惕；②对有错误或不正当行为的个人、团体、国家提出告诫，使认识所应负的责任；③对犯错误者的一种处分”。[1]《辞海》中关于“警告”一词的解释为“①告诫；②行政处罚中最轻的一种；③行政处分中最轻的一种；④非行政性的纪律处分中最轻的一种”。[2] 在日常生活中，“警告”一词出现的频率很高，其含义也为常人所知晓。然而究竟何为“公共警告”却是一个新概念。德国公法学者哈特穆特・毛雷尔（Hartmut Maurer）认为，“公共警告是事实行为的一种特殊形式，行政机关或者其他政府机构对居民公开发布的声明，提示居民注意特定的工商业或者农业产品，或者其他现象，如青少年性行为”[3]。值得一提的是，其中一篇文章亦提出了狭义公共警告的概念，即“狭义的（公共警告）是指将危险源指向特定人的行为或产品的公开警示，比如提醒公众注意某一危害健康产品或欺骗性广告”。[4] 狭义公共警告概念是基于警告的功能、效果和行为指向的差异而产生，它对我们进一步理解公共警告的概念具有很重要的意义。但是无论是狭义公共警告说，还是毛雷尔氏之公共警告概念，均非至善至美。毛雷尔氏的概念具有时代局限性，将公共警

[1] 中国社会科学院语言研究所词典编辑室 . 现代汉语词典：修订本 [M]. 北京：商务印书馆，1996：670.
[2] 辞海编辑委员会 .《辞海》：缩印本 [M]. 上海：上海辞书出版社，2000：1160.
[3] 哈特穆特 . 毛雷尔 . 德国行政法总论 [M]. 高家伟，译，北京：法律出版社，2000：393.
[4] 朱春华，罗鹏 . 公共警告的现代兴起及其法治化研究 [J]. 政治与法律，2008（4）：83-89.

告的发布主体仅限于一国政府机关，这与现代风险影响的国际化现象有所不符，而狭义公共警告实际上是对公共警告制度的一种限缩，将其定位在人为风险的警示上，而自然灾害方面的公共警告排除在外。综上所述，笔者认为所谓公共警告是指公权力部门通过向其权力辖区内的社会大众公开发布其所掌握的可能对社会大众造成较大危害的危险性因素以促使人们产生警觉心理的行为总称。

（二）公共警告之特征

1. 公共警告是一种政府性组织实施的行为

公共警告行为的主体，也即享有公共警告的发布权主体。在巨大风险可能发生的情况下，人们的内心生发的恐惧心理会削弱其理性思维能力，人们对于风险、灾害之类信息往往会“宁可信其有，不可信其无”，在这种情况下，信息的准确性是相当重要的，虚假的或错误的信息会引起社会的恐慌，造成社会的不稳定。因此，必须将公共警告的发布职责交由一个相对比较可靠的主体行使，才能保证公共警告发挥防灾减灾的功效。在人类个体、公权力机关、非政府组织和媒体之中，我们可以看出，公权力机关相对比较具有公信力而且也更有能力保证信息的准确性。公权力部门是一个整体性的概念，它包括行政机关、司法机关和立法机关，司法机关和立法机关由于其特定职责所在，不便也不可能承担公告警告的发布职责，因此，这种警告的发布权应归属政府性组织。值得注意的是政府性组织除了一国的政府组织外，还包括由政府间协议而建立的国际组织，即国际政府性组织。

2. 公共警告是一种提示性的行为，具有单方性

公共警告是一种提示性的行为。在风险即将来临或者可能来临之时，有关部门通过发布公共警告，使人们对特定的风险产生一种警觉性。公共警告在本质上是一种警觉性的传导。政府性组织通过各种监测手段，发现了可能发生的风险，并对这种风险产生了一种警觉性。在无法阻止这种风险发生的情形下，有关部门将这种警觉性传导给社会大众，以尽量避免或减少可能发生的损失。虽然，公共警告的实施主体是掌握公共权力的政府性组织，但这种提示行为并不具有任何强制性的成分。它是一种单方性的行为，换言之，政府机关只负责警觉性的传导，而人们的警觉性的形成与否则取决于其自身。对于公共警告所传达的信息，人们是具有自主选择权的，可以相信这种提醒，也可以持怀疑态度，甚至对这类信息无动于衷。人们并不会因为未理会公共警告而招致法律上之不利后果。但人们可能会因对公共警告的不同态度产生事实上的不同，例如，甲居民听从了政府关于某食品含有有害物质公告，停止了对某食品的购买和食用，而乙未重视该公告，则可能会发生食物中毒。

3. 公共警告以提示风险为内容

现代社会已进入到一个风险社会阶段。风险无处不在，无时不在，已经成为我们生产生活中的一个组成部分。面对各种各样的风险，人类个体往往显得毫无抵御之力，

这时就需要公权力的介入，公共警告也就应运而生。然而究竟哪些风险属于公共警告的内容，目前存在一些争议。现代社会风险多种多样，按照损失的原因分类，风险包括自然风险、社会风险、经济风险、技术风险、政治风险、法律风险；按风险涉及的范围分类，则可分为基本风险（指损害涉及社会的风险，其起因及影响与特定人无关，至少是个人所不能阻止的）和特定风险（与特定人有因果关系的风险）。对于公共警告的内容，有人提出以特定风险为限，也有人提出地震不可预知论，这实际上是将一些自然灾害排除出公共警告的范畴。以上两种观点，似乎对自然风险纳入公共警告范围持反对态度，出现这种情况，在很大程度上是由于我们科学技术并未能够对自然风险进行全面、准确的侦测。然而，科技上的局限不能成为排除对自然风险进行公共警告的理由，并且在目前的科技条件下，许多自然风险是可以预测的。政府作为居民的保护者，只要其对风险的预测能力高于普通个人，就有义务进行公共警告。综上所述，本文认为，公共警告的内容应包括政府机关利用现代科技手段可以预测的、社会正常个体所无法预知的、并可能对社会造成较大损害的一切风险。

4. 公共警告的对象是不特定的

《辞海》对"公共"一词的解释为，"公共：共同。如：公理；公约"[1]。因此，公共警告，也就意味着是一种针对不特定多数人发布的活动。公共警告的对象之不特定性具有两方面的含义。一方面，对象之不特定性决定了公共警告必须具有公开性。公共警告制度之创设原意在于通过一种公权力机关的介入，帮助社会大众防御各种风险，以减少人身和财产方面的损失。它的对象是所有遭受风险威胁的居民而非特定的个人，因此，为了保证所有民众能够享用公共警告之福祉，公共警告必须面向社会大众公开发布。另一方面，对象之不特定性，决定了对那些指向个体的责任风险，政府无须发布公共警告。例如，某司机不按交通规则的要求驾驶车辆行为，具有因其违法行为对他人造成人身伤害或财产损失承担赔偿责任的风险，在此种情形中，政府无须向甲司机发布任何风险警告。

三、公共警告之分类

对公共警告进行分类研究，对于进一步深化公共警告的研究具有重要的意义，它可以为我们提供对公共警告进行研究的不同视角，从而更为合理地掌握公共警告的意涵。

（一）国际性公共警告、国家性公共警告与地方性公共警告

根据公共警告的对象范围为标准，可以将公共警告分为国际性公共警告、国家性公共警告和地方性公共警告。国际性公共警告是指由政府性组织就国际性风险事件而面向国际社会发布的警示信息，例如，2008 年 4 月联合国粮农业组织和世界银行发布的全球粮食危机警告。国家性公共警告是指政府性组织就一国境内的全国性风险事件而向该国的全体居民发布的警示性信息，例如 2000 年 2 月，中国消费者协会发布的第 2 号消费

[1] 辞海编辑委员会.《辞海》：缩印本 [M]. 上海：上海辞书出版社，2000：792.

警示——“糖精危害不可低估”。地方性公共警告是指政府性组织就一国境内的局部性事件而向当地居民发布的警示性信息，例如2009年宁夏回族自治区工商行政管理局向社会发布的第一号农资消费警示。

（二）一次性公共警告与持续性公共警告

根据公共警告持续时间的差异，可将公共警告区别为一次性公共警告和持续性公共警告。一次性公共警告是指政府性组织对一些突发性危机事件向社会大众发布的、在危机情况结束后，需履行相应的解除程序的公共警告，例如，灾害性天气警报。持续性公共警告是指政府性组织针对经常出现的风险事件而向社会大众发布的、具有长期效力的公共警告，例如，世界卫生组织发布的吸烟有害健康的警告。这种类型的公共警告通常不需要经过解除程序。

（三）消费警示、灾害预警与其他现象的公共警告

根据毛雷尔氏关于公共警告的定义可以看出，源于德国的现代公共警告制度其创设之主要目的是提示居民注意特定的工商业或者农业产品，在这个层面上，公共警告实质上就是消费警示。政府的公共警告职能限缩于消费警示的范围。然而，在当代社会，灾害预警亦成为政府公共警告职能的内容，例如，气象部门时时刻刻都在观察气象变化，通过资料分析做出判断并对可能发生的灾害性天气作出相应的灾害预警。消费警示和灾害预警是目前最为常见的公共警告。除此之外，政府还会针对其他现象向民众发布警示信息，如恐怖性活动、青少年性行为、盗窃行为。

（四）直接性公共警告与间接性公共警告

根据政府性组织的行为意图指向可以将公共警告划分为直接性公共警告和间接性公共警告。直接性公共警告是指政府性组织发布危机信息直接指向社会大众，其发布危机的目的是提醒人们注意特定危机现象。但公共警告实际上是一种危机信息的传递，通常政府的其他行为往往也具有表达某种信息的功效。例如，公安机关发布对某犯罪嫌疑人的通缉令，本意是希望社会大众协助缉拿犯罪嫌疑人，但同时亦具有提醒大家注意该危险人物之客观效果，这种主观上是为了另一目的而在客观上形成公共警告之效果的行为即为间接性公共警告。

（五）涉他性公共警告与非涉他性公共警告

行政活动的法律后果已经不再限于行为的直接对象，它往往还会影响到直接对象以外的第三人的权益。以是否会影响第三人的权益为标准可以将公共警告分为涉他性公共警告与非涉他性公共警告。涉他性公共警告是指政府性组织针对特定风险向社会大众发布的、会间接造成第三人权益受损的警示信息，例如，食品卫生的公共警告。实际上一旦社会大众得到某食品有卫生问题的消息并信以为真，那该食品生产商和销售商的经济利益会受到极大的损失。非涉他性公共警告是指政府性组织针对特定风险向社会大众发布的不会影响第三人利益的警示信息，如地震预警。在这种类型的公共警告中，公共警

告的发布者与社会大众是单纯的对应关系。

（六）确定性的公共警告与预防性的公共警告

根据风险的确定与否，可以将公共警告分为确定性的公共警告和预防性的公共警告。确定性的公共警告是指政府性组织针对正在发生的或必然发生的危害社会事件向社会大众发布的警示，例如，2008 年郑州市工商局、消费者协会针对居高不下的移动电话投诉问题，联合发布了 2008 年第 1 号消费警示，提醒消费者谨慎选购和维修移动电话。预防性的公共警告是指政府性组织针对未发生但可能发生的风险而向社会大众发出的警示，例如 2009 年 4 月 5 日新疆气象台发布的大风蓝色预警。

（七）行政机关的公共警告与其他政府性组织的公共警告

根据信息发布的主体不同，可以将公共警告划分为行政机关的公共警告和其他政府性组织的公共警告，行政机关的公共警告是指由行政机关发布的，提醒民众注意特定风险的信息，例如，气象部门发布的灾害天气预警信息。其他政府性组织的公共警告是指除行政机关以外的政府性组织发布的提醒人们注意特定风险的信息，例如，在 2003 年非典时期，世界卫生组织发布了到广东和香港的旅行警告，告诫大家不要前往香港或广东省。

（八）法定公共警告与任意公共警告

以发布公共警告是否具有直接的法律依据为标准可以将公共警告划分为法定公共警告与任意公共警告。法定公共警告是指政府性组织基于法律法规的规定或要求，而向社会大众发布警示信息的行为。通常法律法规对这一类公共警告的发布条件、主体、范围和程序等均有明确的规定。任意公共警告是指政府性组织并非基于法律法规的强制性要求而是根据实际情况的需要而向社会大众发布警示信息的行为。

（九）传统性公共警告与现代性公共警告

“公共警告”之称谓虽最早起源于 20 世纪后半期的德国，但实际意义上的公共警告则自古有之，古代政府亦会发布一些灾情预报。因此，笔者将 20 世纪后半期之前的实质意义上的公共警告称为传统性公共警告，而将发源于 20 世纪后半期的德国新公共警告称为现代性公共警告。传统性公共警告以自然灾害的预防为主，而现代性公共警告则涵括了各种风险的预防。

（十）一般级公共警告、中级公共警告与高等级公共警告

根据危机的危害性程度、紧急程度的不同，可以将公共警告划分为各种等级。例如，天气预报中有红色、橙色、黄色、蓝色等警报之分，其中红色最强，橙 / 黄色次之，蓝色较弱。

第四节　分权化改革下的政府治理碎片化可能及其应对

党的十八届三中全会对政府职能转变提出了新要求，即“必须切实转变政府职能，深化行政体制改革，创新行政管理方式，增强政府公信力和执行力，建设法治政府和服务型政府”。在“大政府小社会”背景下，分权是政府职能转变的最重要内容，即要通过进一步明确政府权力的边界、压缩政府权力空间，使全能政府转变为有限政府。从某种意义上说，“分权”是各地政府在当前或今后一段时期内不可能回避的一项任务。在推进国家治理体系和治理能力现代化的过程中，“可能出现的分权化改革模式”“怎样的分权可能降低政府的行政能力，导致政府治理碎片化”“如何应对政府治理碎片化”等一系列问题需要认真对待。

分权化改革的目的在于通过权力的合理配置推进政府治理能力的现代化。但不合理的分权化改革措施会使权力受到过度限制从而降低政府的行动能力，形成无政府主义和行业垄断，加剧政府治理的碎片化。为了构建“有能力的有限政府”，必须正确处理分权化改革与政府治理碎片化之间的辩证关系。应通过分权原则、信息融通和技术理性来化解分权化改革下的政府治理碎片化风险。

一、分权化与政府治理碎片化

（一）政府治理的碎片化分析

“碎片化”日益成为这个时代的一个基本特征。就人类个体而言，工作和生活的内容是碎片化的，甚至在整个社会中所扮演的角色亦呈现碎片化的特征。当然，这种“碎片化”并不仅仅影响个体的人，政府治理也开始迈向碎片化。21 世纪的政府治理朝着两个看似矛盾的方向发展，即一体化（全球化）和碎片化（个性化）。一方面，各国在政府治理方面的联系不断增多，并渐渐形成了公共治理的全球意识；另一方面，在各国内部的政府治理日益个性化、碎片化，这表现在治理主体、治理职能、治理过程、治理效果日益碎片化。碎片化是一股不可阻挡的时代洪流，在 20 世纪取得巨大成功的传统治理模式已然无法应对这个时代的权力分散、地方势力膨胀、组织界限模糊等问题，“一方治百病的模式就必须让位给那些个性化的特制模式……靠命令与控制程序、刻板的工作限制以及内向的组织文化和经营模式维系起来的严格的官僚制度，尤其不适宜处理那些常常要超越组织界限的复杂问题……在这种新的模式下，政府的工作不太依赖传统意义上的公共雇员，而是更多地依赖各种伙伴关系、协议和同盟所组成的网络来从事并完成公共事业。”[1] 从某种意义上说，政府治理的碎片化源于以权力分工、分层为基础的科层制（官僚制）。科层制强调内部分工、职位分等和组织规定，从而形成等级制的权

[1] 斯蒂芬·戈德史密斯，威廉·D. 埃格斯. 网络化治理：公共部门的新形态 [M]. 孙迎春，译. 北京：北京大学出版社，2008：6.

力矩阵关系。“官僚制是建立在高度分工和专业化基础之上的，为了有效处理纷繁复杂的事务和解决各种各样的问题，各个部门均有一套稳定且详细的技术规范要求，因此，组织在各个领域都必须配备专家和技术人员，以适应工作需要。”[1]因此，最高层权力之下必然出现碎片化。但这种碎片化的根本原因在于利益博弈，公共选择理论学派认为：在政治市场中的各个主体亦是“理性经济人”，他们同经济市场中的私人主体一样要追求个人利益最大化。[2]只不过这种个人利益最大化主要是以“政治利益或效果的最大化”方式呈现。分权对既有的利益进行重新分配，而在“一元治理”向“多元治理”的分权改革过程中，这种利益博弈必然会变得更加激烈，并进而加剧政府决策与治理的碎片化。

（二）当前分权化改革具体内涵

为了适应政治民主化的需要和现代经济的发展，世界大多数国家在特定历史阶段都采取了一些分权化改革措施以提高行政效率和社会治理效能。从权力分化的走向上看，分权化改革可以分纵向分权、横向分权和外向分权三种不同类型。这三种类型亦是《中共中央关于全面深化改革若干重大问题的决定》中的分权化改革的具体内涵。

1. 纵向分权：央地分权

在单一制的国家结构中，分权的首要形式就是纵向的央地分权，这是分权化改革的最大难点。“改革开放以来，中国地方政府的改革在一定意义上，是在中央分权的大逻辑中中央与地方权力关系与权力结构调整的过程，也是中央与地方在政策制定、政策执行等领域讨价还价、相互博弈的过程。要解决地方政府治理结构和治理形态中的问题，重塑地方政府治理模式，首先必须考虑中国的中央与地方政府间权力关系，中央与地方之间的权力关系直接决定了地方政府的权力形态和治理结构。”[3]《中共中央关于全面深化改革若干重大问题的决定》亦明确指出：“进一步简政放权，深化行政审批制度改革，最大限度减少中央政府对微观事务的管理，市场机制能有效调节的经济活动，一律取消审批，对保留的行政审批事项要规范管理、提高效率；直接面向基层、量大面广、由地方管理、更方便有效的经济社会事项，一律下放地方和基层管理。”

2. 横向分权：理顺职责

政府组织的设置是以职能为基础的。依据不同业务或职能，政府组织被划分为若干个具体的行政部门。现代社会的发展、社会分工细化以及人民的客观需求促进了公共管理内涵和外延的扩张和发展，各类政府的公共管理职能处于一种不断分散化的调整趋势之中。中华人民共和国成立以来，为了适应经济体制发展和社会变化，政府进行了多次分权化改革。政府的横向分权扩大了行政权的主体范围，并使得政府决策日益分散化甚至社会化。“政府治道的变革进程也是惊人的……通过地方分权的改革，通过基层民主建设，通过事业单位的相对独立运转等，中国政府的权力已经开始从单中心的政府走

[1] 竺乾威. 从新公共管理到整体性治理 [J]. 中国行政管理，2008（10）：52-53.
[2] 高培勇. 公共经济学 [M]. 北京：中国人民大学出版社，2004：59.
[3] 徐晨光，王海峰. 中央与地方关系视阈下地方政府治理模式重塑的政治逻辑 [J]. 政治学研究，2013（4）：34-35.

向多中心的自主治理。”[1] 我国当前的行政权的横向分权改革的重点内容是转变政府职能、优化政府组织结构、理顺部门职责关系。党的十八届三中全会明确指出：“转变政府职能必须深化机构改革。优化政府机构设置、职能配置、工作流程，完善决策权、执行权、监督权既相互制约又相互协调的行政运行机制。严格绩效管理，突出责任落实，确保权责一致……统筹党政群机构改革，理顺部门职责关系……推进机构编制管理科学化、规范化、法制化。”

3. 内外分权：化“公”于私

一个国家的权力能量是恒定的，公（权）进必然私（权）退。当政府的权力过于膨胀，私权必然萎缩，并可能出现私权“真空”状态。事实上，管得最多的政府与最好的政府之间并不能直接画上等号。当政府把所有事务纳入管辖范围，将公权力渗透至公民生活的各个方面时，往往难以实现社会的善治。因为“治理是各种公共的或私人的机构，管理其共同事物的方法的总和，是使相互冲突的利益得以调和，并可能采取联合行动的持续的过程。”[2] 从表面上看，大包大揽政府是一种全能政府，但由于政府的大包大揽行为破坏了“公私协力” 治理结构或者共治生态，这样“全能政府”最终会蜕变成“无能政府”。总体而言，各级政府还是控制了过多的权力，使得公权力的体积过于庞大，国家与社会之间时常出现不和谐的关系形态。因此，深化改革的一项重要任务就是要化“公”于私，还权于民，把本不应该由市长拍板的事项还给市场，把可以由社会自治的事项返还给社会。《中共中央关于全面深化改革若干重大问题的决定》对政府与市场、社会的关系进行了正确的阐释，即“政府和市场的关系，使市场在资源配置中起决定性作用和更好发挥政府作用”“ 正确处理政府和社会关系，加快实施政社分开，推进社会组织明确权责、依法自治、发挥作用。适合由社会组织提供的公共服务和解决的事项，交由社会组织承担。”

（三）分权化与政府治理碎片化的内在关联

政府治理碎片化是由多种原因造成的。“行政碎片化是内因与外因协同作用的产物。行政碎片化的天然原因是政治家、官僚、公务员和国家代理人亦是理性经济人，为了个人利益和部门利益会放弃公共利益”[3]，碎片化甚至是“有意为之”的产物，“政治家为了控制和监督官僚组织，对其采取了‘分而治之’的策略……高级公务员通过确立各自的地盘最大化自己的权力，从而造成部门之间的破裂或相对独立状态。”分权化措施亦是政府治理碎片化的重要原因。分权化改革可能诱致或加剧政府治理的碎片化。“20 世纪 70 年代中后期，新公共管理运动在西方国家蔚然兴起，并取得显著成效，但其采取的分散化、分权化的改革措施在某种程度上却加剧了政府管理‘碎片化’的状况”[4]，“分权的原则要求存在分立的政府机构，每个机构只限于行使一种被分开了的

[1] 迈克尔・麦金尼斯．多中心治道与发展 [M]．毛寿龙，译．上海：上海三联书店，2000：序言 3.
[2] 俞可平．治理与善治 [M]. 北京：社会科学文献出版社，2000：1.
[3] 宁超．基于“整体政府”视域下的“行政碎片化”问题破解 [J]. 湖南工业大学学报：社会科学版，2013（3）：94-95.
[4] 谭海波，蔡立辉．论“碎片化”政府管理模式及其改革路径 [J]. 社会科学，2010（8）：14.

政府功能。然而，实际的政治需要却要求国家意志的表达和执行之间协调一致。法律与执行之间缺乏协调就会导致政治的瘫痪。”[1]因此，在深化改革的过程，对分权化改革应该有一个全面的认识和正确的预判，即分权化改革一方面能够释放市场和社会参与的活力，增加公共服务的供给，但另一方面不恰当的分权化措施可能会加剧地方政府与社会力量的趋利化短期行为，从而瓦解政府治理的整体性和政府组织的凝聚力，使治理结构更加碎片化。事实上，在正确分权化与政府治理碎片化的内在关联的基础上，才能明晰可分权化改革的范围以及对特定权力进行分权化改革的方式，从而保障分权化改革的价值目标和有序进行。

二、分权化改革下的政府治理碎片化可能

（一）权力失衡下的政府治理碎片化

由于无限权力与无限责任的政治传统和文化因子，在各个系统和单位普遍存在权力垄断、责任不清和治理碎片化的问题。“加快形成权界清晰、分工合理、权责一致、运转高效、法治保障的国务院机构职能体系，切实提高政府管理科学化水平”是国务院新一轮分权化改革的目标和方向。在整个国家治理体系中，权力是最核心的要素。治理体系和治理能力现代化往往取决于权力配置的合理化程度。当前，主要存在“大政府小社会”和“小政府大社会”这两种国家治理基本模式。前者常为人所诟病，后者常被人推崇。事实上，在国家治理的过程中，权力过于集中的“大政府小社会”不是最优状态，而权力过于分散的“小政府大社会”亦不是最佳模式。“大政府小社会”与“小政府大社会”这两种模式虽然在权力构成上大相径庭，但最终可能引发的问题是趋同化的，即会造成权责不清、推诿扯皮、效率低下以及治理碎片化。如前所述，分权包括上级向下级、政府向市场、政府向社会三种类型。在分权化改革过程中，正确处理好上级与下级、政府与市场、政府与社会之间权力配置工作至关重要。分权化改革措施过于超前、力度过大极易出现权力失衡状态，从而加剧政府治理的碎片化问题。一方面，上级机关将权力下放至地方，如若对权力的权重配比形成了颠覆性的改变，突破了上级机关的承载能力，不仅无法实现放权的增量效应，反而会增加下级机关的负担，“碎片化”治理就成了下级机关切实履行公共服务职能的必然选择；另一方面，在对市场未形成有效监管的情况下，向市场和社会过度放权会弱化政府的整体性治理能力，助长市场主体或社会组织的垄断化和行政化，滋生无政府主义，“在无政府的自然状态下，任何人的权利都不能得到保障，文明社会通过确立政治权力、公共权威、法律规则以避免无政府格局，从而为权利保障提供了基本前提。”[2]垄断化和行政化的市场主体或社会组织会排斥政府对许多本属于政府职责的公共事务的管控，导致整个社会的失序或混乱，公民的基本权利无法得到有效保障。

[1] 弗兰克·J. 古德诺．政治与行政[M]．王元，杨百朋，译．北京：华夏出版社，1987：14.
[2] 肖滨．公民政府：拒斥无政府与利维坦——洛克政府理论的逻辑结构分析[J]. 开放时代，2003（6）：69-70.

（二）权力分化下的“有缝化”治理

权力分立的目的是防止集权治理。将国家权力分割成若干部分有利于形成权力之间的制约机制，以避免权力滥用，从而促进社会的“善治”。但是权力分化并非越细越好。正如农村的土地确权一样，把土地“包产到户”，使得产权明晰，有利于提高农业耕作的效率，但如果由“包产到户”转变“包产到人”则可能会产生负面效果，因为“田埂多了不是好事”，至少这种方式会减少农田的实际使用面积，降低农业生产产量。同理，在政府公共服务供给过程中，以专业化、权责明晰为名的过度分权会扩大权力之间的“缝隙”，使政府的治理“零散化”。“‘专业化—部门化—利益化—制度化’ 的路径依赖直接造成了‘高成本、低效率’制度困境的产生。城市公共服务提供的专业化分工以损害城市系统的综合性为代价追求专业系统完整性的目标，导致了部门管理的大量‘缝隙’；在执行机制上，形成了以部门利益驱动为主导的制度偏差，少数部门通过刚性的制度安排巩固部门的最大化收益。”[1] 不适当的分权化措施，将权力与责任分散至各个部门，容易形成事权分散、政出多门，从而导致行政决策的碎片化效应，使得行政决策的统一性、连续性和权威性受到影响。另外，权力在各部门之间过度分立会增加行政部门的横向沟通频次和难度。利益冲突、意见分歧，以及不信任会使得各部门之间横向沟通变得异常困难，进而破坏政府治理的整体性、可持续性，甚至可能会瓦解政府进行社会治理的合法性。

（三）权力“形散而神不散”下的治理碎片化

从理论上说，分权化改革是要将权力分散，使之得到一个能够发挥其最大效应的“归宿”。但行政系统内部不同利益主体的存在会影响放权的彻底性，形成“形散而神不散”的分权困局，例如，“没好处的容易放，有利益的死命攥”“难管的事项放出去，容易处理的事项保留在手中”“放开受理权，紧握终审权”“放开决定权，不放发证权”“明放暗收或先放后收”。以往的分权化改革就发生过权力重构的矛盾，例如“一些地级市为了保留部门利益，不愿放弃权力，在养路费、车辆附加、交通规费等的征收中，一些地方出现市与扩权县争收的现象；一些地方在地级市权力下放后，义务也一股脑儿甩出，如县级申报的许多项目的筹资需要在中央财政投入的基础上由省和地级市配套资金，而在扩权改革后一些地级市不愿意再承担配套责任；一些垂直管理部门扩权前是“一个婆家”，扩权后变成“两个婆家”，工作程序重叠，难度加大，”[2] 甚至出现“行政事项一半环节在上级机关、一半环节在基层部门”的“两头跑”现象。另外，分权化改革可能会为政府推责任、卸包袱提供机会，例如上级政府把权力和责任下放至下级政府，下级政府在人力、物力、财力有限的情况下，又把权力与责任推给市场主体或社会组织，这实际上是将责任和问题交给了可能失灵的市场或自治的社会，进而形成权责真空，导致公共服务供给秩序的混乱。

[1] 唐任伍，赵国钦 . 公共服务跨界合作：碎片化服务的整合 [J]. 中国行政管理，2012（8）：19.
[2] 贾康，张立承 . 省以下分权化改革的分析与认识 [J]. 人民论坛，2005（9）：41-42.

三、政府治理碎片化的应对

在短期内，分权化改革可能强化碎片化，降低行政效率。但不能因噎废食，否定分权化改革。分权化改革是提升当代政府治理能力的一个必要的基点，是实现效能政府、服务型政府的逻辑起点。因而，分权化改革是必要的，也是必需的。正确处理分权化改革与政府治理碎片化之间的辩证关系，关键在于寻求合理应对政府治理碎片化的有效机制。

（一）分权原则与实施标准

分权化改革并不必然导致政府治理碎片化。合理的分权原则与实施标准可以避免政府治理碎片化。正当性原则、最小影响原则、效益性原则是分权化改革过程中必须遵循的基本原则。正当性原则是指分权化改革措施具有目的正当性，符合经济和社会发展规律，有利于发挥公民、法人或者其他组织的积极性、主动性，维护公共利益和社会秩序，促进经济、社会和生态环境协调发展。最小影响原则是指分权化改革措施应当采取对公共利益影响最小的手段以避免对公众造成不必要的损害。效益性原则是指分权化改革措施必然是增益型的，即因为分权化改革措施而受到损害的合法利益应当小于分权化改革后新增的利益。效益性原则是指分权化改革是一种增益型改革。为了特定的目标进行分权化改革必然会侵害特定群体的利益，但这种损害不能过度。侵害后果与所达成的目的应当较为均衡。原则上，分权化改革措施的正面效应总量应大于负面效应量，不能为了很小的获益目的使特定群体蒙受过大损失。

政府治理碎片化的根本原因在于利益博弈。因此，分权化改革的实施标准应当在于正确的利益权衡，明确利益共同体的界限，把本不属于自己的利益放还给其他利益主体。这就避免了各方利益主体为了争夺本不属于自己的利益而形成权力割据，各自为政的现象。只有明确多方的利益界限，才能激发各方利益主体治理社会的积极性，努力提升治理能力以获得自身本应有的利益，实现多方协作，遏制碎片化现象的产生与扩散。

（二）信息融通与治理整合

在政府监管领域尤其是食品、药品安全领域，信息不畅通是产生政府治理碎片化现象的一个重要的表现形式。如在食品安全监管中，工商局、卫生局以及药监局分管各个流程，由于缺乏监管信息统一平台，各个政府部门各自为政，互不共享本部门所收集到的监督信息，导致出现监管信息闭塞现象。这不仅使部门的治理能力出现危机，更损害了食品生产者、销售者以及消费者的权益。为了形成各部门之间的信息融通，实现各部门协力合作，有必要借鉴整体政府的概念。整体政府是指一种通过横向和纵向协调的思想与行动来实现预期利益的政府改革模式，它包括四个方面的内容：排除相互破坏与腐蚀的政策情境，更好地联合使用稀缺资源，促使某一政策领域中不同利益主体团结协作，为公民提供无缝隙而非分离的服务。[1]整体政府的目的在于破除阻碍部门间通力协作的不良因素，实现跨部门的信息融合。在食品安全监管领域，政府监管部门以分工与专业化划分监管环节，在明确彼此的权力与责任的基础上，实现食品安全环节的无缝监

[1] CHRISTOPPHER P．Joined—up Government：a Survey[J]．Political Studies Review，2003（1）：35-42.

管，这就需要多部门共同协作。[1] 把各个政府部门看成一个有机系统的整体，是为了实现行政政策的特定目标而形成的有机联合体。通过加强各个部门之间的信息通融强化各个政府部门协作性和整体性，形成为实现行政政策的特定目标的有机联合体。这有助于解决政府治理碎片化问题。

（三）技术理性与共治社会

党的十九大报告指出："加强社会治理制度建设，完善党委领导、政府负责、社会协同、公众参与、法治保障的社会治理体制。"习近平总书记强调，要"提高社会治理社会化、法治化、智能化、专业化水平"。社会治理需要实现政府治理和社会调节、居民自治良性互动。在大数据时代，这种良性互动具有技术依赖性。技术治理成为社会治理的重要赋能要素。当前，通过大数据技术的嵌入和社会共治体系的互动，强化政务服务供给能力。一方面，应探索跨部门数据融合和协同创新，搭建公共支撑和服务平台，通过政府数据交换共享，提高社会治理的效率；另一方面，在充分利用大数据分析技术的基础上，推动社会治理和服务重心及时向基层下移，推进政务服务的精准化、精细化，从而化解分权改革下的治理碎片化风险，克服治理过程中的政府失灵，形塑高效、和谐的共治社会。当然，技术治理也是一把双刃剑。虽然不能因为大数据技术的固有缺陷而因噎废食，但也不能忽视大数据技术对公民隐私、国家安全的负面影响。利用大数据技术进行规制的同时，也应加强对技术规制本身的规制。

知识链接：

靳文辉：公共规制的知识基础

在公共规制过程中，规制者占有规制知识的多寡，是公共规制能否实现既定目标的关键。规制知识包括规制事实知识、规制价值知识和规制方法知识，规制者、规制知识、规制行动之间存在着密切的关联：规制者应当拥有相应的"知识能力"，规制行为的发生以规制者占有足够的规制知识为前提。公共规制在实践中遭遇的失败，大都与规制知识的失灵有关。变革规制机构、将规制权尽可能地配置给直接面对规制事实的规制者以保证规制事实知识的准确获取，规制价值知识的制度化存在以及形成中的大众参与和程序保障，根据规制对象的不同，运用行政、司法等不同的规制方法并强化规制绩效评估，是知识视角下重塑公共规制的主要内容。

自测题：

自从新型冠状病毒肺炎疫情发生以来，为了防止疫情进一步扩散，各地采取一系列措施来防控疫情。有的地方设卡拦截、断路、阻断交通，给疫情防控期间保障重点人群出行和应急物资供应带来了不便。请结合行政规制理论谈谈你对疫情期间阻断交通行为的认识。

[1] 陈刚，张浒．食品安全中政府监管职能及其整体性治理——基于整体政府理论视角 [J]. 云南财经大学学报，2012（5）：153.

参考文献

[1] 张红凤 . 西方政府规制理论变迁的内在逻辑及其启示 [J]. 教学与研究，2006（5）：70-77.

[2] 杨建顺 . 中国行政规制的合理化 [J]. 国家检察官学院学报，2017（3）：82-104.

[3] 高秦伟 . 美国规制影响分析与行政法的发展 [J]. 环球法律评论，2012（6）：97-115.

[4] 奥托・迈耶 . 德国行政法 [M]. 刘飞，译 . 北京：商务印书馆，2002：32.

[5] 陈新民 . 公法学札记 [M]. 北京：中国政法大学出版社，2001：79-80.

[6] 李洪雷 . 论互联网的规制体制——在政府规制与自我规制之间 [J]. 网络信息法学研究，2017（1）：118-133.

[7] 曾祥瑞，佟连发 . 日本行政法中的规制与规制的缓和 [J]. 辽宁大学学报：哲学社会科学版，2004（6）：140-144.

[8] 顾爱平 . 中国行政许可制度改革探究 [D]. 苏州：苏州大学，2005.

[9] 江必新 . 论行政规制基本理论问题 [J]. 法学，2012（12）：17-29.

[10] 杨绍文 . 行政许可与行政规制的逻辑起点分析 [J]. 中国卫生法制，2004（5）：15-16.

[11] 杨建华 . 对规制者的规制——兼谈行政规制的效益原则 [J]. 山西大学学报：哲学社会科学版，2004（5）：63-67.

[12] 盐野宏 . 行政法总论 [M]. 杨建顺，译 . 北京：北京大学出版社，2008：6.

[13] 谭绍木 . 宪政视野中的行政规制缓和 [J]. 南昌航空工业学院学报：社会科学版，2005（4）：40-42.

[14] 江必新，邵长茂 . 社会治理新模式与行政法的第三形态 [J]. 法学研究，2010（6）：20-28.

[15] 张骐 . 论完善法治化的法律监督体系 [J]. 中外法学，1998（6）：70-75.

[16] 湛中乐 . 简论法治政府与行政监管 [J]. 行政规制论丛， 2009：54.

[17] 罗英 . 行政监管的行政法学透视 [J]. 行政规制论丛， 2009：120.

[18] 高秦伟 . 分享经济的创新与政府规制的应对 [J]. 法学家，2017（4）：17-29.

[19] 宋华琳 . 论政府规制中的合作治理 [J]. 政治与法律，2016（8）：14-23.

[20] 徐信贵，庞鹏 . 食品安全风险行政规制的信息工具选择 [J]. 重庆邮电大学学报：社会科学版，2017（3）：51-57.

[21] 覃俊清 . 网络社交平台行政规制初探 [J]. 四川行政学院学报，2018（5）：37-41.

[22] 乔榛 . 中国地方政府规制改革研究 [M]. 北京：经济科学出版社，2006：37.

[23] 夏海 . 政府的自我革命——中国政府机构改革研究 [M]. 北京：中国法制出版社，

2004：38.
[24] 宋德福 . 中国政府管理与改革 [M]. 北京：中国法制出版社，2001：367-370.
[25] 国家行政学院 . 中华人民共和国政府机构五十年 [M]. 北京：党建读物出版社、国家行政学院出版社，2000：484-485.
[26]《法学》编辑委员会 . 中国大百科全书・法学 [M]. 北京 : 中国大百科全书出版社，1984: 749.
[27] 袁圣明 . 政府规制的主体问题研究 [J]. 江西财经大学学报， 2007（5）：58-62.
[28] 陆强 . 选举委员会研究 [M]. 武汉 : 武汉大学出版社， 2019： 23-27.
[29] 高秦伟 . 社会自我规制与行政法的任务 [N]. 法制日报， 2016–02–24（12）.
[30] 章志远 . 私人参与警察任务执行的法理基础 [J]. 法学研究， 2011（6）：96-111.
[31] 江必新 . 论行政规制基本理论问题 [J]. 法学， 2012（12）：17-29.
[32] 朱力宇，叶传星 . 立法学 [M]. 北京 : 中国人民大学出版社， 2015：109-110.
[33] 陈云良 . 中国人民银行入宪路径分析 [J]. 政法论坛， 2016（4）：35-45.
[34] 李样举 . 我国宪法上的审计机关研究 [J]. 国家行政学院学报， 2011（5）：72-76.
[35] 陆强 . 八二宪法“国家机构”条款的完善 [J]. 时代法学， 2018（3）：16-22.
[36] 沈岿 . 行政法变迁与政府重塑、治理转型——以四十年改革开放为背景 [J]. 中国法律评论，2018（5）：74-94.
[37] 沈岿 . 论行政法上的效能原则 [J]. 清华法学，2019（4）：5-25.
[38] 伊丽莎白・费雪 . 风险规制与行政宪政主义 [M]. 沈岿，译，法律出版社，2012.
[39] 李洪雷，论互联网的规制体制——在政府规制与自我规制之间 [J]. 环球法律评论，2014（1）：118-133.
[40] 李洪雷，走向衰落的自我规制——英国金融服务规制体制改革述评 [J]. 行政法学研究，2016（3）：41-54.
[41] 宋华琳 . 论政府规制中的合作治理 [J]. 政治与法律，2016（8）：14-23.
[42] 罗伯特・鲍德温，马丁・凯夫马丁・洛奇 . 牛津规制手册 [M]. 宋华琳，李鸻，安永康，等，译 . 上海：上海三联书店出版社，2016.
[43] 高秦伟 . 社会自我规制与行政法的任务 [J]. 中国法学，2015（5）：73-98.
[44] 郑少华 . 论企业环境监督员的法律地位 [J]. 政治与法律，2014（10）：2-10.
[45] 谭冰霖 . 论第三代环境规制 [J]. 现代法学，2018（1）：118-131.
[46] 谭冰霖 . 论政府对企业的内部管理型规制 [J]. 法学家，2019（6）：74-87，193.
[47] 王湘军，刘莉 . 从边缘走向中坚 : 互联网行业协会参与网络治理论析 [J]. 北京行政学院学报，2019（1）：61-70.
[48] 杨志强，何立胜 . 自我规制理论研究评介 [J]. 外国经济与管理，2007（8）：16-23.
[49] 杨炳霖 . 回应性管制——以安全生产为例的管制法和社会学研究 [M]. 北京：知识产权出版社，2012.

[50] 安东尼・奥格斯 . 规制：法律形式与经济学理论 [M]. 骆梅英，苏苗罕，译 . 中国人民大学出版社，2008.

[51] 诺内特・P. 塞尔兹尼克 . 转变中的法律与社会——迈向回应型法 [M]. 张志铭，译 . 北京：中国政法大学出版社，2004.

[52] 保罗・P. 克雷格 . 英国与美国的公法与民主 [M]. 毕洪海，译 . 中国人民大学出版社，2008.

[53] 詹镇荣 . 德国法中“社会自我管制”机制初探 [J]. 台北：台湾元照出版有限公司，2005.

[54] TONY P，KARSTEN R. Self-regulation as Policy Process: The Multiple and Crisis-Crossing Stages of Private Rule-Making[J].Policy Sciences， 2006（39）: 41-72.

[55] BAGGOT R. Regulatory reform in Britain: The changing face of self-regulation[J].Public Administration， 1989（67）: 435-454.

[56] VIRGINIA H. A Public Role for the Private Sector: Industry Self-Regulation in a Global Conomy[M]. Washington D. C.: Carnegie Endowment， 2001.

[57] JULIA B. Constitutionalising self-regulation[J]. The Modern Law Review， 1996， 59（1）: 24-55.

[58] LYON T P， MAXWELL J M. “ Voluntary” approaches to environmental regulation: A survey[A]. in M Francini， and A Nicita（Eds.）. Environmental economics: Past, present and future[C]. Aldershot: Ashgate， 1999.

[59] PHILIP E. Possibilities and constraints in the use of self-regulation and co-regulation in legislative policy: Experiences in the Netherlands-lessons to be learned for the EU? [J]. Electronic Journal of Comparative Law， 2005， 9（1）:102-114.

[60] CANE C F P. Self-regulation and judicial review[J]. Civil Justice， 1987（6）: 328-333.

[61] CAROL H，RICHARD R. Law and administration[M]. 2nd Ed.London: Butterworths， 1997.

[62] 章志远，李明超 . 公用事业特许经营立法问题研究——以若干地方性法规为分析样本 [J]. 江苏行政学院学报，2009（6）：114-119.

[63] 章志远 . 姓名、公序良俗与政府规制——兼论行政法案例分析方法 [J]. 华东政法大学学报，2010（5）：13-23.

[64] 宋华琳 . 国务院在行政规制中的作用——以药品安全领域为例 [J]. 华东政法大学学报，2014（1）：25-37.

[65] 王健，陈剑 . 构建中国特色的政府规制理论 [N]. 光明日报，2008-10-22（9）.

[66] 倪星，原超 . 地方政府的运动式治理是如何走向“常规化”的？——基于 S 市市监局“清无”专项行动的分析 [J]. 公共行政评论，2014（2）:70-96.

[67] 张蕴萍 . 规制能力提升是深化中国垄断行业政府规制体制改革的有效途径 [J]. 理论学

刊，2015（8）:43-48.
[68] 章志远，朱志杰．我国公用事业特许经营制度运作之评估与展望——基于 40 起典型事例的考察 [J]. 行政法学研究，2011（2）：58-64.
[69] 张辛欣，何宗渝．降费提速关键要打破垄断格局 [N]. 中国信息报，2015-5-22（2）.
[70] 章志远，黄娟．公用事业特许经营市场准入法律制度研究 [J]. 法治研究，2011（3）：53-60.
[71] 李洪雷．论互联网的规制体制——在政府规制与自我规制之间 [J]. 网络信息法学研究，2017（1）：31-53.
[72] 白云锋．"互联网 +"时代的行政规制图景——基于 237 份网约车规范的分析 [J]. 湖北社会科学，2019（3）：120-128.
[73] 李洪雷．《行政许可法》的实施：困境与出路 [J]. 法学杂志，2014（5）：64-70.
[74] 王柱国．论行政规制的正当程序控制 [J]. 法商研究，2014（3）：23-31.
[75] 崔卓兰，卢护锋．试论我国行政监管制度的重构 [J]. 学术研究，2009（6）：47-53.
[76] 章志远，鲍燕娇．作为声誉罚的行政违法事实公布 [J]. 行政法学研究，2014（1）：48-53.
[77] 戚建刚．风险规制过程合法性之证成——以公众和专家的风险知识运用为视角 [J]. 法商研究，2009（5）：49-59.
[78] 王克稳．我国行政审批制度的改革及其法律规制 [J]. 法学研究，2014（2）：3-19.
[79] 王克稳．行政审批（许可）权力清单建构中的法律问题 [J]. 中国法学，2017（1）：87-108.
[80] 江彩云．我国行政审批制度改革的发展及特征 [J]. 学术交流，2019（1）：120-125.
[81] 乌尔里希·贝克．风险社会——通往另一个现代的路上 [M]. 汪浩，译．台北：巨流图书公司，2004：6-7.
[82] 刘超．环境风险行政规制的断裂与统合 [J]. 法学评论，2013（3）：75-82.
[83] 高秦伟．消费者知情权保护与食品科技的规制 [J]. 学术研究，2018（7）：48-57.
[84] 李洪雷．我国法治政府建设面临的课题与挑战 [C]."公法的基础理论和范式"学术研讨会论文集，2013.
[85] 宋华琳．全球规制与我国政府规制制度的改革 [J]. 中国行政管理，2017（4）：6-10.
[86] 杨建顺．构建政府企业协治的互联网监管新格局 [N]. 检察日报，2015-02-25（7）.
[87] 祝捷，谢源澔．奶粉网络跨境代购行政规制博弈分析及规制建议 [J]. 宏观质量研究，2014（3）：11-19.
[88] 徐凤．人工智能算法黑箱的法律规制——以智能投顾为例展开 [J]. 东方法学，2019（6）：78-86.
[89] 张玉洁．人工智能技术的法律规制——以"无人驾驶汽车"为例 [J]. 网络法律评论，2018（1）：28-38.

[90] 杨杰 . 基因编辑的社会风险规制 [J]. 科技与法律，2019（3）：84-97.
[91] 莫于川 . 中国行政规制改革的若干地方经验极其背景分析 [J]. 人大法律评论，2011（1）：3-26.
[92] 杨霞，杨小军 . 行政审批制度法治化改革的困境与路径 [J]. 行政与法，2019（10）：50-58.
[93] 宋华琳 . 国务院在行政规制中的作用——以药品安全领域为例 [J]. 华东政法大学学报，2014（1）：25-37.
[94] 高秦伟 . 论食品安全规制和最佳威慑的实现 [J]. 行政法学研究，2016（6）：3–14.
[95] 杨建顺 ."黑名单"如何规制 [N]. 检察日报，2018-10-04（7）.
[96] 杨建顺 . 论给付行政裁量的规制完善 [J]. 哈尔滨工业大学学报：社会科学版，2014（5）：1-21.
[97] 梅黎明 . 西方国家的规制影响评价及其对我国的启示 [J]. 行政论坛，2009（3）：83-87.
[98] 戴激涛 . 通过宪法的商谈 : 行政裁量的软法规制 [J]. 厦门大学法律评论，2014（2）：116-127.
[99] 姜明安 . 论行政裁量的自我规制 [J]. 行政法学研究，2012（1）：5-12.
[100] 李洪雷 . 英国的保健服务及其规制体制 [C]. 中国法学会行政法学研究会 2008 年年会论文集，2008：776.
[101] 高利红，李胤 . 比例原则视角下地方环境行政规制合理化研究——一农作物秸秆禁烧为切入点 [J]. 中国人口 · 资源与环境，2017（12）：79-87.
[102] 章志远 . 中国私人参与警察任务执行的法律限度 [J]. 学习与探索，2013（11）：2，56-53.
[103] 杨建华 . 对规制者的规制——兼谈行政规制的效益原则 [J]. 山西大学学报：哲学社会科学版，2004（5）：63-67.
[104] 周苏湘 . 当前网约车行政规制的局限与转型 [J]. 重庆交通大学学报：社会科学版，2019（2）：56-62.
[105] 孙启平 . 论服务行政理念下的行政规制改革 [J]. 长春理工大学学报：社会科学版，2014（9）：22-25.
[106] 宋华琳 . 推进药品监管法律责任的制度创新 [N]. 中国医药报，2018-10-29（1）.
[107] 章志远，黄娟 . 公用事业特许经营绩效评估法律制度研究 [J]. 甘肃行政学院学报，2011（1）：41-47，119.
[108] 应松年 . 当代中国行政法：上 [M]. 北京：中国方正出版社，2005：374.
[109] 杨建顺 . 构建政府企业协治的互联网监管新格局 [N]. 检察日报，2015-02-25（7）.
[110] 高秦伟 . 私人主体与食品安全标准制定基于合作规制的法理 [J]. 中外法学，2012（4）：721-741.

[111] 李洪雷 . 深入推进简政放权须处理好四组关系 [J]. 中国发展观察，2015（5）：14-16.
[112] 章志远 . 私车牌照的拍卖、管制与行政法的革新 [J]. 法学，2008（6）：58-66.
[113] 任民 . 行政规制公众参与模式研究 [J]. 长江大学学报：社科版，2014（3）：47-49.
[114] 秦前红，翟明煜 . 高速公路免费通行政策的回望与反思——兼论市场经济下的依法行政规制 [J]. 政治与法律，2013（4）：2-10.
[115] 高秦伟 . 社会自我规制与行政法的任务 [N]. 法制日报，2016-2-24（12）.
[116] 李洪雷 . 走向衰落的自我规制——英国金融服务规制体制改革述评 [J]. 行政法学研究，2016（3）：41-54.
[117] 杨建顺 . 从男女生牵手被处分看高校自我规制 [N]. 检察日报 .2015-12-23（7）.
[118] 章志远 . 迈向公私合作型行政法 [J]. 法学研究，2019（2）：137-153.
[119] 章志远 . 地名变更的法律规制 [J]. 法商研究，2016（4）：4-14.
[120] 宋华琳 . 制度能力与司法节制——论对技术标准的司法审查 [J]. 当代法学，2008（1）：46-54.
[121] 方俊 . 网约车的规制困境与法律应对 [J]. 苏州大学学报（法学版），2017（2）：78-91.
[122] 杨临萍 . 土地权益的司法保护——土地的行政规制与权利保障 [J]. 法律适用，2010（6）：23-28.
[123] 章志远 . 私人参与执行警察任务的行政法规制 [J]. 法商研究，2013（1）：12-20.
[124]《法学》编辑委员会 . 中国大百科全书·法学 [M]. 北京 : 中国大百科全书出版社，1984：749.
[125] 袁明圣 . 政府规制的主体问题研究 [J]. 江西财经大学学报， 2007（5）：58-62，101.
[126] 陆强 . 选举委员会研究 [M]. 武汉 : 武汉大学出版社， 2019：23-27.
[127] 朱力宇，叶传星 . 立法学 [M]. 北京 : 中国人民大学出版社， 2015：109-110.
[128] 陈云良 . 中国人民银行入宪路径分析 [J]. 政法论坛， 2016（4）：35-45.
[129] 李样举 . 我国宪法上的审计机关研究——以宪法第 91 条为中心 [J]. 国家行政学院学报， 2011（5）：72-76.
[130] 陆强，杨惠铭 . 八二宪法“国家机构”条款的完善 [J]. 时代法学， 2018（3）：16-22.
[131] 李洪雷 . 行政法释义学：行政法学理的更新 [M]. 北京：中国人民大学出版社，2014：20.
[132] 毛桂荣 . 关于“行政、行政学”概念的形成——兼答余兴安先生 [J]. 中国行政管理，2011（10）：104-105.
[133] 张帆 .“行政”史话 [M]. 北京：商务印书馆，2007：85.

[134] 张康之，张桐．对“行政”概念的历史考察 [J]. 社会科学研究，2010（1）：51-61.

[135] 弗兰克・J. 古德诺．政治与行政：一个对政府的研究 [M]. 王元，译．上海：复旦大学出版社，2011：49.

[136] 竺乾威，马国泉．公共行政学经典文选：英文版 [M]. 上海：复旦大学出版社，2000：19.

[137] 李文阁．中国行政制度 [M]. 北京：中国民主法制出版社，2017：2.

[138] 江国华．中国行政法（总论）[M]. 武汉：武汉大学出版社，2017：4.

[139] 刘莘．中国行政法 [M]. 北京：中国法制出版社，2016：1.

[140] 杜慧，刘璐，黎飞．行政法学 [M]. 延吉：延边大学出版社，2016：2.

[141] 江利红．行政法学 [M]. 北京：中国政法大学出版社，2014：8.

[142] 陈露，杨晓静，王卫．行政法基本理论研究 [M]. 哈尔滨：东北林业大学出版社，2008：5.

[143] 罗豪才．行政法学 [M]. 北京：中国政法大学出版社，1996：1.

[144] 马健．文化规制论 [M]. 上海：上海交通大学出版社，2016：27.

[145] 张占斌．政府经济管理 [M]. 北京：国家行政学院出版社，2015：92.

[146] 夏征农，陈至立．辞海（第六版彩图本）[M]. 上海：上海辞书出版社，2009：785.

[147] 杨文汉，张力，向道位．市场经济模式比较研究——中国社会主义市场经济模式的选择与构建 [M]. 西安：陕西人民教育出版社，1996：11-23.

[148] 钟庭军，刘长全．论规制、经济性规制和社会性规制的逻辑关系与范围 [J]. 经济评论，2006（2）：146-151.

[149] 丹尼尔・F. 史普博．管制与市场 [M]. 余晖，等，译．上海：上海人民出版社，1999：45.

[150] 植草益．微观规制经济学 [M]. 朱绍文，胡欣欣，等，译．北京：中国发展出版社，1992：1.

[151] 黄利秀，张华忠．产业经济学 [M]. 西安：西安电子科技大学出版社，2018：137.

[152] 余晖．政府与企业：从宏观管理到微观管制 [M]. 福州：福建人民出版社，1997：1.

[153] 卢福财．产业经济学 [M]. 上海：复旦大学出版社，2013：152.

[154] 梁小民．微观经济学 [M]. 北京：中国社会科学出版社，1996：541.

[155] 张辉．转型期中国民营书业的社会学研究 [M]. 贵阳：贵州大学出版社，2010：128-129.

[156] 何立胜，杨志强．转型期的政府社会性规制变革研究 [M]. 北京：中国法制出版社，2015：86.

[157] 肖竹．竞争政策与政府规制：关系、协调及竞争法的制度构建 [M]. 北京：中国法制出版社，2009：23.

[158] 科林・斯科特．规制、治理与法律：前沿问题研究 [M]. 北京：清华大学出版社，

2018：5.
[159] 姜明安 . 行政法与行政诉讼法 [M]. 北京：北京大学出版社，1999：105.
[160] 马骋 . 文化产业政策与法律导论 [M]. 上海：上海书店出版社，2016：28.
[161] 王树彬 . 浅议我国行政规制改革的重点 [J]. 中共四川省委党校学报，2003（3）：105-106.
[162] 侯宇 . 行政法学方法论初探 [J]. 甘肃政法学院学报，2011（4）：114-120.
[163] 李煜兴 . 日本行政规制改革的全景透析及其启示 [J]. 现代日本经济，2006（1）：60-64.
[164] 韩永红 . 美国食品安全法律治理的新发展及其对我国的启示——以美国《食品安全现代化法》为视角 [J]. 法学评论，2014（3）：92-101.
[165] 黄伯平 . 行政手段参与宏观调控：实质、特征与原因 [J]. 中国行政管理，2011（10）：34-38.
[166] 杨建顺 . 论行政规制的法制完善 [J]. 观察与思考，2012（9）：40-43.
[167] 胡睿超 . 职业资格“挂靠”行为的公共规制路径研究 [J]. 福建行政学院学报，2018（2）：14-22.
[168] 朱涛 . 现代产业经济学 [M]. 郑州：河南大学出版社，2016：179.
[169] 苏东水 . 产业经济学 [M]. 北京：高等教育出版社，2000：391.
[170] 李树榕，王敬超，刘燕 . 文化资源学概论 [M]. 南京：东南大学出版社，2014：200.
[171] 龙宗智 . 行政规制缓和与高校权力行使 [J]. 中国高等教育，2004（Z3）：8-10.
[172] 杨绍文 . 行政许可与行政规制的逻辑起点分析 [J]. 中国卫生法制，2004（5）：15-16.
[173] 高秦伟 . 社会自我规制与行政法的任务 [J]. 中国法学，2015（5）：73-98.
[174] 程景民 . 食品安全行政性规制研究 [M]. 北京：光明日报出版社，2014：41-42.
[175] 钱锦宇 . 行政法与行政诉讼法 [M]. 武汉：华中科技大学出版社，2015：446.
[176] 王朝全，李防，陈昌洪，等 . 政府经济学 [M]. 成都：电子科技大学出版社，2008：263.
[177] 王首杰 . 激励性规制：市场准入的策略？——对“专车”规制的一种理论回应 [J]. 法学评论，2017（3）：82-95.
[178] 刘圣中 . 现代科层制：中国语境下的理论与实践研究 [M]. 上海：上海人民出版社，2012：121.
[179] 马云泽 . 规制经济学 [M]. 北京：经济管理出版社，2008：9.
[180] 徐晓慧，王云霞 . 规制经济学 [M]. 北京：知识产权出版社，2009：7.
[181] 冯果 . 经济法：制度·学说·案例 [M]. 武汉：武汉大学出版社，2012：138.
[182] 朱淑娣，柯静 . 金融信息披露行政规制行为的发展及其有效性研究 [J]. 行政与法，2015（5）：66-80.

[183] 卓越，康锋 . 行政规制改革初探 [J]. 江西行政学院学报，2002（3）：2-6.
[184] 罗伯特・鲍德温，马丁・凯夫，马丁・洛奇 . 牛津规制手册 [M]. 宋华琳，等，译 . 上海：上海三联书店，2017：167.
[185] 张会恒 . 我国公用事业政府规制的有效性研究 [M]. 合肥：中国科学技术大学出版社，2007：137.
[186] 陈军 . 行政法视野下的自我规制 [J]. 云南行政学院学报，2009（2）：144-146.
[187] 吴卫军，徐岩 . 法治视野中的行政权之规制 [M]. 成都：电子科技大学出版社，2017：38.
[188] 宋亚辉 . 论公共规制中的路径选择 [J]. 法商研究，2012（3）：94-105.
[189] 湛中乐，郑磊 . 分权与合作：社会性规制的一般法律框架重述 [J]. 国家行政学院学报，2014（1）：71-75.
[190] 王柱国 . 适宜性行政规制：生态规划适宜理念的借鉴 [J]. 江西社会科学，2018（8）：156-166，256.
[191] 喻玲 . 从一元到多元：寡头的反垄断法规制 [M]. 上海：复旦大学出版社，2016：112.
[192] P. 诺内特，P. 塞尔兹尼克 . 转变中的法律与社会：迈向回应型法 [M]. 季卫东，张志铭，译 . 北京：中国政法大学出版社，2004：31-47.
[193] 周祖成，张印 . 地方立法文本与实施效果研究 [M]. 北京：中国法制出版社，2018：50.
[194] 凌岚 . 公共经济学原理 [M]. 武汉：武汉大学出版社，2010：273.
[195] 蒋大兴 . 信息、信任与规制性竞争——网络社会中二手房交易之信息传递 [J]. 法制与社会发展，2014（5）：118-141.
[196] 施堃 . 生态地产的技术发展和管理模式 [M]. 上海：上海财经大学出版社，2013：45.
[197] 王磊，张文 . 卫生管理行为学 [M]. 西安：陕西科学技术出版社，1987：184.
[198] 余芳，刘绍君 . 公共管理学 [M]. 长春：吉林大学出版社，2014：3.
[199] 朱道林 . 土地管理学 [M].2 版 . 北京：中国农业大学出版社，2016：56.
[200] 赵艳霞 . 公共管理学 [M]. 哈尔滨：哈尔滨工程大学出版社，2016：47.
[201] 姜楠 . 信用评级机构监管研究：后危机时代 [M]. 北京：经济日报出版社，2014：33.
[202] 王淑珍，等 . 资产评估前沿问题——准则与质量控制 [M]. 北京：中国市场出版社，2007：6.
[203] 刘然 . 互联网金融监管法律制度研究 [M]. 北京：中国检察出版社，2017：153.
[204] 张文锋 . 走向治理：媒介融合背景下西方传媒规制理性与实践 [M]. 成都：西南交通大学出版社，2015：15.
[205] 杰克・斯奈德 . 从投票到暴力：民主化和民族主义冲突 [M]. 吴强，译 . 北京：中央编译出版社，2017：55.

[206] 高华云 . 经济学视野下的利益集团理论研究 [M]. 武汉：华中师范大学出版社，2013：114.
[207] 蔡秀云，沈宏亮 . 产业经济学 [M]. 北京：经济日报出版社，2007：174.
[208] 闫丽萍 . 企业环境会计信息披露研究 [M]. 北京：知识产权出版社，2016：42- 43.
[209] 蔡文英 . 公司治理与独立审计的互动性研究 [M]. 广州：暨南大学出版社，2017：18.
[210] 徐为列 . 微观经济学 [M]. 杭州：浙江工商大学出版社，2015：226.
[211] 邢天才，王玉霞 . 证券投资学 [M]. 沈阳：东北财经大学出版社，2003：333.
[212] 张治中 . 网络“意见市场”的失灵与规制 [M]. 北京：中国广播影视出版社，2017：31.
[213] 肖竹 . 竞争政策与政府规制：关系、协调及竞争法的制度构建 [M]. 北京：中国法制出版社，2009：25.
[214] 漆多俊 . 宏观调控法研究 [M]. 北京：中国方正出版社，2002：10.
[215] 张敬礼 . 中国食品药品监管理论与法制实践 [M]. 北京：中国法制出版社，2009：80.
[216] 魏婧 . 我国政府规制理论研究 [J]. 现代经济信息，2013（16）：62，65.
[217] 李树榕，王敬超，刘燕 . 文化资源学概论 [M]. 南京：东南大学出版社，2014：195.
[218] 丹尼尔 · F. 史普博 . 管制与市场 [M]. 余晖，等，译 . 上海：上海人民出版社，2008：45.
[219] 戴建军，田杰棠 . 互联网新兴业态规制研究 [M]. 北京：中国发展出版社，2017：21-22.
[220] 郑翔 . 宏观调控法 [M]. 北京：北京交通大学出版社，2017：33.
[221] 李桂荣 . 产业经济学 [M]. 沈阳：辽宁人民出版社，2008：242.
[222] 白让让 . 供给经济学：理论与中国视角 [M]. 上海：上海人民出版社，2016：120.
[223] 汤在新 . 宏观调控和微观规制、产业政策 [J]. 当代经济研究，2000（5）：39-42，71.
[224] 程景民 . 食品安全行政性规制研究 [M]. 北京：光明日报出版社，2014：28.
[225] 何翔舟 . 政府经济管理学 [M]. 杭州：浙江大学出版社，2009：129.
[226] 魏海军 . 立法概述 [M]. 沈阳：东北大学出版社，2013：111-112.
[227] 周伟，谢伟雁 . 宪法教程 [M]. 成都：四川大学出版社，2012：217.
[228] 江必新 . 法治社会的制度逻辑与理性构建 [M]. 北京：中国法制出版社，2014：81.
[229] 卢颂华 . 美国放松规制改革的发展与启示 [J]. 行政论坛，2002（3）：79-81.
[230] 科林 · 斯科特 . 规制、治理与法律：前沿问题研究 [M]. 安永康，译 . 北京：清华大学出版社，2018：242.
[231] 王雅莉，毕乐强，等 . 公共规制经济学 [M]. 北京：中国商业出版社，2001：117.
[232] 张永华 . 行政法学 [M]. 广州：广东高等教育出版社，2008：72.
[233] 李杉 . 中国传媒产业规制及其演进研究 [M]. 北京：中国传媒大学出版社，2017：59.

[234] 凌岚 . 公共经济学原理 [M]. 武汉：武汉大学出版社，2010：270.

[235] 滕月 . 中国食品安全规制与改革 [M]. 北京：中国物资出版社，2011：142.

[236] 管晓永 . 中小企业信用管理理论研究（宏观篇）[M]. 杭州：浙江大学出版社，2014：208.

[237] 徐京悦 . WTO 与政府规制——适应 WTO 要求的中国政府规制改革模式探索 [M]. 长春：吉林大学出版社，2005：215.

[238] 张焕光，胡建淼 . 行政法学原理 [M]. 北京：劳动人事出版社，1989：63.

[239] 张骐 . 论完善法治化的法律监督体系 [J]. 中外法学，1998（6）：70-75.

[240] 程景民 . 食品安全行政性规制研究 [M]. 北京：光明日报出版社，2014：27.

[241] 刘世松，卜建华 . 葡萄酒产业经济学 [M]. 北京：中国轻工业出版社，2017：192.

[242] 朱涛 . 现代产业经济学 [M]. 郑州：河南大学出版社，2016：177.

[243] 李致平，洪功翔 . 现代微观经济学 [M].3 版 . 合肥：中国科学技术大学出版社，2013：268.

[244] 崔永梅 . 并购市场指数：基于生态学的公司控制权市场演化 [M]. 北京：中国经济出版社，2010：103.

[245] 冯志强 . 中国经济发展论 [M]. 北京：中国经济出版社，2003：115.

[246] 徐德信 . 公共经济学 [M]. 合肥：中国科学技术大学出版社，2011：126.

[247] 徐晓慧，王云霞 . 规制经济学 [M]. 北京：知识产权出版社，2009：367-368.

[248] 孙亚琴 . 私有资本参与、价格规制、契约实施与产业绩效：基于中国自来水产业的理论与实证研究 [M]. 南京：河海大学出版社，2015：61.

[249] 俞江 . 规则的一般原理 [M]. 北京：商务印书馆，2017：321.

[250] 刘轩 . 日本电信产业规制研究 [M]. 天津：天津人民出版社，2010：33.

[251] 张小梅，王进 . 产业经济学 [M]. 成都：电子科技大学出版社，2017：162.

[252] 郑世卿 . 产业组织视角下的中国旅游业 [M]. 上海：上海社会科学院出版社，2013：171.

[253] 阿努拉・古纳锡克拉，塞斯・汉弥林克，文卡特・耶尔 . 全球化背景下的文化权利 [M]. 张毓强，等，译 . 北京：中国传媒大学出版社，2006：57.

[254] 邢丽娟，李凡 . 服务经济学 [M]. 天津：南开大学出版社，2014：186.

[255] 李道军 . 法理学要论 [M]. 北京：知识产权出版社，2013：283.

[256] 王柱国 . 论行政规制的正当程序控制 [J]. 法商研究，2014（3）：23-31.

[257] 杨建顺 . 论科学、民主的行政立法 [J]. 法学杂志，2011（8）：19-27.

[258] 白彦，张怡超 . 保险消费者权利保护研究 [M]. 北京：中国法制出版社，2016：164.

[259] 董妍 . 风险规制视角下处罚法定原则在新兴科技领域执法中的困境——以人类遗传资源行政处罚为视角 [J]. 自然辩证法通讯，2019（3）:103-109.

[260] 杨志强，何立胜 . 自我规制理论研究评介 [J]. 外国经济与管理，2007（8）:16-23.

[261] 段泽孝 . 人工智能时代互联网诱导行为的算法规制 [J]. 江西社会科学，2019（2）:24-32.

[262] 卡罗尔・哈洛，理查德・罗林斯 . 法律与行政（下卷）[M]. 杨伟东，等，译 . 北京：商务印书馆，2004.

[263] 何翔舟，金潇 . 公共治理理论的发展及其中国定位 [J]. 学术月刊，2014（8）：125-134.

[264] 杨炳霖 . 回应性管制——以安全生产为例的管制法和社会学研究 [M]. 知识产权出版社，2012：20.

[265] 谭冰霖 . 环境规制的反身法路向 [J]. 中外法学，2016（6）：1512-1535.

[266] 徐维 . 论行政机关自我规制 [D]. 长沙：中南大学博士学位论文，2012.

[267] 叶必丰 . 控权论研究 [J]. 南京大学法学评论，1997（2）：159-165.

[268] 罗豪才，袁曙宏，李文栋 . 现代行政法的理论基础——论行政机关与相对一方的权利义务平衡 [J]. 中国法学 1993（1）：52-59.

[269] 沈岿 . 试析现代行政法的精义——平衡 [J]. 行政法学研究，1994（3）：12-15.

[270] 王锡锌 . 再论现代行政法的平衡精神 [J]. 法商研究，1995（2）：37-41.

[271] 王湘军，刘莉 . 从边缘走向中坚 . 互联网行业协会参与网络治理论析 [J]. 北京行政学院学报 .2019（1）：61-70.

[272] 蒋红珍，李学尧 . 论司法的原初与衍生功能 [J]. 法学论坛，2004（2）:92.

[273] 孙笑侠 . 论司法多元功能的逻辑关系——兼论司法功能有限主义 [J]. 清华法学，2016（6）：12.

[274] 陈金钊 . 被社会效果所异化的法律效果及其克服——对两个效果统一论的反思 [J]. 东方法学，2012（6）：44-61.

[275] 侯猛 . 最高人民法院的功能定位——以其规制经济的司法过程切入 [J]. 清华法学，2006（7）：22.

[276] 沈德咏，曹士兵，施新州 . 国家治理视野下的中国司法权构建 [J]. 中国社会科学，2015（3）：52.

[277] 江必新 . 完善行政诉讼制度的若干思考 [J]. 中国法学 2013（1）：5-20.

[278] 付荣，江必新 . 论私权保护与行政诉讼体系的重构 [J]. 行政法学研究，2018（3）：3-13.

[279] 王籍慧 . 论司法的限度 [D]. 吉林大学博士论文，2018:56-58.

[280] LON L F， KENNETH I W. The Forms and Limits of Adjudication[J]. Harvard Law Review，1979，92（353）：393-395.

[281] 何海波 . 行政诉讼法 [M]. 2 版 . 北京：法律出版社，2016：174.

[282] 江必新，梁凤云 . 行政诉讼法理论与实务上卷 [M]. 2 版 . 北京：北京大学出版社，2011：267.

[283] 刘春．确认无效诉讼起诉期限的司法填补 [J]. 行政法学研究，2019（3）：123-133.

[284] 王本存．论行政法上的公法权利 [J]. 现代法学，2015（3）：57-67.

[285] 韩大元，莫于川．应急法制论——突发事件应对机制的法律问题研究 [M]．北京：法律出版社，2005：25-26.

[286] 陈维旭．突发事件应对法律问题研究 [D]．长沙：湖南师范大学，2008.

[287] 蔡戈异．我国应急法制完善研究 [D]．上海：上海交通大学，2008.

[288] 莫于川．公共危机管理的行政法治现实课题 [J]．法学家，2003（4）：117.

[289] 韩大元，莫于川．应急法制论——突发事件应对机制的法律问题研究 [M]．北京：法律出版社，2005：27.

[290] 莫纪宏．"非典"时期的非常法治——中国灾害法和紧急状态法一瞥 [M]．北京：法律出版社，2003：95-101.

[291] 罗豪才．行政法学 [M]．北京：北京大学出版社，1999：30.

[292] 张文显．法理学 [M]．北京：法律出版社，1997：158.

[293] 关保英．论行政相对人权利的平等保护 [J]. 中国法学，2002（3）：16-25.

[294] 肯尼斯·卡尔普·戴维斯．裁量正义 [M]．毕洪海，译．北京：北京商务印书馆，2009.

[295] 王炳．反垄断执法和解的制度机理 [J]. 安徽大学学报：哲学社会科学版，2010（2）：117-125.

[296] 徐信贵，康勇．论食品安全领域权利救济的预防性行政诉讼 [J]. 重庆理工大学学报（社会科学），2015（3）：58-63.

[297] 乌尔里希·贝克．风险社会——通往另一个现代的路上 [M]．汪浩，译，台北：巨流图书公司，2004：6-7.

[298] 薛晓源，周战超．全无球化与风险社会 [M]．北京：社会科学文献出版社，2005：65.

[299] 莱昂·狄骥．公法变迁，法律与国家 [M]．郑戈，冷静，译，辽海出版社，春风文艺出版社，1999：12-13，50-53.

[300] 中国社会科学院语言研究所词典编辑室．现代汉语词典 [M]．北京：商务印书馆，1996：670.

[301] 辞海编辑委员会．辞海（缩印本）[M]．上海：上海辞书出版社，2000：1160.

[302] 哈特穆特·毛雷尔．德国行政法总论 [M]．高家伟，译，北京：法律出版社，2000：393.

[303] 朱春华，罗鹏．公共警告的现代兴起及其法治化研究 [J]. 政治与法律，2008（4）：83–89.

[304] 斯蒂芬·戈德史密斯，威廉·D. 埃格斯．网络化治理：公共部门的新形态 [M]. 孙迎春，译．北京：北京大学出版社，2008：6.

[305] 竺乾威 . 从新公共管理到整体性治理 [J]. 中国行政管理，2008（10）：52-53.
[306] 高培勇 . 公共经济学 [M]. 北京 . 中国人民大学出版社，2004：59.
[307] 徐晨光，王海峰 . 中央与地方关系视阈下地方政府治理模式重塑的政治逻辑 [J]. 政治学研究，2013（4）：34-35.
[308] 迈克尔・麦金尼斯. 多中心治道与发展 [M]. 毛寿龙，译，上海：上海三联书店，2000：序言 3.
[309] 俞可平 . 治理与善治 [M]. 北京：社会科学文献出版社，2000：1.
[310] 宁超 . 基于“整体政府”视域下的“行政碎片化”问题破解 [J]. 湖南工业大学学报：社会科学版，2013（3）：94-95.
[311] 谭海波，蔡立辉 . 论“碎片化”政府管理模式及其改革路径 [J]. 社会科学，2010（8）：14.
[312] 弗兰克・J. 古德诺. 政治与行政 [M]. 王元，杨百朋，译，北京：华夏出版社，1987：14.
[313] 肖滨 . 公民政府：拒斥无政府与利维坦——洛克政府理论的逻辑结构分析 [J]. 开放时代，2003（6）：69-70.
[314] 唐任伍，赵国钦 . 公共服务跨界合作：碎片化服务的整合 [J]. 中国行政管理，2012（8）：19.
[315] 贾康，张立承 . 省以下分权化改革的分析与认识 [J]. 人民论坛，2005（9）：41-42.
[316] CHRISTOPPHER P. Joined—up Government：a Survey[J]. Political Studies Review，2003（1）：35-42.
[317] 陈刚，张浒 . 食品安全中政府监管职能及其整体性治理——基于整体政府理论视角 [J]. 云南财经大学学报，2012（5）：153.
[318] 罗冬娥 . 旅游合同法律问题研究 [M]. 哈尔滨：哈尔滨工程大学出版社，2009：55.
[319] 张昕竹 . 中国铁路规制与竞争：理论和政策 [M]. 北京：国家行政学院出版社，2004：99.

后 记

《行政规制的原理与技术》是重庆大学法学院2018版本科培养方案中的一门专业选修课，具有较强的理论性和技术性。目前，我国学界尚未出版《行政规制的原理与技术》的专门教材。该课程教学应该如何开展还存在一些不确定性。2018年年底，重庆大学法学院宪法与行政法学系年终总结会时，学科带头人陈伯礼教授和学科负责人王本存教授共同提议编写一本《行政规制的原理与技术》教材，方便学生系统学习行政规制知识，提高课程教学的规范性和有效性。经全系老师民主讨论后，决定由我统筹《行政规制的原理与技术》一书的编写工作。

接到此任务后，我诚惶诚恐。虽然，我对行政规制问题较为关注，但由于行政规制涉及多个学科，仅仅依靠零散性的“关注”不足以编写出一本系统性的专业教材。“必须要借助外力”是我当时脑海里的第一想法。在征求学院领导和学科老师同意后，我开始求助于学界的朋友。由于这本教材的编写工作具有一定的挑战性，所以当时的我很担心找不到“外援”。但是没想到事情却出奇地顺利！我打了三个电话，就敲定了三位校外专家，他们分别是西南大学的赵谦教授、西南政法大学的冯子轩副教授和湖南师范大学的陆强老师。在此特向三位校外专家表示感谢！感谢你们对本书编写工作的大力支持。

编写团队确定后，教材编写组通过在线方式讨论拟定了教材框架、具体分工和时间进度表。在编写进度上，我曾一度过于自信，想当然地计划在2019年5月之前完成教材初稿，2019年9月正式出版，从而为重庆大学90周年校庆添彩。然而，正如黑格尔所言，“在社会历史领域，人们尽管抱着一定的目的去行动，但是很少如愿以偿，似乎有一个不以人的意志为转移的客观法则在起作用”。事实上，教材编写工作也有自身运行的规律，不以人的意志为转移。由于“法律修改”“新冠疫情”等主客观因素，本教材的出版时间与我的预期有一定差距。经过编写组全体成员和重庆大学出版社编辑老师的共同努力，这本教材终于在一个十分恰当的时间出版了。我感到如释重负！

本书的出版是编写组全体人员共同努力的成果！由于本人学识和能力有限，书中还存在一些问题，敬请学界同仁和读者多多提出宝贵的意见和建议！

徐信贵

二〇二一年八月于北苑